JN437881

한국 도교의 기원과 역사

한국 도교의 기원과 역사

정재서 지음

이화여자대학교출판부

머리말

이 책은 『불사의 신화와 사상』(1994, 민음사), 『도교와 문학 그리고 상상력』(푸른숲, 2000)을 이은, 도교에 관한 필자의 세 번째 저술이다. 첫 번째와 두 번째 책이 중국 도교를 주제로 했다면 이 책에서는 한국 도교를 연구 대상으로 삼았다. 다시 말해서 중국 도교에 대한 기본 이해를 바탕으로 한국 도교를 대비적인 관점에서 고찰해 본 것이다.

국제 도교학에서 솔직히 한국 도교 연구의 위상과 비중은 그리 높지 않다. 중국 이외 다른 지역의 도교는 일본 도교만이 심도있게 다루어졌을 뿐 한국 · 월남 등의 도교는 아직 주목을 받고 있지 않은 실정이다. 국제 도교학에서는 일반적으로 도교가 중국 '토생토장(土生土長)'의 종교라는 인식이 강하게 깔려 있어서 중국 주변 국가의 도교 문화 현상에 대해 정체성(正體性)을 인정하지 않으려 하는 경향이 있다.

이러한 경향은 비단 도교학에서뿐만이 아니다. 중국이든, 구미 동양학계이든 동아시아 문화를 논할 때에 전근대는 중국 중심으로, 근대 이후는 일본을 표준으로 서술하는 것이 은연중 상식이 되어 있다. 그러나 동아시아 내부 혹은 주변부의 입장에서 문화를 바라본다면 지금까지의 동아시아 문화 인식과는 다른 견해들이 나올 수 있으리라고 생각한다. 특히 주변 문화로서의 성격이 강한 도교를 근대 이후의 국가, 영토 개념에 입각한 속지주의(屬地主義)적 문화사관에 의해 '토생토장'

의 문화로 규정한다면 오히려 도교가 갖는 동아시아 종교로서의 보편성을 많이 사상(捨象)하는 결과를 낳게 될 것이다.

이 책에서는 기본적으로 중국 문화를 일원론적으로 보지 않고 주변 문화와의 경합적, 다원적 관계로 파악하는 입장에서 한국 도교의 기원 · 역사 · 고유성 등을 탐구해 보았다. 상술한 입장에 따라 이 책에서 다루고 있는 내용은 다음과 같다.

제1장 「해방후 한국 도교 연구의 흐름」에서는 한국 도교 연구사를 1. 연구 전사(1945년 이전), 2. 태동기(1946-1969), 3. 출발기(1970-1979), 4. 전개기(1980-현재)의 4단계로 나누어 그 흐름과 특징을 고찰하였다.

제2장 「한국 도교 개설」에서는 한국 도교의 내용을 역사 · 경전 · 세계관 · 의례 및 조직으로 나누어 그 개략을 설명하여 한국 도교에 대한 전반적인 그림을 제시하였다.

제3장 「한국 도교의 기원」에서는 한국 도교의 기원과 관련된 역사 · 고고 자료와 설화 자료 그리고 기존의 여러 가설들을 자생설과 전래설의 입장에서 검토하였다.

제4장 「한국 도교의 역사적 전개: 중국 도교와의 대비적 고찰」에서는 크게 관방 도교와 민간 도교의 흐름 속에서 중국 도교와의 대비

아래 한국 도교의 고유성을 논구하였다.

제5장 「한국 도교 문학에서의 신화의 전유(專有)」에서는 한국 한문학의 도교계 시가 및 소설 · 설화가 중국 신화와 한국 신화를 수용하는 과정에서 각기 어떠한 차이를 보이고 있는지를 살펴보았다.

제6장 「고구려 고분벽화에 표현된 도교 도상(圖像)의 의미」에서는 고분 구조 및 일월신(日月神) · 북두칠성 · 신선 등 벽화에 표현된 여러 모티프의 의미를 고구려 도교 문화의 관점에서 고찰하였다.

제7장 「『온성세고(溫城世稿)』를 통해 본 조선 단학파(丹學派)의 이념적 성격」에서는 한국 도교의 중요한 문헌 자료인 『온성세고』의 사상 · 문학 등에 대한 분석을 통해 단학파의 민족적 정체성을 탐구하였다.

제8장 「총계당(叢桂堂) 정지승(鄭之升)의 도교 유적 탐사 보고」는 한국 도교 연구 최초의 현지 조사 보고서이다. 여기에서는 전북 진안(鎭安)에 남아 있는 정지승의 제천(祭天) 장소를 탐사하여 조선 중기 도교의 실태를 확인하고자 하였다.

제9장 「삼동윤리(三同倫理)의 사상적 연원과 신세기적 의의」는 한국 도교와 신종교 간의 교섭을 다룬 논고이다. 여기에서는 원불교 종사(宗師) 정산(鼎山) 송규(宋奎)의 삼동윤리 사상을 도교 및 전통 사상

과의 관련 아래 논구하였다.

제10장 「한국 도교 주요 인물 열전(列傳)」은 한국 도교의 획을 긋는 주요 인물인 최치원(崔致遠) · 김시습(金時習) · 정렴(鄭磏) · 권극중(權克中) 4인의 도교적 삶에 대한 서술이다. 전기(傳記)는 도교 문학에서 중요한 비중을 차지한다. 여기에서는 한국 도교의 대표적 인물들에 대한 전기 서술을 통하여 한국 도인의 삶을 집약적으로 제시하고자 하였다.

이상과 같은 논의들을 그 성격에 따라 다시 크게 분류해 본다면 제1장과 2장은 한국 도교 연구사와 한국 도교 개설로서 서론부에 해당되고 제3장은 한국 도교의 기원, 제4장은 한국 도교의 역사에 대한 논의이며 제5장 이후는 제3장과 4장을 통해 고찰된 한국 도교의 고유성을 문학 · 미술 · 사상 · 종교 등의 방면에서 구체적으로 예증하는 작업이라 할 것이다. 이로 보건대 매 장의 주제는 상이하나 끊임없이 한국 도교의 변별적 자질에 대한 문제 의식이 전서(全書)를 관통하고 있다 하겠다.

주지하듯이 한국 도교학의 역사는 일천(日淺)하며 지금에야 비로소 본격적인 연구 단계에 접어들었다고 말할 수 있다. 오늘이 있기까지에는 초창기에 많은 몰이해 속에서 선배 학자들의 분투와 노력이 있었

음을 강조하고 싶다. 특별히 이 책의 출간에 즈음하여 한국 도교학의 정립에 초석을 놓으신 은사 한당(閒堂) 차주환(車柱環) 선생님, 예남(蘂南) 이종은(李鍾殷) 선생님을 비롯한 여러 선배 학자들의 헌신적인 노력에 경의를 표하며 오랜 기간 한국도교문화학회에 몸을 담고 고락을 같이 해온 동료 학인들의 격려와 질정(質正)에 감사를 드린다. 아울러 궂은 교정 작업을 싫은 내색 없이 마쳐준 이화여대 중문과 석사과정의 전주현 · 이유라 · 유수민 세 조교에게도 고마움을 전한다. 끝으로 대책 없이 기일을 천연(遷延)했음에도 불구하고 끝까지 출간을 기다려주신 이화여대출판부 김용숙 전 출판부장님, 최민숙 현 출판부장님, 그리고 이토록 좋은 모습으로 책을 만들어주신 편집부 여러분의 노고와 정성에 깊은 사의(謝意)를 표하며 두서 없는 글로써 머리말에 대신하고자 한다.

2006년 10월 3일
큰 고개 연구실에서
저자 삼가 씀

차례

Ⅰ. 해방 후 한국 도교 연구의 흐름(1945-2006)

한국 도교 연구 어디까지 왔나?

1945년 이후 한국 도교 연구의 정황을 기술하고자 하니 조금은 어색하고 시기 상조라는 느낌마저 드는 것은 사실상 한국에서의 도교 문화에 대한 인식이 새로워지고 본격적인 연구가 시발된 것은 불과 이십여 년 전의 일이고 지금 거론해야 할 업적의 거의 대부분도 가까운 시기에 이루어진 것이기 때문이다. 그러나 80년대 초에 도교 관련 학회가 창립된 이래 여전히 개척적인 노력을 거듭하고 있는 한국 도교학은 연륜은 짧지만 최근 인문학 분야에서 괄목할 만한 성장을 이룩한 분야로 지목되기에 부족함이 없다. 물론 여타 분야의 경우도 근년의 업적에 관한 한 과거의 경향과 관심을 극복한 새로운 학문적 경지에로의 진입이 눈에 띄는 추세라 할 것이지만 한국 도교학의 경우 각별히 최근의 변모를 주목하지 않을 수 없는 것은 솔직히 80년대 이전에 한국 도교학이라는 분과는 우리의 국학 체계에서 공식적으로 존재하지 않았기 때문이다. 단적으로 80년대 이전 국내 어느 대학에서도 정식으로 도교 강의를 개설하지 않았으며 설사 과목이 있었다 하더라도 유명무실한 상황이었음은 도교에 대한 학문적 인식이 적어도 80년대 이전에는 확립되지 않았음을 말해 준다.

이제 대학에서 도교를 주제로 한 석·박사 학위 논문이 매년 증가하는 추세 속에서 도교학은 철학과 종교학의 한 분과로서 엄연히 자리를 잡게 되고 근래에는 도교만을 전공으로 한 학자가 대학의 전임 교원으로 채용되는 시점에까지 이르렀음을 볼 때,[1] 실로 한국 도교학은 짧은 공식적인 역사임에도 불구하고 그간의 몰인식 속에서 건져 올린 국학상의 커다란 수확이 아닌가 생각된다. 그러나 짧은 시기에 이루어진 눈부신 성과의 이면에는 당연히 간과할 수 없는 초창기의 허다한 문제점들이 그늘을 드리우고 있다. 그것들은 구조적인 것이 있는가 하면 현상적이거나 일시적인 것들도 있다. 따라서 발전의 와중에서 자주 스스로를 되돌아보는 일이야말로 이러한 문제점들을 시의 적절하게 파악하여 앞으로의 노선을 수정하게끔 하는 좋은 계기가 될 것이다.

한국 도교학의 그간의 과정과 성취에 대해서는 이미 여러 차례의 보고와 한 차례의 종합이 있었다. 전자로는 졸고, 「한국 도교학의 현황과 전망」(『종교연구』 6, 1990) 및 「광복 50년 한국 도교 연구의 성과와 전망」(『광복 50주년 국학의 성과』, 한국정신문화연구원, 1996)과 김낙필, 「한국 도교에 관한 연구의 현황과 전망」(한국사상사학회 발표 논고, 1993)이 있고, 후자로는 서울대 종교문제연구소에서 펴낸 『한국종교 연구사 및 연구 방법』(1994) 중에서의 「도교」 부분을 들 수 있다. 이들의 노력에 의해 지금까지 한국 도교학의 전모가 소상히 밝혀진 바 있고 연구 초창기의 문제점들도 대강 드러난 바 있다. 이 글에서 다루고자 하는 시기별 연구 상황은 대체로 앞의 네 가지 논고에서 다룬 자료 범위를 크게 벗어나지 않을 것이다. 다만 연구 시기의 구분에 관해서는

1 근래(1996년) 원광대학교 동양종교학과에서 최초로 도교 전공자에 대한 채용 공고를 낸 바 있다.

필자의 입장에 의해 약간의 조정이 가해질 것이며 아울러 문제 인식과 앞으로의 전망에 있어서는 기왕에 규명되지 못했던 점이나 새롭게 인식해야 할 필요성이 있는 문제들을 중심으로 다시 논급하기로 하겠다.

이러한 취지를 염두에 두고 이 글의 서술 방식에 대해 간략히 언급하면 다음과 같다. 이 글에서 다루고자 하는 대상은 국학의 범주 내에 있는 한국 도교에 대한 연구 업적이 될 것이다. 따라서 국내 학자의 중국 도교 혹은 도교 일반에 대한 연구 업적은 이 글에서 고려되지 않을 것이다. 다음으로 이 글에서 다룰 한국 도교의 내용은 도교(Religious Daoism)와 도가(Philosophical Daoism)를 포괄하는 것이 될 것이다. 학계에서는 편의상 혹은 개념상 양자를 구분하는 경향이 있으나 한국 도교 내지 중국 도교의 역사적 현실에서 사실상 양자는 혼재되어 왔고, 방법론적으로도 양자를 불연속적으로 파악하는 것은 문제가 많기 때문에[2] 이 글에서는 양자를 포괄하는 입장을 취하게 될 것이다.

다음으로 이 글에서는 연구사의 시기 구분에 있어서 1945년 이전을 연구 전사(硏究前史)로 일괄하고, 1945년부터 1969년까지를 연구 태동기로, 1970년부터 1979년까지를 연구 출발기로, 1980년부터 현재까지를 연구 전개기로, 해방 이전 이후의 전시기에 대해 4단계의 구분법을 취하였다. 마지막으로 결론에서는 연구사를 개관하면서 드러난 기왕의 연구상의 문제점을 지적하고 향후의 연구 방향을 조망하는 것으로 한국 도교 연구사에 대한 전반적인 서술을 마치고자 한다.

---

2 윤찬원, 「도교개념의 정의에 관한 논구」『한국 도교와 도가사상』(아세아문화사, 1991)에서의 입장이다.

시기별 연구 상황

연구 전사: 1945년 이전

해방 이전 한국 도교에 대한 연구는 어느 시점까지 소급할 수 있을 것인가? 도교는 이 땅에 뿌리를 내린 이후 삼국 시대 · 고려 · 조선 시대를 통하여 갖가지 양상으로 전개되어 왔다. 그렇다면 당시 이 독특한 문화 현상에 대해 최초로 관찰과 정리를 가했던 인물은 누구인가? 그 인물은 아마 「난랑비서(鸞郎碑序)」를 지은 통일신라의 최치원(崔致遠, 857-?)이 될 것이다. 그는 짧은 글로 한국 도교의 삼교합일(三敎合一) 정신을 간명하게 표현해 냈다. 이후 조선 시기에 들어와 김시습(金時習, 1435-1493)은 「수진(修眞)」 · 「복기(服氣)」 · 「용호(龍虎)」 등 논설의 형식으로 내단(內丹)에 대한 소견을 발표하였고 정렴(鄭磏, 1506-1549)은 『용호비결(龍虎秘訣)』을 통하여 주체적인 수련 관점을 피력하였다. 이어서 한무외(韓無畏, 1517-1610)는 『해동전도록(海東傳道錄)』에서 한국 도교의 독자성을 인식하고 선파(仙派) 계보를 정리하였다. 이 밖에 홍만종(洪萬宗)의 『해동이적(海東異蹟)』, 조여적(趙汝籍)의 『청학집(青鶴集)』 등이 대강 전술한 취지에서 한국 도교의 계통을 정리해 본 노작들이다.

조선 후기, 한국 도교에 대한 이러한 개별적인 인식을 바탕으로 실학자인 이규경(李圭景, 1788-?)에 의해 도교의 개념 · 현상 · 특징 등에 대한 보다 객관화된 탐구가 이루어지는데 『오주연문장전산고(五洲衍文長箋散稿)』에서의 「도교선서도경변증설(道敎仙書道經辨證說)」이 그것이다. 아마 이 논고가 객관적 성격을 띤 한국 도교 연구의 효시로 기록되지 않을까 싶다. 조선조의 한국 도교에 대한 탐구는 이규경을 끝으로 별다른 업적을 남기지 않은 채 일제 시기로 들어선다. 이 시기에서 우리는 근대의 탁월한 종교사가인 이능화(李能和, 1869-1945)를 만나게 된다. 이능화의 『조선도교사(朝鮮道教史)』는 이규경의 자료 인식을 토대로 한국 도교를 고대부터 근대에 이르기까지 통사적(通史的)으로 기술한 한국 도교 연구사상 기념비적인 노작이다. 이 시기 일본 도교학과 프랑스 도교학도 아직 개척적인 국면을 벗어나고 있지 못할 무렵 이같은 한국 도교에 대한 전저(專著)가 출현했다는 사실은 놀랄 만한 일이 아닐 수 없다. 실상 현금에 있어서의 한국 도교사 인식 체계나 자료 범위도 『조선도교사』의 그것을 크게 벗어난 것은 아니다. 이 점은 한국 도교학이 향후 극복해야 할 과제이기도 하지만 아직도 미치고 있는 이능화의 영향을 웅변한다.

우리는 아주 거칠게 해방 이전 한국 도교의 연구 상황을 최치원의 한국 도교에 대한 변별적인 인식으로부터 비롯하여 이규경의 객관적인 탐구를 거쳐 이능화에 이르러 독자적인 한국 도교사 인식 체계가 성립하는 긴 일련의 과정으로 파악해 볼 수 있다. 이 과정이 비록 장기간에 걸쳐 완만하게 진행되어 왔으나 오늘날 연구의 초석이 되고 있다는 점에서 그 지위는 결코 낮게 평가될 수 없다. 해방 이후 오늘에 이르기까지 한국 도교학의 성과를 논함에 있어 이 과정을 생략할 수 없기에 연구 전사의 차원에서 응분의 논평을 시도해 본 것이다.

태동기 (1945~1969년)

해방 이후 1970년 이전까지의 25년간은 그 장구한 시간대에 비하여 연구 업적은 적요(寂寥)하기 그지없다 할 것이다. 이 시기 국학의 철학 · 종교 방면에의 관심은 거의 유교 · 불교 쪽에 주어졌던 관계로 한국 도교의 존재 자체가 인식되지 않았던 상황이 아니었나 싶다. 그런데 철학 · 종교로부터 주목받지 못한 도교가 비로소 유교 · 불교와 구별되는 특성을 지닌 실체로서 파악되기 시작하는 것은 문학 방면으로부터이다. 도교는 그 특유한 상상 세계로 인해 우선 어느 분야보다도 문학 쪽으로부터 주목을 받게 된다. 한국 도교 연구가 그 시초에서 문학 방면의 연구로부터 많은 힘을 입고 있는 것은 이 때문이다. 이 시기에 있어서 정주동(鄭柱東), 「김시습(金時習)의 귀신관과 도교관」(『조윤제박사 회갑기념 논문집(趙潤濟博士回甲紀念論文集)』, 신아사, 1964)은 김시습의 문학 세계 속의 도교적 성분을, 정규복(丁奎福), 「연명설화고(延命說話考)」(『고대어문논총(高大語文論叢)』 11, 1968)은 설화 문학에 대한 도교의 영향을 각기 다룬 논문들로 문학 연구를 통해 점차 도교에 대한 인식이 생겨나고 연구 동기가 형성되어 가는 추세를 반영한다 할 것이다.

출발기 (1970~1979년)

한국 도교학은 1970년대에 들어와 새롭게 출발한다. 1975년 한영우(韓永愚)는 「17세기 반존화적(反尊華的) 도가사학(道家史學)의 성장」(『한국학보』 1, 1975)을 발표하여 우리 역사상 자주적 도교사관의 존재를 환기시켜 일반의 도교에 대한 관심을 불러일으켰다. 이 시기에 기념할 만한 일은 광복 이후 도교학 방면 최초의 전저인 차주환(車柱環), 『한국 도교 사상연구』(서울대출판부, 1978)가 출간된 사실이다. 이 책은 이능화 이래 처음으로 한국 도교의 흐름과 특성을 재정리한 노작으로서의 의의를 지닌다. 문학 방면에서의 도교에 대한 지속적인 관심은 이종은(李鍾殷), 『한국시가상(韓國詩歌上)의 도교 사상연구』(보성문화사, 1978)와 같은 전저를 낳고 이를 효시로 낙원 사상 · 신선 사상 등 국문학 속의 도교를 탐구한 다수의 논저가 뒤를 잇게 된다. 이종은은 또한 1977년 이능화의 한문본 『조선도교사』를 번역 출판하여 기본서 한 권 없던 한국 도교 연구 방면의 길을 열어놓았다. 이러한 연구 분위기가 조성되면서 철학 · 종교 분야에서도 비로소 한국 도교에 대해 주목하기 시작한다. 한국철학회는 1979년 『한국철학연구』(상 · 중 · 하)를 발간하면서 도교를 유교 · 불교와 독립된 차원에서 다루었는데, 이 역시 도교를 우리의 국학 체계에서 별도로 인식하기 시작했다는 점에서 커다란 의의를 지닌다. 대체로 1970년대는 한국 문화 속에서의 도교에 대한 학문적 인식과 연구의 필요성이 확립되어 전문적인 탐구가 출발하는 시기라고 말할 수 있다.

전개기 (1980년~현재)

1980년 이후 한국 도교는 본격적인 연구 전개의 시점을 맞아 오늘에 이르고 있다. 연구자의 증가와 학문적 인식의 증대는 결국 전문 학회의 결성을 촉진하여 1982년에 한국도교학회(韓國道教學會)가, 1984년에 한국도교사상연구회(韓國道教思想硏究會)가 창립된다. 이중 한국도교사상연구회는 1997년 이후 한국도교문화학회(韓國道教文化學會)로 개칭(改稱)하면서 매년 일정한 주제하에 기관지인 『도교문화연구(道教文化硏究)』를 발간하고 있다. 이 잡지는 사실상 당해년의 중요한 도교 업적을 거의 망라하고 있다고 보아도 좋다. 아울러 2000년에는 한국도가철학회(韓國道家哲學會)가 성립되어 한국의 도교 연구는 외형상 어떤 나라보다도 많은 전문학회의 주도하에 성황을 이루고 있는 것처럼 보인다. 이 시기 개인의 업적으로는 단행본만으로도 차주환, 『한국의 도교 사상』(동화출판공사, 1984)에 뒤이어 최삼룡(崔三龍), 『한국 문학과 도교 사상』(새문사, 1990), 손찬식(孫燦植), 『조선조 도가(道家)의 시문학 연구』(국학자료원, 1995), 박삼서(朴三緖), 『한국의 도교 사상과 문학교육 연구』(국학자료원, 1996), 박영호, 『허균(許筠) 문학과 도교 사상(태학사, 1999), 윤주필(尹柱弼), 『한국의 방외인(方外人) 문학』(집문당, 1999), 정민(鄭珉), 『초월의 상상』(휴머니스트, 2002), 송항룡(宋恒龍), 『한국 도교철학사』(성대출판부, 1987), 이진수(李鎭洙), 『한국 양생사상(養生思想) 연구』(한양대출판부, 1999), 김낙필(金洛必), 『조선시대의 내단사상(內丹思想)』(한길사, 2000), 조민환(曺玟煥), 『노장철학으로 동아시아 문화를 읽는다』(한길사, 2002) 등, 문학 · 철학 방면에서의 저작이 속출하고 있다.

이 시기 한국 도교학의 중요한 변화는 다음의 세 가지를 지적할 수 있다. 첫째로 연구의 다변화이다. 도교 연구는 이제 초창기의 문학 중심에서 벗어나 철학 · 종교학 · 민속학 · 미술사 · 과학사 · 체육학 · 한의학 등 다방면으로부터의 접근이 시도되고 있다. 둘째, 연구의 전문화 및 분야별 심화가 추진되고 있다. 종래의 개괄적, 역사적 고찰은 도교 내부의 내단학(內丹學) · 의례(儀禮) · 방술(方術) 등의 세부 분야에 대한 전문적인 논구로 이행되고 있으며 현지 조사, 자료 발굴 등의 작업이 실증적인 차원에서 점차 증가하고 있는 추세이다. 마지막으로 도교를 주제로 한 석 · 박사 학위논문의 증가이다. 이는 도교의 국학에서의 학문적 입지의 확대와 유관한 현상이라 할 것이다. 그러나 이 모든 변화를 고려하더라도 1980년 이후의 한국 도교학은 현재 다양한 가능성을 현시(顯示)하고 있을 뿐 아직은 미정형(未定型)의 과도기 혹은 발전기에 처해 있다 할 것이다. 인근 중국 도교학이나 일본 도교학의 경우처럼 한국 도교학이 변별적 자질과 특성을 구현하기까지에는 아직도 많은 시간과 노력이 소요된다 할 것이다.

문제 제기 및 전망

이상 살펴본 바 한국 도교 연구는 짧은 역사 속에서도 뚜렷한 발전을 거듭하여 이제 전개, 분화의 시점으로 접어들었음을 알 수 있다. 그러나 한국 도교가 공식적으로 국학의 한 분과로 성립된 것은 근년의 일이며 따라서 연구자의 수나 연구의 질·양적 수준에 있어서 아직은 초보적인 단계에 있다고 볼 수밖에 없다. 다시 말해서 기존의 중국 도교학이나 일본 도교학 등과 비교할 때 아직 한국 도교학은 나름의 특성을 구현하지 못한 미정형의 상태에 놓여 있다고 진단되는 것이다. 이러한 상황에서 가장 큰 문제점으로 지적되는 사항은 기초적 도교 연구 역량의 결핍이다.

일본 도교학의 경우 불교학이 발전하여 불·도 교섭사로 나아가고 이것이 심화되어 도교학 자체를 성립시켰으며 다시 이를 바탕으로 일본 문화 속의 도교를 탐구하는 자연스러운 순서를 밟아 왔다. 그러나 한국 도교학의 성립은 완전히 이와 역순으로 처음부터 한국 문화 속의 도교 이해에 초점을 맞추어 연역적인 연구를 진행시켜 온 것이다. 이 경우 방향성이 이미 전제되어 있기 때문에 짧은 기간 내에 집약적인 연구 효과를 거둘 수 있다는 미덕이 없는 것은 아니지만 대부분의 연구가 도교학 자체에 대한 기본 역량이 없이 중국·일본 등의 2차 자료물에 의존하고 있기 때문에 이러한 현실이 지속될 경우 장기적으로는 중국·일본 도교학에 예속되거나 한국 도교의 고유성을 입증하기 어려운 상황이 도래할 수도 있다. 따라서 도교의 기본 경전 내지 중국 도교 전반에 대한 자생적인 연구 역량의 함양이 앞으로의 시급한 과제가 될 것이다.[3] 이 경우 도교의 수용 양상의 탐구에 치중해온 문학 방면보다는 도교의 내용 본질에 접근하기에 유효한 철학·종교학 방면의 노력이 더욱 요청된다 할 것이다.

다음으로 한국 도교학은 자료 발굴과 고증 작업에 보다 힘쓸 필요가 있다. 우리가 한국 문화에 대해 도교적인 시각을 갖게 된 것은 근년의 일이므로 한국 도교는 무한한 자료적 잠재태라고 말할 수 있으며 앞으로 자료 발굴의 여하에 따라 한국 도교학은 기존의 국학 체계에 대한 '주류 질서의 전복자' 로서의 신선한 역할도 기대할 수 있을 것이다. 특히 종래 통념적으로 인식해 왔던 유학·불교학 자료들에 대해서도 3교 교섭의 차원에서 도교학적인 안목으로 재조명해 볼 필요가 있다. 아울러 도교 자료는 대개의 경우 익명성이 강하므로 이에 대한 철저한 고증이 뒤따라야 학문적 가치를 보장받을 수 있을 것이다.

마지막으로 도교학상의 기본 개념·용어 등에 대한 학계의 합의가 조만간에 이루어져야 할 것으로 생각한다. 현재 한국 도교학은 이러한 점들에 대해 통일된 정론을 갖지 못한 채 각자의 편의에 따라 중국 도교학 혹은 일본 도교학상의 개념과 용어를 끌어다 사용하고 있다. 예컨대 교단 조직을 갖추고 국가의 통제를 받는 도교를 중국의 예를 좇아 관방도교(官方道教)라고 한다든가 혹은 일본의 예를 좇아 성립 도교(成立道教), 교회 도교(教會道教)라고 한다든가 하는 것이 그것이다. 이 경우 한국의 도교 현상이 중국 도교와 꼭 일치하지 않는다면 한국 도교학에서 독자적으로 용어나 개념을 조정, 개발할 필요도 있다. 아울러 현재 잠정적으로 통합되어 있는 도교와 도가 철학의 개념, 학문상의 구분 문제도 토론을 거쳐 재확인할 필요가 있다. 경우에 따라 이 문제는 앞으로 도교학의 분화가 촉진되면서 민감한 사안이 될 수도 있기 때문이다.

---

3 목전의 한국 도교학의 중국 도교 방면에 대한 기초 연구 역량의 결핍은 일본의 도교학자인 사카데(坂出祥伸) 교수에 의해서도 뼈아프게 지적된 바 있다. 坂出祥伸, 「國際學術會議 '東洋と道教文化' 參加報告」『東方宗教』(1995), 제85호, p. 89 참조.

이상과 같은 문제점들을 극복할 때 향후 한국 도교학은 국학 분야 중 가장 역동적이고도 가능성이 있는 분야로 부상하게 될 것이다. 아울러 한국 도교는 오늘날 그 풍부한 내용이 밝혀져 감에 따라 국제 도교학계에서도 점차 주목을 받고 있는바, 비록 연구의 출발은 늦었으나 그 독자적인 위상이 날로 강화될 것임에 틀림없다. 한국 도교학의 미래를 위해 이 밖에도 더 검토하고 제기할 점들이 많겠으나 이 정도로 문제의 윤곽을 드러내 보이는 수준에서 종술(綜述)을 마치고자 한다. 연구사를 개관하는 과정에서 본의아니게 누락된 미진한 점들이 있을 것이며 이 점에 대해서는 질정(質正)을 받아 추후 보완하고자 한다.

Ⅱ. 한국 도교 개설

한국 도교란?

한국 문화의 특성을 규정할 때 흔히 유교 문화라는 말을 많이 쓴다. 동아시아의 유교 문화권을 지칭할 때에도 한국은 빠지지 않는다. 유교 다음으로 한국 문화의 중요한 요소로 거론되는 것은 불교 문화이다. 사실상 불교는 마지막 왕조인 조선 시기만 빼고 그 이전인 고려·통일신라·삼국 시대에 있어서는 국교이거나 가장 중요한 문화의 위치를 차지했다. 이같은 유교·불교의 중요성에 비해 도교는 한국 문화에서 거의 비중을 차지하고 있지 않은 것처럼 보인다. 그러나 한국의 학자들은 한국 문화의 내용을 논할 때 항상 유·불·도 혹은 유·불·선(仙)의 3교를 나란히 말해 왔다. 도교는 한국의 역사에서 유교와 불교처럼 표면적으로 세력을 떨친 적도 없고 실제로 교단과 같은 종교 조직을 갖춰 본 적도 없지만 한국 문화의 내면 혹은 잠재 의식을 지배해 온 것으로 보여진다. 한국의 도교는 무속과 민속 그리고 신종교의 밑바탕에 강력한 영향을 드리우고 있으며 심지어 유교·불교 속에도 일부 스며들어가 있다. 한국의 도교는 토착 문화와 긴밀히 결합되어 있어 언제나 다른 문화의 바탕에 깔려 있는 경향이 있는 것이다.

한국의 도교학자들은 대부분 한국의 도교가 특정한 시기에 중국으로부터 수입된 것이 아니라 중국과 마찬가지로 한국에서도 본래부터 지니고 있던 고유한 문화라고 믿고 있다. 사실 고대 한국에는 7세기 무렵 당(唐)으로부터 도교가 전래되었다는 공식적인 역사 기록 이전에도 국선(國仙)이라는, 도교의 신선을 상기시키는 존재가 있었고, 건국 신화인 단군(檀君) 신화를 비롯 허다한 고대 설화 속에서 도교적 취지를 얼마든지 찾아볼 수 있다. 한국의 도교는 이와 같이 한국의 토착 문화와 깊이 상관되어 있기 때문에 한국 문화의 특성을 구현하는 중요한 요소로 기능해 왔으며 역사적으로 정치적, 문화적 정체성(正體性)이 강조되는 시점에서는 특히 그 의의가 부각되곤 했다. 가령 도교의 강력한 영향하에 성립된 신종교인 동학(東學)이 서구 세력에 대한 위기 의식에서 비롯된 것이나 도교계 학자가 쓴 『규원사화(揆園史話)』가 중국 중심의 역사관을 탈피할 것을 천명한 것 등은 한국 도교의 이러한 경향의 실례이다. 그러나 한국 도교는 자생적인 성분이 있다 할지라도 후대에 전래된 중국 도교의 영향을 크게 받지 않을 수 없고 결국 이 두 가지 성분이 합쳐져서 중국 도교와는 같은 점을 공유하면서도 다른 특성을 지닌 한국 도교를 형성했다고 말할 수 있다.

한국 도교는 7세기 이후 본격적으로 조직화, 이론화된 중국 도교의 영향을 받으면서 제도적, 학문적으로 그 내용이 더욱 풍부해진다. 그리하여 고려 시대에는 복원궁(福源宮), 조선 시대에는 소격서(昭格署)가 대표적 국립 도교 기관으로 설립되었고, 중국 도교의 방술(方術) 및 이론은 고려·조선의 지식 사회에서 수련 방법 혹은 학문적 탐구 대상이 되었다. 그러나 한국 도교는 단순히 중국 도교의 이론을 수입하는 데에 그치지 않고 독자적으로 도서(道書)를 저술하거나 특유한 이론을 생산하기도 하였다. 정렴(鄭磏, 1506-1549)의 「용호비결(龍虎秘訣)」, 허준(許浚, 1546-1615)의 『동의보감(東醫寶鑑)』 등은 이러한 노력의 산물이다. 아울러 이규경(李圭景, 1788-?)의 「도교선서도경변증설(道教仙書道經辨證說)」은 도교에 대한 자료 검토와 객관적 분석을 시도한 논설로서 일찍이 20세기 초에 완성된 이능화(李能和, 1868-1945)의 『조선도교사(朝鮮道教史)』의 선구적 작업이 되었다.

근대 이후 한국에서의 도교 연구는 유교 · 불교에 비해 상대적으로 미약한 상태에 있었다. 1980년대 이후 내재 문화, 기층 문화로서의 도교의 가치에 주목하기 시작하면서 도교 연구가 활성화되었고, 이에 따라 학회 결성, 자료 발굴, 학술 대회 개최, 학회지 발간 등의 활동이 의욕적으로 수행되고 있다. 한국 도교는 아직도 발굴하고 검토해야 할 자료가 풍부하고 다양한 방면에 걸쳐 흥미로운 연구 주제들이 산적해 있다. 따라서 앞으로 한국 도교는 세계 도교학의 견지에서 자료상 새로운 보고(寶庫)일 뿐만 아니라 연구상으로도 훌륭한 대상이 될 것이다.

한국 도교 약사(略史)

기원

한국 도교의 기원에 대한 학계의 입장은 크게 중국으로부터의 전래설과 본토 자생설의 두 가지로 나뉜다. 먼저 전래설은 일찍이 중국의 부근가(傅勤家)가 신라의 화랑(花郎) 등을 도교의 해외 전파 산물로 본 이래[1] 중국 · 일본 등 국외 도교학자들의 대부분이 당연시하고 있는 입장이다. 예컨대 1983년 일본 헤이카(平河)출판사에서 펴낸 도교 시리즈 중 제3권의 제목이 '도교의 전파(道教の傳播)'이고 그 안에 한국 도

1 傅勤家, 『中國道教史』(臺北: 商務印書館, 1978), pp. 179-91.

교가 포함되어 있는 것은 한국 도교의 기원에 대한 일본 도교학자들의 일반적인 견해를 보여주는 좋은 실례이다.[2] 중국 전래설을 지지하는 강력한 근거는 현재까지 남아 있는 한국의 가장 오래된 역사서인 『삼국사기(三國史記)』에 쓰여져 있는 기록이다. 『삼국사기』(권20)에는 고구려 영류왕(榮留王) 7년(624), 당(唐)의 고조(高祖)가 도사(道士)를 고구려에 파견하여 원시천존상(元始天尊像) 및 도법(道法)을 전했다는 기록이 있다. 그러나 한국의 도교학자들은 이에 대해 다른 견해를 표명한다. 즉 교단으로서의 체계를 갖춘 중국의 도교가 당(唐) 시대에 처음 한국으로 전래된 것은 사실이지만 교단 도교 성립 이전의 원시 도교 문화, 예컨대 신선(神仙)에 대한 동경 및 숭배 관념 같은 것은 한국에도 이미 자생하고 있었다고 보는 것이다.

근대 한국 도교학의 개척자라 할 이능화는 일찍이 고대 한국의 환인(桓因)·환웅(桓雄)·단군(檀君) 등 삼신(三神)에 대한 신앙과 중국의 봉래(蓬萊)·방장(方丈)·영주(瀛洲) 등 삼신산(三神山)에 대한 전설을 비교하여 연(燕)·제(齊) 지역의 신선 숭배가 오히려 고대 한국의 성산(聖山)이었던 백두산[白頭山, 중국 이름으로는 장백산(長白山)] 일대의 토착 신앙으로부터 유래하였다는 가설을 제시하였고,[3] 이후 차주환(車柱環)·도광순(都珖淳) 등도 단군 신화·화랑도 등 고대 한국의 신화·종교·민속 등에 대한 분석을 통해 중국 교단 도교의 공식적인 전래 이전에 이미 원시 도교 관념이 한국에 존재하고 있었음을 논증하고자 하였다.[4] 이밖에 고대 한국의 북방과 중국의 연·제 지역은 지리

2 福井康順, 『道教の傳播』(東京: 平河出版社, 1983), pp. 49-129.

3 李能和, 『朝鮮道教史』(보성문화사, 1977), 이종은 역, pp. 30-40.

4 車柱環, 『韓國의 道教思想』(동화출판공사, 1984), pp. 95-105. 都珖淳, 「韓國の道教」『道教の傳播』(東京: 平河出版社, 1983), pp. 51-71 참조.

적, 문화적으로 인접해 있을 뿐만 아니라 고대 한국 역시 도교 발생의 중요한 조건이었던 샤머니즘 · 산악 숭배 등이 성행하였기 때문에 원시 도교는 고대의 한국과 중국이 공유하였던 문화 형태로 보아야 한다는 견해도 있다.[5] 상술한 견해들을 종합하면 한국 도교는 고대 한국 문화가 본래부터 지니고 있던 원시 도교적 요소, 그리고 후대에 한국에 전래된 조직화되고 이론화된 중국 도교가 결합하여 이룩된 것으로 보는 것이 타당할 것이다.

삼국 시대 및 통일신라, 발해

고구려(B.C.37-A.D.668)에는 중국으로부터 공식적으로 도교가 전래되는 7세기 초 이전에도 자생적이든 비공식적인 전래이든 도교 문화의 존재를 짐작하게 하는 자료들이 있다. 우선 4세기 초까지 존속했다가 고구려에게 병합된 낙랑(樂浪)의 유물 중에 도교와 관련된 것이 있다. 다음으로 양(梁) 도홍경(陶弘景)의 『증류본초(證類本草)』「금설(金屑)」편에는 고구려인들이 금을 복용할 수 있도록 잘 처리하는 기술이 있다는 기록이 있는데 이로 미루어 고구려에도 일찍이 외단법(外丹法)이 있었던 것이 아닌가 추측을 하는 학자도 있다.[6] 아울러 대략 6세기 무렵, 또는 그 이전에 축조된 고분 벽화상에는 학을 타거나 약그릇을 든 신선이 등장하여 당시 신선 사상이 이미 유행하고 있었음을 보여준다. 『삼국사기』보다 조금 늦게 성립된 『삼국유사(三國遺事)』(권3)에는 7세기 초 고구려의 민간에서 오두미도(五斗米道)가 유행했다는 기록이 있다. 이 오두미도는 아마도 북천사도(北天師道) 계통에서 고구려로 흘

---

5 鄭在書, 『不死의 신화와 사상』(민음사, 1994), pp. 68-69.

6 三木榮, 『朝鮮醫學史及疾病史』(東京: 自家出版, 1962), pp. 7-8.

러들어온 도교의 한 유파로 추정된다.

이후 도교의 중국으로부터의 공식적인 전래는 두 번에 걸쳐 이루어진다. 첫 번째는 영류왕 7년(624) 당(唐)의 고조(高祖)가 도사를 파견한 것인데, 이때 도사는 원시천존상(元始天尊像)과 도법(道法)을 가지고 오고 『도덕경(道德經)』을 강설(講說)하였다. 두 번째는 고구려의 마지막 임금인 보장왕(寶藏王) 2년(643), 당시의 권신(權臣) 연개소문(淵蓋蘇文)의 적극적인 건의에 의해 도교를 다시 들여오게 되는 것인데, 이 때 당의 태종(太宗)이 고구려 왕의 요청을 받고 도사 8명과 『도덕경』을 보냈다는 기록이 『삼국사기』(권30)에 보인다. 이 때의 도교 수입은 당시 고구려 국내의 불교 세력을 누르기 위한 정치적 목적에서 이루어진 것으로 보인다. 당은 이미 도교의 진흥을 통해 불교를 견제하는 정책을 시행해 오고 있었고 당의 이러한 시책은 당시 고구려에게 좋은 참고가 되었던 것이다.[7] 고구려 도교에 대해 우리는 이처럼 단편적인 자료들을 통해 그 대략적인 모습을 엿볼 수 있으나 계통 · 성격 등에 대해서는 아직 명확히 밝혀진 바가 없다.

백제(B.C.18-A.D.660)의 경우 도교가 전래되었다는 공식적인 역사 기록은 없지만 여러 가지 정황으로 미루어 일찍부터 도교 문화가 존재했던 것으로 판단할 수 있다. 일본의 세이코(推古) 천황(天皇) 10년(602) 백제의 중 관륵(觀勒)이 일본으로 건너가 천문(天文) · 역법(曆法) · 둔갑(遁甲) · 방술(方術) 등에 관한 서적을 전했다는 『일본서기(日本書記)』상의 기록은 백제에 이미 도교가 존재했었다는 방증이다. 백제 도교의 존재를 실증케 하는 더 명확한 자료는 최근 백제의 왕궁 공방(工

7 鄭在書, 「韓國道敎의 固有性」 『韓國傳統思想의 特性硏究』(한국정신문화연구원, 1995), pp. 179-81.

房) 터에서 발굴된 중국의 박산로(博山爐) 형태의 향로이다. 금동(金銅)으로 도금을 한 이른바 백제금동대향로(百濟金銅大香爐)는【그림 1】 봉래산(蓬萊山)의 형상을 하고 있다. 아울러 무녕왕릉(武寧王陵)에서 발굴된 매지권(買地卷)과【그림 2】, 삼신산 및 도관(道觀)의 모습이 새겨져 있는 산경문전(山景文塼) 등의 유물들도 백제에 도교 문화가 상당히 성행했으리라는 추측을 하게 한다.

〈그림 1〉 봉래산(蓬萊山)의 형상을 하고 있는 백제금동대향로(百濟金銅大香爐).

신라(B.C. 57-A.D. 935)는 고구려 · 백제에 비해 중국 문화의 수입이 늦고 국가적으로 특별히 도교를 신봉했다는 문헌상의 기록은 없지만 신선과 관련된 설화 자료가 많아 토착 사상 · 종교 · 민속 등에서 이미 도교 문화와 상관되는 요소를 발견하기가 어렵지 않다. 중국 도교가 들어오기 전부터 성립되었던 신라의 정치, 종교적 조직인 화랑도(花郎徒)는 풍류도(風流道)라고도 부르는데, 그 구성원인 화랑 혹은 국선은 상무적(尙武的)인 기풍과 아울러 도교 수행자로서의 모습도 함께 지니고 있었다. 그들 중에서 영랑(永郎) · 남랑(南郎) · 술랑(述郎) · 안상(安詳) 등 이른바 사선(四仙)은 자연과 예술 애호에 대한 많은 전설을 남겼는데 그것들은 신선 설화와 흡사하다. 아울러 천마총(天馬塚) · 황남대총(皇南大塚) 등 신라 고분들에서 운모(雲母) · 주사(朱砂)와 같은 선약(仙藥)의 재료들이 발견되어 4-

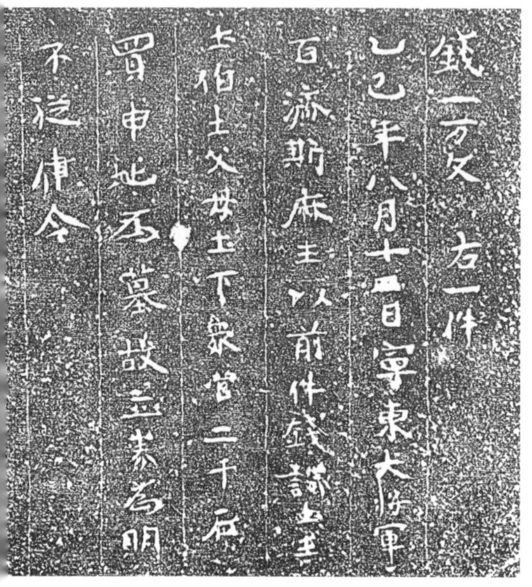
錢一万文 右一件
乙巳年八月十二日寧東大將軍
百濟斯麻王以前件錢訟土王
土伯土父母上下衆官二千石
買申地爲墓故立券爲明
不從律令

〈그림 2〉 무녕왕릉(武寧王陵) 매지권(買地卷). 무녕왕이 지하 세계의 주인 토백(土伯)으로부터 무덤을 매입한다는 내용이 있다.

6세기경에도 이미 신선 사상이 성행했음을 추정할 수 있다.[8]

통일신라 시대(677-935)에는 단정파(丹鼎派) 도교가 전래되어 지식 계층 사이에서 유행하였던 것으로 보인다. 조선 선조(宣祖) 때의 도인 한무외(韓無畏, 1517-1610)가 지은 『해동전도록(海東傳道錄)』을 보면 당 문종(文宗) 연간에 신라인 최승우(崔承祐)·김가기(金可記)·승 자혜(慈惠) 등의 3인이 입당(入唐) 유학중 천사(天師) 신원지(申元之)·종리권(鍾離權) 등을 만나 내단학(內丹學)을 전수받고 귀국하여 전도했다는 기록이 있다. 이 중 김가기【그림 3】의 경우 남당(南唐) 심분(沈汾)의 『속선전(續仙傳)』에 백일비승(白日飛昇)한 신선으로 그 행적이 기록되어 있을 뿐만 아니라 그의 사적(事蹟)을 새긴 비석이 최근 서안(西安) 종남산(終南山)에서 발견되기도 하였다.

발해(699-926)는 고구려의 문화를 계승하였으므로 도교 역시 유행하였을 것으로 추정된다. 현존하는 정혜공주(貞惠公主) 및 정효공주(貞孝公主) 묘지(墓誌)에는 신선(神仙), 곤륜(崑崙), 소대(簫臺) 등의 도

8 김태식, 「신선의 왕국 도교의 사회, 신라: 積石木槨墳과 그 시대를 중심으로」, 『문화재』(국립문화재연구소, 2003), 제36권 참조.

교 술어가 등장한다. 아울러 발해 도인 이광현(李光玄)의 전기에 따르면 그는 항해 중에 백세 도인(百歲道人)을 만나 수련법을 배운 후 중국 숭산(嵩山)에 정거(定居)하여 『금액환단백문결(金液還丹百問訣)』, 『해객론(海客論)』 등의 도서를 남긴다.[9] 이는 연단(鍊丹) 등 발해의 수련 도교가 상당한 경지에 이르렀음을 보여주는 증거로 삼을 만하다.

〈그림 3〉 김가기(金可記)가 종남산(終南山)에서 백일비승(白日飛昇)하는 모습.

고려

고려(918-1392) 왕조에 이르러 우리는 삼국 시대와는 달리 도교가 성행했던 뚜렷한 예들을 많이 찾아볼 수 있게 된다. 고려는 불교 국가임에도 불구하고 건국 초기부터 왕실에서 도교를 애호하였다. 태조(太祖)의 등극과 관련해 유행했던 갖가지 도참(圖讖) 및 비기(秘記)들은 중국의 창업 제왕들이 당대의 저명한 도사들로부터 부명(符命)을 받았다는 설화들과 관련지어 생각할 때, 건국을 전후하여 태조와 당시의 도류(道流)들 사이에는 상당한 교감이 있었던 것으로 보인다. 태조는 즉위 후 본래 불교 행사였던 팔관회(八關會)의 내용을 도교

9 이광현의 도교학에 관해서는 林相先, 「渤海人 李光玄과 그의 道敎書 檢討」『한국고대사연구』(2000), 제20집과 이봉호, 「발해인 이광현의 鍊丹理論」『도교문화연구』(2010), 제32집 참조.

적인 면에까지 확대하여 천신(天神)과 오악(五嶽)·명산대천(名山大川)에 대한 제사를 시행하였고 재위 7년에는 초성처(醮星處)로서 구요당(九曜堂)을 설치하였는데, 이는 태조가 왕권 확립의 차원에서 도교를 당시의 호국 불교와 같은 취지로 끌어올리려고 했던 것으로 보인다.

국초부터의 이러한 장려에 힘입어 고려에는 전 시기를 통해 상술한 구요당을 비롯 복원궁·전단(氈壇)·성수전(星宿殿)·정사색(淨事色)·태청관(大淸觀)·소격전(昭格殿) 등 15개소의 도교 의례를 수행하는 기관이 설치되고 본명성수초(本命星宿醮)·북두초(北斗醮)·태일초(太一醮)·성변기양초(星變祈禳醮)·삼계초(三界醮)·백신초(百神醮)·천성초(天星醮) 등 갖가지 명목의 초제(醮祭)가 시행되는 등의 성황을 이루게 된다. 이 중 고려 도교의 역사에서 가장 주목할 만한 사실은 예종(睿宗) 10년(1115), 고려의 대표적 도관(道觀)인 복원궁이 건립된 일이다. 복원궁은 국가를 위한 도교의 각종 재초(齋醮) 행사를 수행하기 위해 건립된 도관이다.[10] 이 때 북송(北宋)의 도군황제(道君皇帝)였던 휘종(徽宗)은 이를 돕기 위해 두 명의 도사를 파견하였다. 예종은 일찍부터 도교에 관심이 많아 재위 2년, 궁중에 원시천존상을 안치(安置)하고 월례적으로 초제를 지내기도 하였으며 14년에는 청연각(淸讌閣)에서 『도덕경』을 강론케 하기도 하였다.

예종 이후에도 도교는 계속 국가적인 차원에서 장려되었다. 인종(仁宗) 때에는 묘청(妙淸)의 건의에 따라 평양에 팔성당(八聖堂)을 건립하고 그 곳에 팔선의 초상을 안치시켰는데, 이 팔선은 호국백두악태백선인실덕문수사리보살(護國白頭嶽太白仙人實德文殊師利菩薩)·구

---

10 福源宮과 관련한 자세한 논의는 梁銀容, 「福源宮 建立의 歷史的 意義」 『道敎와 韓國文化』(아세아문화사, 1988), pp. 485-505 참조.

려평양선인실덕연등불(駒麗平壤仙人實德燃燈佛) 등처럼 도불합일(道佛合一)의 신선들이다. 그러나 그 실체는 한국 토착의 신선들이다. 이어 의종(毅宗) 때에는 재초를 너무 많이 거행하여 국재(國財)를 탕진하는 지경에 이르렀는데 의종은 특별히 왕명으로 선풍(仙風)의 진작을 촉구하기까지 하였다.

고려 시대에는 이 같이 국가적인 차원에서 도교가 장려됨에 따라 일반 지식 계층에서도 개인적으로 도교 수련을 하거나 노장학(老莊學)을 하는 기풍이 형성되었다. 이자현(李資玄) · 이명(李茗) 등은 당시 은거하여 도교 수련으로 이름이 높았고 정지상(鄭知常) · 한안인(韓安仁) 등은 노장학에 조예가 깊었다. 그리고 진(晉)의 죽림칠현(竹林七賢)의 행적을 사모한 이인로(李仁老) · 임춘(林椿) 등은 죽림고회(竹林高會)를 결성하였고, 그들은 문학 작품을 통해 농후한 도가 · 신선 사상을 표현하였다.[11]

조선

유교를 치국의 이념으로 하는 조선(1392-1910) 왕조에 들어와 고려 시기, 도교의 성행에 따라 설치되었던 복원궁 · 태청관 등 15개소에 달하는 재초의례 처소는 거의 모두 폐지된다. 태조(太祖)는 즉위 전에 도교에 대한 관심이 있어서 태백금성(太白金星)을 제사하기도 하였으나 원년에 예조(禮曹)의 건의에 따라 모든 초례(醮禮) 장소를 폐지하고 소격전 한 곳만을 남겨두도록 하였다. 태조 3년에 천도(遷都)에 대한 조신(朝臣)들의 논의가 매듭을 짓지 못하자 태조가 친히 소격전에서 가부

---

11 李鍾殷 · 梁銀容 · 金洛必, 「高麗 中期 道教의 綜合的 研究」『道教思想의 韓國的 展開』(아세아문화사, 1989), pp. 81-100.

를 점쳐 결정하였던 것을 보면 조선 초기에는 그런대로 소격전이 전조(前朝)의 유풍(遺風)을 이어 기능을 발휘했던 것 같다. 그러던 중 소격전은 세조(世祖) 때에 이르러 소격서(昭格署)로 개칭되는데 이것은 소격서가 이제 그 종교적 기능성을 존중받기보다 단순히 국가의 행정적인 한 관서로 전락되었음을 의미한다.

그러나 소격서에서는 여전히 고려 때와 마찬가지로 왕실 및 국가의 재난을 해소하고 복을 빌기 위한 각종의 재초의례를 거행하였다. 소격서는 중종(中宗) 때에 이르러 조광조(趙光祖)를 위시한 신진사인(新進士人)들의 강력한 혁파(革罷) 주청(奏請)에 의해 폐지되었다가 기묘사화(己卯士禍) 이후 부활되는 부침(浮沈)을 겪은 후 결국 임진왜란 이후 완전히 폐지되고 만다.[12]

조선조에 들어와 관방 도교가 일대 타격을 받고 소격서만이 겨우 그 명맥을 유지하고 있을 무렵, 일부 사족(士族) 계층을 중심으로 내단학(內丹學)을 연구, 수련하는 기풍이 형성되었는데 조선조의 이러한 도교 계통을 단학파(丹學派)라고 부른다. 단학파의 기원은 삼국 시대 이래 고려에 이르기까지 국가적인 차원에서의 과의도교(科儀道敎)와는 별도로 성립된 지식 계층 사이의 사적인 수련적 도교 집단으로부터 유래한다. 신라의 김가기 · 최치원, 고려의 이자현 · 이명 등이 그들로, 이 계통이 조선에 들어와 단학파의 중심 줄기가 된다. 아울러 고려조까지 지위를 유지하고 있었던 관방 도교가 조선조에 들어와 급격히 몰락하면서 도교의 경향이 국가적, 과의적(科儀的)인 것으로부터 사적, 수련적인 것으로 바뀌어 단학파의 형성을 촉진하였다.[13] 조선 단학파의 주

---

12 李鍾殷, 「昭格署 관계 역사자료 검토」『道教와 韓國文化』(아세아문화사, 1988), pp. 109-12.

요 인물로는 김시습(1435-1493)·홍유손(洪裕孫, 1431-1529)·정희량(鄭希良, 1469-?)·정렴(1506-1549)·권극중(權克中, 1585-1659) 등을 들 수 있다.

조선 단학파는 대체로 종려금단도(鍾呂金丹道) 곧 전진교(全眞教) 내단학을 수용하여 수련하였다. 그러나 그들은 중국의 내단 이론을 무조건적으로 수용한 것이 아니라 논구와 주석 등의 학문적인 형식을 통하여 독자적인 내단학의 경지에까지 나아가고자 하였다. 김시습은 그의 논설 「용호(龍虎)」에서 성리학적 입장에 기댄 비판적 내단 이론을 전개하였고,[14] 정렴은 현전(現傳)하는 한국 최초의 내단 수련서 『용호비결』을 저술하였다. 이 책은 이후 단학파의 기본 텍스트가 되었을 뿐만 아니라 조선의 대표적 의서(醫書)인 『동의보감』의 특유한 도교 의학 체계의 형성에도 많은 영향을 미쳤다.[15] 아울러 후기 단학파의 거물인 권극중은 『참동계주해(參同契註解)』를 통하여 본체론(本體論)·인성론(人性論)·수단론(修丹論)·선인론(仙人論) 등의 내용을 망라하는 종합적인 내단 이론 체계를 수립하였고,[16] 서명응(徐命膺, 1716-1787) 역시 『참동계』에 대해 독자적인 주석과 고증을 가한 『참동고(參同攷)』를 저술하여 조선 참동계학을 성립시켰다.[17]

조선조의 지식 사회에서는 또한 노장학(老莊學)에 대한 깊은 관심

---

13 鄭在書, 「韓國道教의 固有性」 『韓國 傳統思想의 特性研究』(한국정신문화연구원, 1995)

14 梁銀容, 「淸寒子 金時習의 丹學修鍊과 道教思想」 『道教와 韓國文化』(아세아문화사, 1988), pp. 85-86.

15 李鎭洙, 「朝鮮養生思想의 성립에 관한 고찰(1)」 『道教와 韓國文化』(아세아문화사), pp. 217-18.

16 金洛必, 「權克中의 內丹思想」(서울대 철학과 박사학위 논문, 1990), p. 203.

17 金侖壽, 「韓國 參同契學의 연원과 계보」 『老莊思想과 東洋文化』(아세아문화사, 1995), pp. 533-35.

을 표현하였다. 이이(李珥, 1536-1584)는 『도덕경』에 대한 주해인 『순언(醇言)』을, 박세당(朴世堂, 1629-1703)은 『신주도덕경(新註道德經)』·『남화경주해(南華經註解)』 등을, 한원진(韓元震, 1682-1751)은 『장자변해(莊子辨解)』를 각기 지었는데 이들은 모두 성리학자의 입장에서 노장을 비판적으로 이해하고자 하였다.[18] 이 시기의 도교 연구에 있어서 한 가지 주목할 만한 일은 도교를 객관적인 학문 대상으로 삼아 분석, 논구한 시도가 있었다는 사실이다. 이규경(李圭景, 1788-?)의 『오주연문장전산고(五洲衍文長箋散稿)』에서는 도교에 대한 많은 논의를 행하고 있는데 이 중 「도교선서도경변증설(道敎仙書道經辨證說)」은 도교의 본질을 깊이 천착한 빼어난 논설이다.

조선 후기에 이르러 민간에서는 권선서(勸善書)가 크게 유행하였다. 권선서가 조선에 처음 들어온 것은 태종 때 명(明) 성조(成祖)가 『선음즐서(善陰騭書)』 6백부를 보내온 것이다. 그 후 상당한 기간 동안 공백을 면치 못하다가 1796년 종합적인 권선서인 『경신록(敬信錄)』이 한글로 번역, 출간되고 19세기에 들어와 앞서의 『경신록언석(敬信錄諺釋)』을 비롯 『관성제군명성경언해(關聖帝君明聖經諺解)』·『삼성훈경(三聖訓經)』·『과화존신(過化存神)』·『관성제군오륜경(關聖帝君五倫經)』 등이 출간되는 대유행을 이루게 된다.

소박한 기복적(祈福的) 취지와 실천가능한 규율을 내용으로 하고 있는 권선서는 민간 대중에게 크게 환영을 받아 조선 후기 민간 도교의 새로운 국면을 열었다. 권선서의 성행에는 임진왜란 이후 소격서의 폐지로 인한 관방 도교의 쇠퇴, 명으로부터 전파된 관제(關帝) 신앙【그림

18 宋恒龍, 「韓國에서의 老莊硏究와 그 展開推移」 『老莊思想과 東洋文化』(아세아문화사, 1995), p. 383. 曺玟煥, 「朴世堂의 老子 이해」 『道教文化硏究』(1997), 제11집, p. 215 참조.

〈그림 4〉 관제(關帝)를 모신 서울의 동묘(東廟) 정전(正殿).

4】 국왕인 고종(高宗)의 장려 등의 요인이 작용하였다. 조선 후기 권선서의 유행은 결국 중국 선서의 단순한 보급에 머물지 않고 독자적인 선서 편집 및 주해의 경지에 이르렀는데, 1856년에 간행된 『각세신편팔감(覺世新編八鑑)』이 그러한 노력의 산물이다. 이 책은 『태상감응편(太上感應篇)』·『문창제군음즐문(文昌帝君陰騭文)』·『관제보훈(關帝寶訓)』 등의 주요 권선서에 대한 주석과 보충 설명으로 구성되어 있다.[19]

조선 후기, 권선서를 중심으로 한 민간 도교가 유행하고 있을 무렵, 민간에는 또 다른 흐름의 민간 도교 사상이 형성되어 가고 있었다. 조선 후기에는 임진왜란과 병자호란 등의 외침(外侵) 및 집권층 내부의

19 李康五, 「『覺世新編』에 대한 고찰」 『道敎와 韓國文化』(아세아문화사, 1988), p. 456. 崔惠英, 「朝鮮 後期 善書의 倫理思想 硏究」(한국교원대학교 대학원 박사학위 논문, 1997), pp. 130-34 참조.

심한 당파적 갈등으로 말미암아 왕권 및 유교적 세계관에 대한 회의가 대두하기 시작하였다. 그리하여 일부 몰락한 반체제적 사족 계층들은 도참(圖讖)·비기(秘記) 등의 도교적 예언 형식을 빌어 왕조의 운명을 비관적으로 진단하고 새로운 세계의 도래를 주장하였다. 『정감록(鄭鑑錄)』 등을 중심으로 한 참위설(讖緯說)적인 민간 도교 사상의 한 조류는 조선 후기 왕권의 동요와 더불어 민간에 더욱 유포되어 갔고 급기야는 홍경래난(洪景來亂)과 같은 대규모 반란 운동의 배후 이념으로서 기능하기도 하였다.

조선 말기에 이르러 왕조 통치의 한계가 극점에 달하면서 이러한 반항적 민간 도교 의식은 기존 질서의 해체와 재통합을 목표로 하는 민중 종교의 이념에 수용되어 이른바 신종교 운동으로 표출되었다. 1860년 수운(水雲) 최제우(崔濟愚, 1824-1864)에 의해 성립된 동학(東學), 1901년 증산(甑山) 강일순(姜一淳, 1871-1909)이 영도한 증산교(甑山敎), 1916년 소태산(少太山) 박중빈(朴重彬, 1891-1943)에 의해 창립된 원불교(圓佛敎) 등은 조선 말기 이후 창립된 수많은 민중 종교들 중에서 대표성을 지니고 오늘날까지 존속, 발전해 오고 있다. 이들 신종교는 옥황상제·관제 등 도교의 신을 숭배하기도 하고, 부주(符呪)를 사용하고, 지상 신선을 추구하고 지상 선계를 동경하는 등 많은 점에서 도교적 요소를 강하게 지니고 있다.[20] 특히 증산교의 경우 교주를 천사(天師)라고 부른다거나 해원(解冤)을 중요한 교의(敎義)로 삼고 있는 점 등은 중국의 원시 민간 도교 경전인 『태평경(太平經)』의 사상과 관련이 깊어 주목된다.[21]

---

20 尹錫山, 「東學에 나타난 道敎的 要素」 『道敎思想의 韓國的 展開』(아세아문화사, 1989), pp. 327-43. 金鐸, 「韓國 宗敎史에서의 道敎와 甑山敎와의 만남」 『道敎의 韓國的 受容과 轉移』(아세아문화사, 1994), pp. 294-359 참조.

근대 이후

조선 말기 이후 오늘에 이르기까지 한국 도교는 크게 세 가지 방면에서 명맥을 유지해 오고 있다. 첫째로, 동학·증산교·원불교 등 신종교를 비롯 불교·무속 등 다른 종교 속에 수용된 형태를 통해서인데 오늘날 동학은 천도교(天道敎)로, 증산교는 증산도·대순진리회(大巡眞理會) 등으로 개칭하여 포교를 계속하고 있으나 여전히 도교적 요소를 강하게 지니고 있고, 한국의 불사(佛寺)에는 칠성신(七星神)·산신(山神) 등이 함께 모셔지고 있으며 무속에서는 옥황상제·관제·칠성신·산신 등을 주요 숭배 대상으로 삼고 있다. 둘째로, 향촌에서는 민속의 형태로 도교가 잔존해 오고 있다. 조왕신(竈王神)·산신·성황신(城隍神) 등에 대한 숭배와 관련된 민속이 아직도 향촌 생활에 흔적을 남기고 있다. 셋째로, 개인 혹은 소규모 계파(系派)의 형태로 도교 수련의 기풍이 전해져 오고 있다. 이러한 형태가 현대에 와서 전국적인 규모의 수련 단체로 발전한 케이스로는 한국연정원(韓國硏精院)·국선도(國仙道) 등을 들 수 있다. 이들은 모두 조선 시대에 그 계파의 뿌리를 두고 있는데 최근 사회 일반으로 확산된 기공·양생 붐을 조성하는 데에 큰 역할을 했다.

근대 이후에는 한국 문화 속에 잠재되어 있는 도교의 역할을 긍정적으로 인식하고 이를 학문적으로 탐구하고자 하는 움직임이 일어났다. 이능화(1868-1945)는 『조선도교사』를 저술하여 일찍이 이규경으로부터 비롯한 도교에 대한 객관적 탐구의 길을 계승하고 근대 한국 도교학의 길을 개척하였다. 이후 한국에서의 도교 연구는 차주환(車柱環) 등이 조

21 鄭在書, 「韓國道教의 固有性」『韓國傳統思想의 特性硏究』(한국정신문화연구원, 1995), pp. 204-5.

직한 한국도교사상연구회(1997년 이후 한국도교문화학회로 개칭)를 중심으로 문학 · 철학 · 종교학 · 민속학 · 체육학 · 의학 등 각 방면에서 다수의 학자들이 참여하여 활발히 이루어지고 있다. 회원들의 연구는 크게 중국 도교에 대한 연구와 한국 도교에 대한 연구로 나눠어지며 연구 이외에도 새로운 도교 자료의 발굴, 정리, 보고가 계속 이루어진다. 아울러 매년 봄 · 가을로 2회에 걸쳐 학술 대회를 개최하고 연 2회, 기관지인 『도교문화연구(道敎文化硏究)』를 출간하고 있다【그림 5】. 지금까지 한 회도 빠짐없이 출간된 『도교문화연구』는 한국에서의 도교 연구의 중요한 업적을 대부분 망라한 전문 학술지이다.

〈그림 5〉 한국도교문화학회의 기관지인 『도교문화연구(道敎文化硏究)』의 표지.

한국 도교의 경전

여기에서는 한국의 도교학자들이 창작한 도서(道書), 중국의 도서에 대한 주해, 그리고 중국의 도서들을 체계적으로 재편집한 전집 등 한국 도교학의 입장에서 생산된 저작들 중 비교적 중요한 것만을 대상으로 설명하고자 한다.

수련 방면의 책들

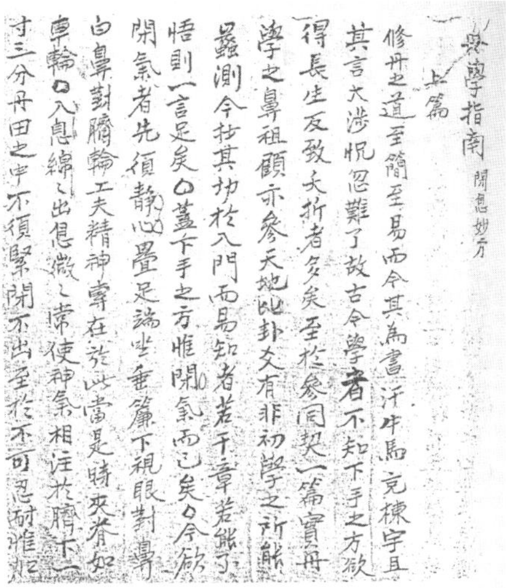
丹學指南 閉息妙方

上篇

修丹之道至簡至易而今其爲書汗牛馬充棟宇且其言大涉恍忽難了故古今學者不知下手之方欲得長生反致夭折者多矣至於參同契一篇實丹學之鼻祖顧亦參天地比卦爻有非初學之所能蠡測今抄其切於入門而易知者若干章若能了悟則一言足矣○蓋下手之方惟閉氣而已矣○今欲閉氣者先須靜心疊足端坐垂簾下視眼對鼻白鼻對臍輪工夫精神專在於此當是時夾脊如車輪○入息綿綿出息微微常使神氣相注於臍下一寸三分丹田之中不須緊閉不出至於不可忍耐惟

〈그림 6〉『단학지남(丹學之南)』이라는 별칭을 사용한 『용호비결(龍虎秘訣)』 필사본.

① 『**용호비결(龍虎秘訣)**』(1책. 필사본. 한문. 연세대도서관 소장)【그림 6】: 조선 전기의 도인 정렴(鄭磏, 1506-1549)이 지은 내단 수련의 입문서. 그의 별호가 북창(北窓)이므로 『북창단결(北窓丹訣)』이라고도 부른다. 『참동계(參同契)』 등 중국의 도서가 난해하여 초학자들이 실제 수련에 어려움이 많음을 보고 이 책을 지었다 한다. 이 책은 사실상 오늘날까지 한국에서 도교 수련가들이 가장 애용하고 있다. 책의 구성은 「폐기(閉氣)」·「태식(胎息)」·「주천화후(周天火候)」의 3장(章)으로 분장(分章)되어 있고 각 장에 후인이 첨가한 주석이 있다. 그 내용을 볼 때 외단법(外丹法)을 비판하고 있으며 태식을 강조하고 형(形)·기(氣)·신(神) 3요소의 관계 속에서 인체를 파악하고 있다. 이 책에서는 우선 폐기에 전념하여 현빈일규(玄牝一竅)를 얻게 되고 이 현빈일규를 통하여 태식을 하게 되며 다시 태식에서 주천화후를 하게 되고 주천화후 끝에 결태(結胎)가 되는 과정을 실제 수련적인 차원에서 알기 쉽게 설명하고 있다.[22]

② 『**단서구결(丹書口訣)**』(16장. 필사본. 한문. 『해동전도록』에 수

22 梁銀容, 「新出 『丹學指南』과 北窓 鄭磏의 養生思想」 『道敎의 韓國的 受容과 轉移』(아세아문화사, 1994), pp. 396-401 참조.

록): 조선 중기 이전에 성립된 작자 미상의 내단 이론서로서 『단가별지구결(丹家別旨口訣)』과 함께 『해동전도록』에 부록되어 있다. 이 책의 내단이론상의 특징은 도교 중정론(中正論)이다. 유 · 불 · 도 3교 가운데 도교가 가장 중정의 가르침을 펴고 있다는 이 주장은 유 · 불을 회통(會通)하려는 삼교동원론(三教同源論)적인 입장에서 주체로서의 도교를 강조하고 있다. 이어 인간과 우주의 생성이 중정의 기(氣)에 의해 이루어진다는 형이상학적 중정론은 수련 과정에서 중화지기(中和之氣)가 필요하다는 인식으로 나아가는데 이는 『참동계』의 영향으로 생각된다. 이 책에서는 수련의 성숙 단계를 『도덕경』에서 나온 '포일(抱一)'이라는 용어로 표현한다.

수련의 목표로서 제시하는 초범입성(超凡入聖)의 경지는 천선(天仙) 또는 지선(地仙) 등의 선인으로 표명되어 있으나 선인이 되기 위한 결정적 계기를 포일로 규정하는 것이다. 여기서의 일(一)은 선천진일지기(先天眞一之氣)로 개념화되어 있는데 인간의 근원적 원기(元氣)를 뜻한다. 따라서 이 책에서는 내단법(內丹法)의 입장에서 『도덕경』을 해석한다. 『도덕경』에서 포일은 곧 단(丹)의 형성을 의미한다. 아울러 이 책에서는 도교가 인륜을 무시하지 않는다는 것을 큰 장점으로 내세우고 있기 때문에 도덕적 선(善)의 실현은 중요한 의미를 지닌다. 자매편으로 함께 부록된 『단가별지구결』 제11장에서는 삼천공(三千功)이 갖추어지고 팔백행(八百行)이 이루어져야 도를 이룰 수 있다고 구체적으로 선행의 지표를 제시한다.

이밖에도 수련시 외마(外魔)의 침입을 방지하기 위해 고경(古鏡)과 고검(古劍) 등을 방에 비치해 놓아야 한다든가 북두칠성에 대한 신앙, 삼시(三尸)의 구축(驅逐)을 위한 수경신(守庚申)의 방법 등이 제시되고 있다. 이러한 내용들은 조선조 내단법의 체계에서도 종교적, 주술

적 요소가 완전히 배제된 것이 아님을 보여준다.[23]

③ **『참동계주해(參同契註解)』(5권 1책. 필사본. 한문. 규장각 소장)**: 조선 중기 단학파(丹學派) 계통의 수련가이자 학자인 권극중(權克中, 1585-1659)이 인조(仁祖) 17년(1639)에 쓴 『참동계』의 주해서. 본래 유학자였던 그는 이 책에 대한 주해를 통해 유(儒)·도(道) 회통뿐만 아니라 선종(禪宗) 철학까지 융합하여 삼교합일(三敎合一)의 체계화된 내단 사상을 수립하고자 하였다. 그는 역리(易理)에 근거하여 내단의 기초를 확립한다는 단역참동론(丹易參同論), 선종과 내단이 하나로 귀착된다는 선불동원론(仙佛同源論), 선종에서의 심성 수련과 내단에서의 기 수련을 함께 실행한다는 선단호수론(禪丹互修論) 등의 관점에서 내단 이론을 전개하였는데, 그의 이러한 관점은 우선 당시 지배 사조였던 유학과 선종측의 도교에 대한 비판적 시각을 완화시키고 아울러 사상의 폭을 넓혀 보다 설득력 있는 내단 이론을 구축하려는 데에 목적이 있었다.

그는 태극(太極)과 선천일기(先天一氣)라는 두 개념을 만물 생성의 근본으로 파악하고 두 가지가 인간에 내재하여 각각 성(性)과 명(命)을 이룬다고 보았다. 여기서 성과 명을 아울러 수련해야 한다는 수련론이 도출되는데 그는 구체적으로는 먼저 명을 수련하고 뒤에 성을 수련하는 방법을 제시하였다. 그에 의하면 명의 수련 즉 수명(修命)은 인체내의 수(水)·화(火) 이기(二氣)를 하나로 합하여 선천일기를 포착하는 과정〔採藥〕과 우주의 리듬에 맞추어 선천일기를 인체내에 주류(周流)시켜 후천적 기를 본래의 선천적 기로 변화시키는 과정〔周天火候〕이 필

23 金洛必, 「『海東傳道錄』에 나타난 道敎思想」 『道敎와 韓國思想』(범양사, 1987), pp. 146-65 참조.

요하다고 한다. 이 단계가 끝나면 성의 수련 즉 수성(修性)에 진입하는데 이는 선불교의 선정(禪定)과 같이 모든 관념을 버리고 도와 하나가 되는 무심합도(無心合道)의 경지라고 한다. 그런데 인간의 현실적 조건인 유한한 후천성명(後天性命)과는 달리 본래의 선천성명(先天性命)은 그 본질이 영원하고 자유롭다. 이에 따라 성명의 수련을 통해 도달된 선인은 생명의 불멸성과 정신적 자유가 조화롭게 갖추어진 인격으로 제시된다. 그의 내단 사상은 독자성을 견지하면서도 본체론(本體論)·인성론(人性論)·실천론(實踐論) 등 정비된 이론적 틀을 갖추었기 때문에 한국 도교사에서 주목할 만한 의의를 지닌다고 평가할 수 있다.[24]

신선 전기집

① **『해동전도록(海東傳道錄)』(필사본. 한문. 규장각 소장)**: 조선 중기의 도인 한무외(韓無畏, 1517-1610)가 찬술한 한국 도교의 계보에 관한 책. 이 책에 의하면 당(唐) 문종(文宗) 시기에 신라인 김가기·최승우·승려 자혜 등 3인이 중국에서 천사(天師) 신원지(申元之)와 진인(眞人) 종리권(鍾離權)으로부터 도를 전수받았다고 한다. 이 때 종리권으로부터 받은 도서는 『청화비문(靑華秘文)』·『영보필법(靈寶畢法)』·『금고(金誥)』·『천둔연마결(天遁鍊魔訣)』 등이었다 한다. 이후 신라의 승(僧) 현준(玄俊)도 입당(入唐)하여 시해법(尸解法)을 배워 『보사유인술(步捨遊引術)』·『가야보인법(伽倻步引法)』 등을 저술하였고 최치원은 최승우·현준 등의 도법을 계승하여 해동단학(海東丹學)의 비조(鼻祖)로 칭해진다. 이 책에서는 이후 고려의 권청(權淸), 조선

24 金洛必, 「權克中 內丹思想에 관한 一考察」『韓國道教思想의 理解』(아세아문화사, 1990), pp. 182-200 참조.

의 김시습 등을 거쳐 한무외 자신에 이르기까지의 한국 선파(仙派)의 도맥(道脈) 전수 과정을 밝히고 있다. 김시습 이전의 계통은 허구(虛構)된 것으로 보이며 조선 내단학의 연원을 중국의 전진교(全眞敎)에서 찾으려는 경향이 엿보인다.[25] 이 책에는 한무외가 쓴 계보 이외에도 이 책을 민간에서 발견한 문신(文臣) 이식(李植)의 발문과 작자 미상의 『단서구결』·『단가별지구결』, 정렴의 『용호비결』 등의 내단 수련서들이 부록되어 있다.

② 『**청학집(靑鶴集)**』(**영인본. 한문. 아세아문화사 간**): 조선 중기의 도인 조여적(趙汝籍, 1588 전후)이 스승인 청학상인(靑鶴上人) 위한조(魏漢祚)를 둘러싼 선파(仙派) 인물들의 계보 및 행적과 담화를 잡기(雜記) 형식으로 기록한 책. 서두에 운학선생(雲鶴先生) 이사연(李思淵)의 사적을 소개하면서 조여적을 중심으로 한 사승(師承) 관계를 거론한 다음 한국 선파의 계통을 제시하고 있다. 그리고 그 다음부터는 여러 선인들의 생애·도술·문학·일화 등에 대해 서술하고 있다. 이 책에서는 한국 선파의 조종(祖宗)을 환인진인(桓因眞人)으로 설정하고 있는데, 환인진인은 그 아들 환웅천왕(桓雄天王)에게 도를 전하고 환웅천왕은 단군(檀君)에게 전했으며, 단군은 소를 타고 다니면서 백성을 다스린 지 1048년에 아사달(阿斯達)에 들어가 신선이 되었다고 한다.

그 후 문박씨(文朴氏)가 단군의 도를 전하여 후대로 이어진다. 이 외에도 마한(馬韓)의 신녀(神女) 보덕(寶德), 가락국(駕落國)의 참시선인(旵始仙人), 신라의 영랑(永郞)·물계자(勿稽子)·최치원, 고려의 이명(李茗)·곽여(郭輿) 등이 계보상에 등장한다. 조선에 들어와서는 전

25 金洛必, 「『海東傳道錄』에 나타난 도교 사상」 『道敎와 韓國思想』(범양사, 1987), pp. 138-46.

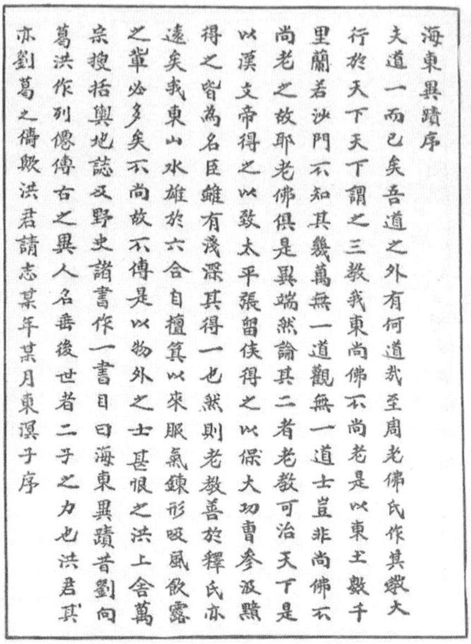

海東異蹟序
夫道一而已矣吾道之外有何道哉至周老佛氏作其變大
行於天下天下謂之三教我東尚佛不尚老是以東土數千
里蘭若沙門不知其幾萬無一道觀無一道士豈非尚佛不
尚老之故耶老佛俱是異端然論其二者老教可治天下是
以漢文帝得之以致太平張留侯得之以保大功曹參汲黯
得之皆為名臣雖有淺深其得一也然則老教善於釋氏亦
遠矣我東山水雄於六合自檀箕以來服氣鍊形吸風飲露
之輩必多矣不尚故不傳是以物外之士甚恨之洪上舍萬
宗搜括輿地誌及野史諸書作一書目曰海東異蹟昔劉向
葛洪作列僊傳古之異人名垂後世者二子之力也洪君其
亦劉葛之儔歟洪君請志某年某月東溟子序

〈그림 7〉 홍만종(洪萬宗)의 『해동이적(海東異蹟)』.

술한 도맥과 직접적으로 연계되지는 않으나 연산군(燕山君) 때의 이혜손(李惠孫)으로부터 저자인 조여적까지의 사승 관계와 행적이 비교적 소상히 기록되어 있다. 이들의 행적을 보면 오뢰(五雷) · 둔갑(遁甲) · 투시(透視) · 투심(偸心) · 탈정(奪精) · 입몽(入夢) 등의 도교 방술에 뛰어났고 시문(詩文)에도 조예가 깊은 것으로 묘사되고 있어 모두 유선적(遊仙的) 인물임을 알 수 있다. 이 책의 이러한 선파 계보는 『해동전도록』의 그것과 일치하지 않아 아마 다른 계통인 것으로 생각된다. 다시 말해 조선 시대에는 여러 계통의 선파가 존재했었던 것임을 추측할 수 있다. 아울러 이 책에서는 『해동전도록』이 중국 전진교와의 관련성을 시사한 데 비해 단군 신화를 한국 도교의 연원과 관련시키고 있는 것으로 보아 민족주의적 취지가 다분하다 하겠다.[26]

③ **『해동이적(海東異蹟)』(활자본. 한문. 태학사 간 『홍만종전집』 수록)【그림 7】**: 조선 중기의 문인 홍만종(洪萬宗, 1645-1725)이 지은 한국의 신선 전기집. 고조선으로부터 조선에 이르기까지 역대의 저명한 선인을 시대순으로 배열 · 소개하였다. 수록된 인물은 상고의 개국조

26 崔三龍, 『韓國文學과 道教思想』(새문사, 1990), pp. 40-47 참조.

(開國祖)인 단군 · 혁거세 · 동명왕 등을 비롯 신라의 김가기 · 최치원, 고려의 강감찬(姜邯贊), 조선의 김시습 · 정렴 · 남사고(南師古) · 곽재우(郭再祐) 등 38명에 달한다. 홍만종은 기존의 사서 · 문집 등에서 신이(神異)한 인물들의 행적에 관한 기록을 뽑아 원문을 정리하고 논평을 가해 전기를 구성하였다. 이들 38명 중 11명은 『해동전도록』상의 인물과 일치한다.

홍만종이 이 책을 찬술한 배경에는 중국의 『열선전(列仙傳)』처럼 한국에도 신선이 존재한다는 사실을 입증하기 위한, 그리고 한국 도교가 자체의 기원을 갖고 있다는 역사적 사실을 부각시키기 위한 민족주의적 의도가 깔려 있다. 그러나 전기 중에는 『열선전』이나 『요재지이(聊齋誌異)』내의 설화와 비슷한 모티프를 지닌 것들도 있어 교섭 관계에 대한 검토가 필요하다.[27] 이 책은 저명한 문인에 의해 찬집(撰集)된 한국의 선가(仙家)적 존재들에 대한 가장 체계적인 서술이라는 점에서 한국 도교학상 중요한 의의를 지닌다. 후일 황윤석(黃胤錫, 1729-1791)은 이 책을 읽고, 누락된 인물들을 보충하고 간략한 기록을 증익(增益)하여 수록 인원이 102명으로 확대된 『해동이적보(海東異蹟補)』를 찬술하게 된다.[28]

④ 『오계일지집(梧溪日誌集)』(필사본. 한문. 동국대도서관 소장): 조선 후기의 도인 이의백(李宜白, 1711-?)이 한국 선가(仙家)의 원류 · 행적 등에 대해 기록한 책. 당시 불우한 지식인이었던 이의백은 도인 한휴휴(韓休休)의 제자가 되어 산수간을 소요하며 여러 도인들과 교유

27 野崎充彦, 「『海東異蹟』攷」『韓國道教의 現代的 照明』(아세아문화사, 1992), pp. 240-41.

28 崔三龍, 「黃胤錫 文學의 도교적 측면에 대하여」『韓國道教文學의 位相』(아세아문화사, 1993), pp. 154-63.

하고 그 견문을 문집으로 엮어내었다. 내용은 크게 세 부분으로 나눠 볼 수 있다. 첫째로, 고조선과 삼국 시대의 주요 선가 인물들에 대한 서술이다. 이는 한국 도교가 자생적이고 그 연원이 중국에 있지 않음을 표명한 것이다. 따라서 단군이 한국 선파의 조종으로 존봉(尊奉)되고 있다.[29] 둘째로, 고금의 선인 · 일사(逸士)들의 기이한 행적에 대한 소설적 서술이다. 한휴휴 · 선우도사(鮮于道士) · 보덕선녀(寶德仙女) · 최치원 등의 도술 · 문학 등 유선적 생활에 대해 묘사하고 있다. 셋째로, 도교 방술 및 도서에 관한 부분이다. 시해법 · 기문(奇門) · 풍수 · 점복(占卜) · 부주(符呪) 등을 시행, 증험(證驗)했던 사례를 기록하고 있으며 스승 한휴휴가 소지한 점서(占書)인 『홍연진결(洪煙眞訣)』, 환웅이 지었다는 한국 고래의 선경(仙經)인 『현묘결(玄妙訣)』 등에 대해 상술하고 있다. 저자 이의백은 『청학집』에서의 중요한 인물이었던 이사연의 4대손이다. 따라서 이 책 내의 도교 인물들은 계보상으로나 사상적 지향으로나 『청학집』과 친연성이 있으며 『해동전도록』과는 다소 거리가 있다 할 것이다.

전집류

① **『도가직지독조경(道家直指獨照鏡)』(활자본. 한문. 국립도서관 소장)**: 조선 후기의 도인 신돈복(辛敦復, 1692-1779)이 편집한 수련 방면의 도교 자료 총집(總集). 이 책은 체재상 크게 직지문(直指門)과 독조문(獨照門)으로 양분되는데 다시 직지문은 방중부(房中部) · 음양쌍수부(陰陽雙修部) · 양생부(養生部)로 나뉘어지고, 독조문은 곧 청정단수부(淸淨單修部)이다. 이 책은 주로 명대(明代)의 도교 총서인 『도서

29 崔三龍, 『韓國文學과 道敎思想』(새문사, 1990), pp. 41-42.

전집(道書全集)』과 조선 권극중의 『참동계주해』 등에서 발췌한 자료들로 구성되어 있고, 이외에도 역시 명대의 『수양총서(壽養叢書)』·『준생팔전(遵生八箋)』·『만병회춘(萬病回春)』 및 조선의 『남궁선생전(南宮先生傳)』·『동국전도비지(東國傳道秘誌)』 등에서 자료를 취하였다. 이 모든 자료들을 편자는 자신의 도교학적 입장에 따라 배열하여 체계화된 한 권의 도교 자료집으로 편성한 것이다.[30]

이 책의 내용은 도교의 우주론·인간론 등과 같은 형이상학적 본체론뿐만 아니라 내단 수련의 방법과 계제(階梯) 등 구체적 실천의 측면까지 포괄하고 있다. 그리고 내단 수련에 앞서 요청되는 윤리적 각성, 수련시 병행되어야 할 정신적, 육체적 점검 사항 및 연기(煉己)·채약(採藥)·화후(火候) 등의 수련 과정 등 수련을 둘러싸고 제기될 수 있는 중요한 문제들을 거의 망라하고 있다. 이는 조선 후기에 접어들어 내단학이 심화되면서 보다 폭넓은 이론적 모색이 이루어졌음을 의미한다. 이러한 모색은 이 책의 편자가 권극중 등 조선 단학파의 내단학 전통을 충실히 계승한 기초 위에 중국 제(諸) 도파(道派)의 사상을 충분히 수용하였기 때문에 가능했던 것으로 보인다.

이 책에서 취하고 있는 중국의 내단학 자료는 『참동계』를 비롯 북파(北派)·남파(南派)·동파(東派)·중파(中派) 등 단도(丹道) 제파(諸派)의 저작들에 걸쳐 있지만 비교적 중시되고 있는 것은 장백단(張伯端)의 『오진편(悟眞篇)』·『옥청금사실록(玉淸金笥實錄)』, 진니환(陳泥丸)의 『현오집성(玄奧集成)』, 진치허(陳致虛)의 『금단대요(金丹大要)』 등 남파 계통의 단서(丹書)들이다. 이러한 사실로 미루어 한국의 초기

30 金侖壽, 「辛敦復의 丹學三書와 道敎倫理」 『道敎의 韓國的 變容』(아세아문화사, 1996), pp. 288-91.

단학파 즉 조선 중기 이전의 내단학은 이미 잘 알려진 바와 같이 북파 곧 전진교의 압도적인 영향을 받았지만 조선 후기에 이르러 남파의 영향이 강해졌음을 알 수 있다.[31] 이 책은 후인에 의해 『직지경(直指鏡)』과 『중묘문(衆妙門)』으로 나뉘어져 두 권의 책으로 전해지기도 하였다.

② **『경신록언석(敬信錄諺釋)』**(활자본. 한글. 『**한국어학자료총서**』 **제3집 수록**): 1796년 서울 근교 불암사(佛巖寺)에서 한문본(漢文本) 『경신록(敬信錄)』을 한글로 번역하여 간행한 것. 1880년 고종의 명에 의해 다시 간행되었다. 원래 한문본은 19종의 선서(善書)를 합집(合輯)한 것이지만 이 책은 15종으로 이루어져 있다. 그 내용은 『태상감응편(太上感應篇)』·『문창제군음즐문(文昌帝君陰騭文)』·『문창제군권효문(文昌帝君勸孝文)』·『문창제군구겁보장(文昌帝君救劫寶章)』·『경조편(敬竈篇)』·『행불비전공덕례(行不費錢功德例)』·『공과격찬요(功過格纂要)』 및 각종 영험기(靈驗記)이다. 이 책의 마지막 부분에서는 이 책이 조선에 들어와 간행, 유포된 경위와 책의 취지에 대해 설명하고 있다. 즉 남녀·노소·빈부·귀천을 막론하고 보다 많은 사람들이 이 책을 읽어 선을 행하고 악한 일을 고쳐 태평 안락한 삶을 누릴 수 있도록 하는 데에 간행 동기가 있음을 밝히고 사람들을 권계(勸戒)하고 세상을 구제하는 데 있어 지극히 성실하였고 또 인륜의 당연한 도리로 인도하고 그 선악과보(善惡果報)가 명백하여 조금의 의심도 없었다고 이 책의 가치를 평가하고 있다.[32]

③ **『각세신편팔감강목(覺世新編八鑑綱目)』**(11권 6책. 활자본. 한

---

31 金洛必, 「『直指鏡』·『衆妙門』 解題」『道敎와 韓國文化』(아세아문화사, 1988), pp. 546-48.

32 崔惠英, 「朝鮮後期 善書의 倫理思想 硏究」(한국교원대학교 대학원 박사학위 논문, 1997), pp. 134-41 참조.

문. 국립중앙도서관 소장): 조선 철종(哲宗) 7년(1856) 문인 최성환(崔瑆煥)이 편집한 선서 총집. 최성환은 중국의 백련사(白蓮社)를 본따 묘련사(妙蓮社)라는 종교 결사(結社)를 만들고 여기에서 많은 선서를 간행했다. 가령 이곳에서 만들어진 『제중감로서(濟衆甘露序)』는 관음(觀音)과 부우제군(孚佑帝君)으로부터의 영감과 강필(降筆)에 의해 이루어진 한국 도교의 순수한 창작이다.[33] 이 책의 내용은 『각세삼경(覺世三經)』, 즉 『태상감응편』·『문창제군음즐문』·『관제보훈(關帝寶訓)』 등에 대한 주해가 위주이지만 이외에도 많은 민간 도교의 내용이 부가되어 있다. 제1책과 제2책에는 『각세삼경』에 대한 주해가 실려 있고 제3책의 「지송감(持誦鑑)」에서는 구천응원뇌성보화천존(九天應元雷聲普化天尊) 등 사위(四位)의 신의 이름을 염송(念誦)하고 사람의 수명을 관장하는 북두성군(北斗星君)과 조군(竈君)에게 예를 다하며 『각세삼경』 등을 공경하는 마음으로 받아들이면 만사가 여의(如意)하고 복덕이 무량하다는 독경(讀經) 신앙을 말하고 있다. 제4책의 「이륜감(彝倫鑑)」에서는 부자·군신·부부·형제·붕우 다섯 항목에 걸쳐 각종 경문(經文)이나 격언 등을 제시하고 있어 실천적 유교 윤리를 강조하고 있다. 제5책의 「석자감(惜字鑑)」에서는 학문과 과거(科擧)를 관장하는 문창제군에 대한 신앙과 관련하여 문자·서책을 소중히 할 것을 권고하고 있고, 「계음감(戒淫鑑)」에서는 음행을 모든 악의 근본으로 규정하고 문창제군과 부우제군의 경문을 들어 경계하고 있다. 제6책의 「은급감(恩及鑑)」에서는 천지의 생기(生氣)가 인(仁)이며 이 생기를 해치는 살생의 마음이 가장 불인(不仁)하다는 관점에서 무절제한 채집과 살

33 李康五, 「『覺世新編』에 대한 고찰」『道教와 韓國文化』(아세아문화사, 1988), pp. 455-56.

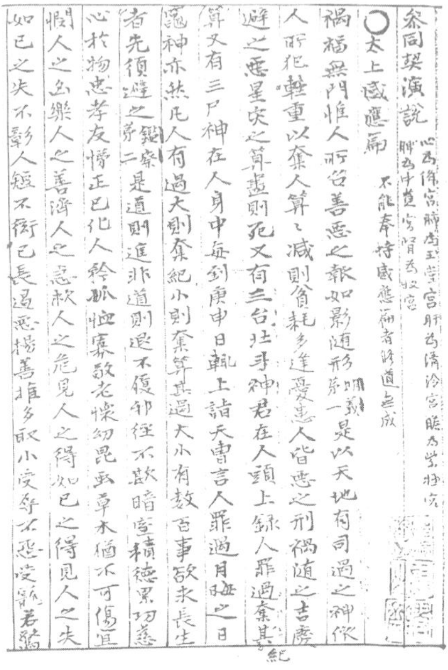

생을 경계하고 있으며, 「의약감(醫藥鑑)」에서는 양약(良藥)이 능히 제세치인(濟世治人)할 수 있다는 전제하에 각종의 약방문(藥方文)을 제시하고 있다.[34]

〈그림 8〉 강헌규(姜獻奎)의 『주역참동계연설(周易參同契演說)』.

④ **『주역참동계연설(周易參同契演說)』(필사본. 한문. 서울대 도서관 소장)【그림 8】**: 조선 후기의 학자 강헌규(姜獻奎, 1797~1860)가 편찬한 수련 방면의 도교 전적(典籍) 합집. 철종 8년(1857)에 찬집(撰集)된 이 책은 제목과 실제 내용 간에 상당한 차이가 있다. 즉 이 책은 실상 『참동계』에 대한 해설이 아니고 도교 수련과 관련된 기존의 중요한 자료들을 선별해서 모아놓은 것이다. 이 책의 내용은 크게 다섯 부분으로 구성되어 있다. 첫 번째 부분인 『참동계연설(參同契演說)』에는 『십이단금(十二丹錦)』 등 중국의 도서들이 포함되어 있다. 두 번째 부분은 조선의 도인 한무외가 지은 『해동전도록』이고 세 번째 부분 역시 조선 중기의 도인 곽재우(郭再祐)가 지은 『양심요결(養心要訣)』인데 『양심요결』의 내용은 곽재우 자신이 쓴 『복기잡법(服氣雜法)』·『복기십사(服氣十事)』 등과 『포박자(抱朴子)·내

34 李康五, 위의 논문, pp. 458-61. 崔惠英, 「朝鮮後期 善書의 倫理思想 硏究」(한국교원대학교 박사학위 논문, 1997), pp. 130-34 참조.

편(內篇)』 등에서 요점을 추린 것으로 이루어져 있다. 네 번째 부분은 『영보필법직해(靈寶畢法直解)』이고 다섯 번째 부분은 부록인 『황금옥초(黃金玉抄)』로서 『황정내경(黃庭內經)』·『오진편(悟眞篇)』 등에서 발췌한 글들로 이루어져 있다. 이 책은 앞서 이루어진 『도가직지독조경』과 더불어 한국의 대표적 도교 전집으로서 내단·양생·도인(導引)·권선(勸善) 각 방면에 걸쳐 한·중 양국의 도서를 선별, 체계적으로 정리, 종합하였다는 데에 큰 의의가 있다 할 것이다.[35]

한국 도교의 세계관

도교는 유교·불교와 더불어 한국 문화의 중요한 조성 부분이었지만 역사적으로 한국에서는 중국과는 달리 교단 도교가 존재하지 않았다. 이것은 한국 도교에서는 중국 도교와 같이 태상노군(太上老君) 혹은 옥황상제(玉皇上帝)를 정점으로 하는 정연한 신적 계보가 그대로 받아들여지지 않았다는 사실을 의미한다. 그런데 이러한 사실은 또한 한국에서 한국 도교의 기원이나 최고신에 대한 인식이 중국과 다르다는 것을 의미하기도 한다. 한국 선파의 계보를 다룬 대부분의 한국 도서에서는 한국 도교의 기원적 존재를 황제(黃帝)나 노자(老子)에다 두지 않고 환인·단군 등 한국 건국 신화에서의 최고신적 존재에 두고 있다. 고대 한국에서는 샤머니즘과 산악 숭배가 성행하였는데, 이러한 원시 종교 관념은 고구려의 동맹(東盟), 부여(夫餘)의 영고(迎鼓), 동예(東

---

35 梁銀容, 「『周易參同契演說』과 朝鮮道敎」 『道敎思想의 韓國的 展開』(아세아문화사, 1989), pp. 185-207. 金侖壽, 「『周易參同契演說』과 農廬 姜獻奎」 『韓國道敎思想의 理解』(아세아문화사, 1990), pp. 273-95 참조.

濊)의 무천(舞天) 등의 제천의식(祭天儀式)으로 표현되었다. 샤먼을 매개로 한 천계와 지상의 중간 지점인 산악에서의 제천은 결국 천인합일(天人合一)적 사고와 상관되고 단군 신화는 이러한 제천 의식의 구술적(口述的) 상관물이라 할 것이다.

단군 신화에 의하면 천제(天帝) 환인이 홍익인간의 뜻을 품고, 그 아들 환웅으로 하여금 백두산에 강림케 하였는데 후일 그는 웅녀(熊女)와 결혼하여 단군을 낳았다. 단군은 그후 최초로 고조선의 임금이 되어 세상을 다스리다가 나중에 신선이 되었다고 한다. 신화의 내용을 통해 볼 때 천계와 지상의 합일, 즉 천인합일관이 단군의 탄생을 통해 표현되어 있고 홍익인간과 자기 완성의 이념이 동시에 추구되고 있다. 이러한 통합적인 세계관은 신관(神觀)에서도 보이는데 이른바 삼일사상(三一思想)이 그것으로 환인 · 환웅 · 단군을 삼위일체로 보는 종교 관념이 단군 신앙에 내재되어 있다. 단군 신화를 바탕으로 한 고대 한국의 원시 도교 사상은 후세에 이로부터 발전한 한국 도교의 성격에도 영향을 미친다.[36] 『청학집』에 의하면 환인의 도를 문박씨가 계승하고 다시 이를 영랑이 전하였다고 하는데 이 영랑을 비롯 술랑(述郞) · 남랑(南郞) · 안상(安祥) 등의 사선(四仙)은 신라의 대표적 수련 집단인 화랑도의 중심 인물이었다. 그런데 화랑도는 신체의 단련, 무예의 연마, 윤리 · 도덕 정신의 함양 등을 수련의 내용으로 삼고 있었다. 그들은 국가에 큰일이 있을 때에는 적극적으로 참여하였고 태평한 때에는 산천을 주유(周遊)하거나 예술에 탐닉하였는데, 신라말의 대표적 선파 인물인 최치원은 이 화랑도를 일컬어 풍류(風流)라 하고 그 취지가 공자 · 석

36 車柱環, 『韓國의 道敎思想』(동화출판공사, 1984), pp. 33-36. 柳炳德, 「한국 정신사에 있어서 도교의 특징」 『道敎와 韓國思想』(범양사, 1987), pp. 62-63.

가 · 노자의 가르침을 다 포괄하고 있다고 하였다. 삼교합일적 취지는 중국의 경우 이미 남북조(南北朝) 시기부터 나타난 현상이지만 화랑도의 이러한 경향은 한국 원시 도교에서의 삼일사상 · 홍익인간의 이념과 자기 완성을 통합적으로 추구했던 정신 등의 발현으로 보여진다.

여기서 한 가지 주목해야 할 사실은 한국 원시 도교에서는 도교적 존재에 대해 전술한 화랑 · 풍류 등을 비롯 국선(國仙) · 선랑(仙郞) · 선인(仙人) 등의 표현을 사용하였다는 점이다. 따라서 한국 고적(古籍)에서 나오는 선(仙)이라는 글자를 그대로 중국 도교의 입장에서 해석하면 의미에 차질이 생긴다. 가령 단군을 선인, 영랑 등을 사선이라고 기록하였는데 이 때의 선(仙)은 중국의 신선과 같이 일면 초속적(超俗的)인 성격을 지니면서도 또 다른 일면 집단 윤리와 토착 문화에 대한 자의식을 견지하고 있는, 성속(聖俗) 통합적인 세계관을 지닌 존재인 것이다.

한국 원시 도교의 이러한 경향은 삼국 시대 이후 전래된 중국의 조직화되고 이론화된 교단 도교로 하여금 한국 도교와 융합, 토착화의 길을 걷도록 하게 하는 힘이 된다. 중국 도교가 처음 공식적으로 전래된 것은 고구려 말이지만 국가 기관으로서 도관이 성립되고 도교의 재초(齋醮) 행사가 본격적으로 거행되었다는 사실이 역사 자료로서 증거를 남기고 있는 것은 고려 중기부터 조선 전기까지이다. 이 시기에는 복원궁과 소격서에서 선후하여 도교 의식을 수행하였는데 이 때 지어진 청사(靑詞)에 대한 분석을 통해 당시의 신관(神觀) 및 세계관을 파악해 볼 수 있다. 우선 신관은 최고신을 지향하는 다신(多神) 신앙이라 말할 수 있는데 이는 곧 일신(一神) 신앙과 백신(百神) 신앙의 공존을 의미한다. 그런데 최고신도 유일무이한 것이 아니고 이명동실(異名同實)의 여러 존재들이 있다. 즉 천(天) · 도(道) · 상제(上帝) · 삼청(三淸) · 태일(太

一) 등이 동일한 위격(位格)을 지니고 각기 등장하나 이들은 사실상 최고신의 다양한 표현일 뿐이다. 당시 과의적(科儀的) 도교의 이러한 신관은 상청파(上淸派) 내지 전진교에서 유래한 중국 도교의 최고신 신앙이 한국 원시 도교의 복합적인 최고신 신앙 체계, 즉 삼일사상 안에서 수용된 것을 의미한다.[37] 아울러 하위신(下位神)으로는 북두(北斗) · 본명성(本命星) · 육정신(六丁神) 등이 숭배되었는데 북두에 대한 숭배는 후대에 이르기까지 두드러진다. 이 역시 샤머니즘을 바탕으로 성립한 한국 원시 도교의 기본 성향과 관련이 깊다. 본래 샤머니즘에서는 천계의 중앙으로서 북두를 숭배하기 때문이다.

한국 원시 도교와 중국 도교와의 융합의 극명한 예는 강화도 마리산(摩利山) 초제(醮祭)이다. 한국 도교의 기원적 존재인 단군이 제천(祭天)을 했다고 전해지는 마리산에서 지냈던 초제는 한국 고유의 천제 신앙, 산악 숭배와 중국의 도교 의례와의 화해로운 결합이다. 이로써 결국 12~15세기에 걸치는 시기, 한국 도교의 세계관은 최고신과 다신(多神), 토착신과 외래신이 공존하여 이룩해 낸 우주적 질서 안에서 인간 만사가 순조롭게 이루어지고, 제의를 통해 장생(長生) · 기복(祈福) · 소재(消災) 등 모든 소망이 달성될 수 있다는 조화로운 의식 형태였음을 알 수 있다.[38]

조선 중기 이후 소격서 중심의 과의적 도교가 쇠퇴하고 지식 계층 사이에서 내단학이 유행하지만 한국 도교의 전술한 통합적, 조화론적인 세계관은 기본상 변함이 없다. 조선 단학파의 거인 정렴은 조선의 통치 이념인 유교를 중심으로 하면서도 유 · 불 · 도 3교의 포섭을 주장

37 金勝惠, 「『東文選』 醮禮靑詞에 대한 종교학적 고찰」 『道敎와 韓國思想』(범양사, 1987), pp. 117-21.

38 金勝惠, 위의 논문, pp. 126-28.

하였는데, 그는 이러한 입장에 따라 실제 수련에 있어서도 청명지기(淸明之氣)가 주천화후(周天火候)의 결과 니환궁(泥丸宮)에 응결된 것을 도교의 현주(玄珠)이자 불교의 사리(舍利)라고 동일시한다. 조선 후기 한국 참동계학(參同契學)의 대가인 권극중 역시 정렴의 입장을 계승하여 유 · 도 합일의 전제 위에 다시 선불동원론(仙佛同源論)을 주장한다. 이는 내단에서 추구하는 선인의 경지나 불교의 부처의 경지가 서로 상통된다고 보는 견해이다. 권극중은 내단 사상과 불교의 지향하는 바가 다같이 태극으로 반본환원(返本還源)함으로써 불생불사(不生不死)에 이르는 데에 있다고 말한다. 그리하여 그는 수련에 있어서 선단호수론(禪丹互修論)을 주장하게 되는데, 이는 선정(禪定)의 수련과 내단 수련이 함께 병행되어야 한다는 견해로 명심견성(明心見性)의 정신 수련과 연기(煉氣)의 육체 수련을 함께 존중해야 한다는 입장이다. 중국 도교적인 측면에서 볼 때 권극중의 이러한 취지는 유 · 도 회통이라는 『참동계』의 정신을 계승하면서 송대(宋代)에 장백단(張伯端) · 진치허(陳致虛) 등에 의해 형성된 성명쌍수론(性命雙修論)을 수용한 결과이지만[39] 그 바탕에는 여전히 한국 원시 도교 사상으로부터 면면히 유전되어 온 조화, 원융적(圓融的) 세계관이 깔려 있는 것이다.

39 金洛必, 「權克中 內丹思想에 관한 一考察」 『韓國道敎思想의 理解』(아세아문화사, 1990), pp. 194-95.

한국 도교의 의례 및 조직

국가적 도교 의례

고대 한국에는 샤머니즘 · 산악 숭배 등을 바탕으로 제천 및 명산대천에 대한 제사 의식이 성행하였는데 이들은 고대 한국 선가 즉 원시 도교와 관련된 의례로 간주할 수 있다. 그러나 오늘날 이러한 의식의 자세한 내용이나 절차 등에 대해서는 남아 있는 문헌이 없으므로 상고(詳考)하기가 어렵다. 본격적인 도교 의례는 아무래도 재초(齋醮)【그림 9】라고 할 수 있는데 이에 대한 근거 자료로는 주로 고려 중기부터 조선 초기에 거행된 초제(醮祭)에 사용되었던 청사(靑詞)가 수록된 『동문선(東文選)』 등이 있다. 고려 시대의 초제가 국가적 행사가 된 것은 궐내에서 이를 거행하기 시작하였던 현종(顯宗, 1009-1031)때부터이다. 그리고 선종(宣宗, 1083-1094) 이후 초제는 거행 빈도가 증가하고 거행 지역도 전국적으로 확대되었는데 고종(高宗, 1213-1259) 이전까지는 수도인 개경(開京)에만 국한하지 않고 전국에 걸쳐 거행되었다.

고려 시대에 거행된 초제의 총 횟수는 191회에 달하며 예종(睿宗, 1105-1122)과 의종(毅宗, 1146-1170) 때에 가장 많이 행해졌다. 이들 초제는 도사에 의해 중국 도교의 법식을 따라 거행되었을 것으로 보이는데, 이는 대표적 도관인 복원궁의 건립과 도사의 확보가 송의 영향에 의해 이루어졌기 때문이다. 고려 시대에 이루어졌던 초제로는 천황초(天皇醮) · 태일초(太一醮) 등 도교 대신(大神)에 대한 제사를 비롯 본명초(本命醮) · 노인성초(老人星醮) 등 장생을 기원하는 것, 성변기양삼청초(星變祈禳三淸醮) · 칠귀오온신초(七鬼五瘟神醮) · 남진해액초(南辰解厄醮) 등 재난 · 질병을 구축(驅逐)하고자 하는 것 등 외에 기우태일초(祈雨太一醮) · 국복십일요이십팔수초(國卜十一曜二十八宿醮)

〈그림 9〉 중국 도교의 재초(齋醮) 의식.

등 다양한 것들이 있었는데, 이들의 목적은 결국 왕실 및 국가의 안녕과 백성의 구제를 위한 것이었다. 이를 통해 볼 때 고려 시대의 초제는 개인적 기복 신앙의 차원뿐만 아니라 이타(利他)의 적극적인 구제의 이념하에서도 거행되었음을 알 수 있다.[40]

조선 시대에 들어와서 도교 의식은 왕실의 애호에 의해 거행되었는데 대체로 고려의 유제(遺制)를 계승하였으나 그 규모는 축소되었다. 특히 조선 전기 내내 유신(儒臣)들의 강경한 반대가 있어서 공식적인 도교 의식은 쇠퇴일로를 걸었다. 조선 시대의 유일한 도관(道觀)이었던 소격서는 국가의 관서(官署)로 일정한 직제(職制)와 공과(功課)가 법적으로 규정되어 있었다. 소격서의 직제에 의하면 서원(署員)이, 책임자

40 金哲雄, 「高麗中期 道敎의 盛行과 그 性格」『道敎의 韓國的 變容』(아세아문화사, 1996), p. 188.

인 제조(提調) 1인을 비롯 여러 명이고 도학생도(道學生徒)를 10명 두었다. 서원을 선발할 때에는 『금단(禁壇)』을 낭송시키고 『영보경(靈寶經)』을 읽히고 과의(科儀)는 『연생경(延生經)』·『태일경(太一經)』·『옥추경(玉樞經)』·『진무경(眞武經)』·『용왕경(龍王經)』 가운데에서 세 개를 택하여 시험하였다.

이를 통해 볼 때 조선 시대의 도교 의식도 고려와 마찬가지로 중국의 법식을 따랐음을 알 수 있다. 다만 마리산 초례(醮禮)처럼 토착 신앙적 요소가 강한 제례의 경우는 거행 시기가 도교력(道敎曆)에 의하지 않고 고대 한국의 제천의 시점인 늦은 봄의 길일을 택하였는데 이를 보면 경우에 따라 한국 원시 도교의 법식도 참작되었던 것 같다.[41] 아울러 마리산 초례는 제천의 성격을 띠는 것이어서 천자만이 거행할 수 있는 의식을 제후국인 조선에서 수행하는 것은 참월(僭越)하다고 유신(儒臣)들이 강력히 반대하였으나 그대로 거행되었다. 소격서에서 거행된 초제로는 성신(星神)을 제사한 북두초(北斗醮)·금성초(金星醮)·직성초(直星醮)·형혹기초(熒惑祈醮)·혜성기초(彗星祈醮) 등을 비롯 개복신초(開福神醮)·청명초(請命醮)·도병초(禱病醮)·기우초(祈雨醮)·진병초(鎭兵醮)·삼원초(三元醮) 등 다양한데 그 목적은 역시 왕실 및 국가의 안녕과 백성의 구제를 위한 것으로서 고려 시대와 큰 차이가 없다고 볼 수 있다.

고려 중기 이후 조선 전기에 이르기까지 거행되었던 국가적 도교 의례는 조선 중기 소격서의 철폐를 계기로 막을 내리게 된다. 따라서 이후 도교 의례는 개인적 수련이나 민간 종교 신앙의 차원에서만 행해

---

41 金勝惠, 「『東文選』 醮禮靑詞에 대한 종교학적 고찰」 『道敎와 韓國思想』(범양사, 1987), p. 126.

지게 된다. 가령 조선 후기의 단학파 인물인 정지승(鄭之升)은 향촌의 은둔처에서 제천을 위한 초제를 지냈는데 이것이 종래부터 있었던 개인적 차원에서의 도교 의례의 계속인지 아니면 국가적 행사가 개인적인 차원으로 이행된 것인지는 판정하기 어렵지만 조선 후기 이래 더 이상 공적인 도교 의례가 이루어지지 않은 것은 분명하다. 주목할 만한 현상은 조선 말기에 이르러 새로이 태동한 신종교에 도교적 이념, 수행 방식 등이 대폭 수용되어 발휘되고 있다는 사실이다.

우선 동학의 교주 최제우(崔濟愚, 1824~1864)는 입산하여 수련을 하던 중 신비로운 종교 체험 끝에 득도를 하게 된다. 이 때 그는 명상중에 상제를 만나 주문과 영부(靈符)를 받게 되는데 이러한 과정은 오두미도(五斗米道)의 장도릉(張道陵)이나 신천사도(新天師道)의 구겸지(寇謙之) 등 중국의 초기 도교 교주들의 득도 상황과 흡사하다.[42] 동학에서는 주문을 외거나 부적을 그려 불에 살라 물에 타서 마시는, 이른바 탐복(呑服)의 행사를 통해 치병을 도모하였는데 이러한 방식 역시 중국의 초기 민간 도교의 그것과 동일하다. 그러나 주문과 부적의 내용은 중국 도교로부터 유래되지 않은, 최제우 스스로 창안한 것이다. 증산교의 교주 강일순(姜一淳, 1871~1909)은 옥황상제의 현신(現身)으로 자처하며 도교적 방술(方術)을 많이 시행하였는데 동학의 경우와 마찬가지로 주문 독송(讀誦)과 부적 탐복을 중요한 수련법으로 삼았다. 주문으로는 태을주(太乙呪)·선령주(仙靈呪)·신장주(神將呪)·관운장주(關雲長呪)·개벽주(開闢呪)·칠성주(七星呪) 등이 있는데 개중에는 중국 도교의 주문을 개변(改變)한 것도 있다.[43] 강일순은 또한 『현무경

42 鄭在書, 「韓國道敎의 固有性」『韓國傳統思想의 特性硏究』(한국정신문화연구원, 1995), pp. 202-5.

(玄武經)』이라는 도서(道書)를 지었는데 이 책에는 그가 그린 대량의 부적이 수록되어 있다.

민간에서의 도교적 습속

조선 후기 민간 신앙에는 도교적 내용과 상관되어 습속을 이루고 있는 것이 적지 않다. 특히 지금도 강하게 남아 있는 무속에서 숭배되고 있는 신 중에는 중국 도교로부터 전래된 신들이 많다. 한국의 민간 신앙에서 현재에도 가장 보편적으로 숭배되고 있는 도교계 신으로는 성황(城隍)·칠성(七星)·조왕(竈王)의 삼신(三神)을 들 수 있다.[44] 성황신은 한국 어디를 가나 마을 입구 또는 고갯마루쯤에 자리잡고 있는 신당(神堂)에서 숭배되고 있는 마을신인데 이 신당은 성황당 혹은 서낭당이라고 부른다.

중국의 성황 신앙이 한국에 들어온 것은 고려 문종(文宗) 무렵인데 그것과 한국 고유의 산신 신앙이 결합하여 오늘의 성황 신앙을 이룩한 것으로 보인다. 칠성신은 무속에서도 중시되고 있는 신으로 민간에서는 기자(祈子)와 아이의 무병장수를 위해 이 신에게 제사를 올린다. 칠성신 역시 전적으로 중국에서 들어온 것은 아니고 한국의 무속 및 원시 도교에서 본래부터 숭배되었던 신이다【그림 10】. 조왕신(竈王神)은 과거 한국 민가(民家)의 부엌 부뚜막 위에 자리잡고 있으면서 주부들의 소망을 성취시켜 주는 신이라고 믿어 주부들이 매일 아침 정화수(井華水)를 바치며 기원을 드렸던 신이다. 이 신에 대한 숭배도 한국 고유의

43 金鐸, 「韓國宗教史에서의 道教와 甑山教와의 만남」『道教의 韓國的 受容과 轉移』(아세아문화사, 1994), pp. 337-46.

44 金泰坤, 「韓國民俗과 道教」『道教와 韓國文化』(아세아문화사, 1988), pp. 533-35.

〈그림 10〉 칠성신(七星神).

〈그림 11〉 조왕신(竈王神).

화신(火神) 신앙과 중국 도교의 조왕 신앙이 결합하여 이루어진 것으로 보인다【그림 11】.

이외에도 도교로부터 유래한 습속 중 가장 드러난 것으로는 고려 시대부터 크게 유행한 수경신(守庚神)의 풍습이 있다. 고려 시대에는 삼시충(三尸蟲)에 대한 인식과 이에 근거한 사과신(司過神)적 신앙이 이미 일반화되어 경신일에 함께 모여 술을 마시고 음악을 연주하며 밤을 새우는 일이 국속(國俗)이 되었고 이 행사가 조선 시대에 와서도 궁중에서 지켜지다가 영조때에 와서야 폐지되었다. 오늘날의 민속에도 남아 있는 섣달 그믐날 밤을 새우는 일은 고려 이래의 수경신 행사의 자취이다. 아울러 조선 시대에는 새 집을 짓고 그 외문(外門)에 "경신년월일시강태공조작(庚申年月日時姜太公造作)"이라는 글귀를 써 붙이는 풍습이 있었는데 이는 강태공이 역병이 집으로 들어오는 것을 막아 준다는 중국의 민간 도교에서의 믿음의 영향으로 보여진다.[45] 조선 시대에는 또한 성수(星宿) 신앙과 관련된 도교적 습속이 적지 않았다. 남녀의 나이가 나후직성(羅睺直星)에 들 때 짚으로 추령(芻靈)이라는 허수아비를 만들어 상원(上元) 전야(前夜) 초저녁에 그것을 길에다 버려 재액(災厄)을 막으려 했던 일이나 『옥추경(玉樞經)』의 영향으로 북두성을 경배하는 갖가지 습속 등이 생겨난 것이 그것이다.

고려 이래 민간에서의 도교적 습속 중 한 가지 특이한 것은 맹인들이 점복(占卜)이나 독경(讀經)을 통해 길흉 판단·치병(治病)·도액(度厄) 등을 수행하였다는 점이다. 이들이 주로 독송했던 도경(道經)은 『옥추경』이었다. 조선 시대에 이들은 정부에서 설립한 명통시(明通寺)라는 관서(官署)를 중심으로 활동하였는데 때로 이들은 이곳에서 왕명에 의해 기우(祈雨)나 치병의 의례를 행하였다. 맹인이 도교 의례를 담당했던 일은 아마도 한국 도교에만 있는 현상으로서 한국의 경우 도교 교단과 도사가 민간에 없었기 때문에 맹인이 도사의 역할을 대행했던 것으로도 볼 수 있다.[46]

도관(道觀) 및 수련 조직

원시 도교의 시기에 한국에는 화랑도라는 수련 집단이 있었으나 그들이 도관을 설치했는지에 대해서는 상고할 길이 없다. 중국의 경우와는 달리 역사적으로 교단 도교가 존재하지 않았던 한국에는 민간에서 자발적으로 건립된 도관은 없고 국가가 세운 공적 기관으로서의 도관이 있을 뿐인데 이의 대표적인 것이 고려의 복원궁과 조선의 소격서이다.

45 李能和, 『朝鮮道教史』(보성문화사, 1977), 이종은 역, pp. 271-73.
46 李能和, 위의 책, p. 253.

12세기 초, 고려 예종때 세워진 복원궁은 도관임과 동시에 왕부(王府)에 속한 한 궁전이었다. 당시 대궐 안에 있던 여러 불전(佛殿)들과 더불어 복원궁은 왕실 및 국가의 종교 행사를 위해 건립된 편전(便殿)들 중 하나였던 것이다.

복원궁의 건물 양식 및 배치는 건립 당시 송대 도교의 영향을 많이 받았기 때문에 중국 도관과 비슷했을 것으로 추측된다.[47] 대궐내 북쪽에 위치했던 복원궁은 천황당(天皇堂)과 삼청전(三淸殿) 등 두 개의 전각(殿閣)을 갖추고 있었고 병력이 배치되어 숙위(宿衛)하고 있었다. 복원궁에는 도사들이 상주하고 관비(官婢)까지 급부(給付)되어 있었으므로 요사(寮舍) 등 주거 시설도 확보되어 있었을 것으로 보인다. 다만 송(宋) 서긍(徐兢)의 『고려도경(高麗圖經)』(권18)에 의하면 고려의 도사들은 낮에는 도관에 있다가 밤에는 사실(私室)로 돌아가기도 했다고 하니 복원궁의 생활은 청규(淸規)를 엄수하는 중국 도관의 그것과는 달랐던 것 같으며 도사 역시 독신의 수련가는 아니었던 것 같다.

조선의 유일한 도관이었던 소격서는 복원궁과 같은 왕실 직속 기관으로서의 성격이 없어지고 완전히 조정의 한 관서로서의 기능만을 갖게 되었다. 소격서는 태일전(太一殿) · 삼청전(三淸殿) 등 두 개의 전각을 갖추고 있었으며 책임자인 제조(提調)를 비롯한 여러 명의 관원이 대체로 중국 도교의 법식에 따라 재초를 거행하였다. 그러나 후대로 갈수록 소격서 관원들의 법도는 해이해졌고 의례도 형식화되어 갔다.

한국 도교에서 성립된 복원궁 · 소격서 두 도관의 경우를 볼 때 이들은 결국 왕실과 국가의 도교 의례를 담당하기 위한 공적 기관이었지

47 梁銀容, 「福源宮 建立의 역사적 의의」 『道敎와 韓國文化』(아세아문화사, 1988), p. 494.

도교 수행 자체를 목적으로 한 조직은 아니었다. 따라서 본래 중국 도관이 갖고 있는 여러 기능 중의 일부를 담당했을 뿐이었다. 그러나 한국의 사족(士族) 계층에는 도관의 형태를 갖추지는 않았으나 소규모의 자발적인 수련 조직 및 집단은 적지아니 존재하여 그들 나름의 계보를 갖고 계승되어 왔던 것 같다. 『해동전도록』·『청학집』·『오계일지집』 등에 나타난 각이(各異)한 선파(仙派)들이 그것이다. 이밖에도 민간의 보다 대중적인 수련 조직들은 조선 말기에 이르러 세력을 확대하여 도교적 성향을 강하게 지닌 동학·증산교 등 신종교 교단을 개창(開創)하기에 이르렀다.

Ⅲ. 한국 도교의 기원

도교는 중국만의 토착 종교인가?

중국 도교의 기원에 대해서는 학자마다 약간의 차이는 있지만 대체로 공유하는 견해가 있다. 대부분의 대륙 학자들은 도교사의 첫 장에서 도교가 '토생토장(土生土長)'의 종교임을 선언하고 애니미즘(Ani-mism)·토테미즘(Totemism) 등의 원시 신앙에 근거한 민간 종교·무술(巫術) 등에 음양오행설(陰陽五行說)·도가(道家) 등이 결합하여 성립된 것으로 서술한다. 도교 형성의 여러 요소들 중에서 무술 즉 샤머니즘(Shamanism)의 비중이 무겁게 주어져 있는 것도 중론이다. 도교의 발생 지역에 대해서는 발해만(渤海灣) 연안과 사천(四川) 지역이 주로 거론되는데, 전자는 『사기(史記)』「봉선서(封禪書)」에 기록된 삼신산설(三神山說)과 관련하여, 후자는 장도릉(張道陵)이 창시한 오두미도(五斗米道)의 근거지라는 점에서 그렇게 인식된 것이다. 도교의 발생 시기는 이르게는 『산해경(山海經)』 등의 고서(古書)에 담긴 불사 관념(不死觀念)에서 그 단서를 찾기도 하나【그림 12】 대개는 신선설(神仙說)이 유행하기 시작한 전국(戰國) 중·후기 무렵으로 본다. 도교의 기원에 대한 상술한 견해들은 문헌 자료의 종합적인 검토에서 얻어진 일반론이라 할 수 있을 것이다.

그러나 고고학·도상학(圖像學)·신화학 등의 견지에서는 다른

〈그림 12〉『산해경(山海經)』에 보이는 우민국(羽民國) 사람. 신선의 원시 형태로 추정된다.

주장이 있을 수도 있다. 가령 장광직(張光直)은 은대(殷代) 청동기 문양상(紋樣上)에 표현된 동물적 조력자의 개념이 후대 도교에서의 용교(龍蹻)·호교(虎蹻) 등 승교(昇蹻) 법술(法術)과 상관 관계가 있는 것으로 추정하였고,[1] 칼텐마크(M. Kaltenmark)는 동이계(東夷系)의 신조(神鳥) 토테미즘과 관련된 신화가 신선 설화로 발전해 간 것으로 간주한 바 있다.[2] 이러한 견해들에 의거하면 도교의 발생 시기는 한층 더 이른 시기로 소급할 수도 있고 발생 지역도 특정한 지역에 국한해서 논할 수 없지 않나 생각된다. 왜냐하면 고대로 올라갈수록 중국 문화는 다원적이어서, 주변 문화와의 복합적인 성향을 보이기 때문이다.

한국 도교의 경우 도교가 중국 '토생토장'의 종교라는 일반론에 의거하면 중국으로부터의 전래(傳來)가 그 기원이 된다고 보는 것이 상식일 것이다. 이는 한국뿐만 아니라 일본·월남 등 중국 주변국의 도교의 기원에 대해서도 모두 해당되는 자연스러운 인식이다. 더구나 한국

---

1 K. C. Chang, *Art, Myth, and Ritual: The Path to Political Authority in Ancient China* (Cambridge: Harvard University Press, 1983), pp. 65, 73 및 張光直,「濮陽三蹻與中國古代美術上的人獸母題」『中國青銅時代』(Ⅱ)(臺北: 聯經出版公社, 1990), pp. 91-97 참조.

2 Maxime Kaltenmark, *Le Lie-Sien Tchouan* (Université de Paris Centre détudes Sinologique de Pékin, 1953), pp. 12-19 참조.

의 역사 기록은 고구려 시기에 당(唐)으로부터 도교 문화를 받아들였다는 내용을 남기고 있다. 중국은 물론 일본 · 구미 제국의 도교학자들이 한국 도교의 기원에 대해 서술할 경우 중국으로부터의 전래설을 당연시하고 있는 것은 이러한 근거에서이다.

그런데 흥미로운 것은 한국의 도교학자들 중 상당수가 이와는 상반되게 한국 도교의 자생설(自生說)을 주장하고 있다는 사실이다. 그리고 이러한 자생설은 근대에 성립된 것이 아니라 오랜 역사적 유래를 지니고 있다. 한국 도교의 자생설은 그동안 한국 학계에서만 논의되어 왔으나 최근 국외 학계와의 교류가 빈번해지면서 국외 도교학자들도 이에 대해 관심을 갖고 견해를 표명하기 시작했다. 그들은 대부분 자생설을 민족주의 혹은 국수주의의 산물로 보면서 부정적인 입장을 견지하고 있다. 국외 도교학자들의 한국 도교 자생설에 대한 비판은 나름의 근거가 있고 설득력이 있기도 하지만 한국의 도교학자들의 주장 역시 수그러들지 않아 현 단계에서 어느 한쪽의 입장만을 대변할 수 없는 실정이다. 물론 국외 도교학계에서는 중국 이외 지역의 도교 문화에 대해서는 중국 도교의 전래설이 상식이고 거의 공식화된 견해이겠으나 한국의 도교학자로서 한국 도교의 기원을 서술함에 있어 한국 학계의 상이한 입장을 소개하는 것도 소홀히 할 수 없는 의무라고 생각한다. 왜냐하면 한국 도교의 내용은 아직 국외 학자들에게 잘 알려져 있지 않은 부분이 많기 때문이다.

이에 따라 이 글에서는 우선 자생설 혹은 전래설과 상관된 한국 도교의 자료에 대해 분석하고 다음으로 양설(兩說)에 대한 국내외 학자들의 견해를 비교, 논술한 후 한국 도교의 기원에 대한 필자 나름의 문제의식을 개진하고자 한다. 다시 말해서 이 글은 한국 도교의 기원과 관련한 모든 자료 및 논의에 대한 비평적 검토를 위해 씌어진 것이다.

한국 도교의 기원 관련 자료

자생설(自生說)

역사 · 고고 자료

한국 도교의 자생설에 관한 가장 오랜 역사 자료는 『삼국사기』에 수록된 최치원의 「난랑비서(鸞郎碑序)」이다. 진흥왕 때(576) 화랑을 제정한 일과 관련된 기사(記事)에서 김부식(金富軾, 1075-1151)은 이 글을 인용하고 있다. 그 내용은 다음과 같다.

> 나라에 오묘한 도가 있으니 그것을 풍류(風流)라고 한다. 그 가르침을 마련한 근원은 『선사(仙史)』에 상세히 실려 있으니 그것은 실로 세 가지 가르침〔유 · 불 · 도〕을 다 포함하고 있어 뭇사람들을 교화시킨다. 예컨대 들어와 집안에서 효도하고 나가서 나라에 충성하는 것은 공자(孔子)의 취지이고 작위(作爲)함이 없는 일에 처하고 말하지 않는 가르침을 행하는 것은 노자(老子)의 주장이며 모든 악을 저지르지 않고 모든 선을 받들어 실행하는 것은 석가(釋迦)의 교화이다.
>
> 國有玄妙之道, 曰風流. 設教之源, 備詳仙史, 實乃包含三教, 接化群生. 且如入則孝於家, 出則忠於國, 魯司寇之旨也. 處無爲之事, 行不言之教, 周柱史之宗也. 諸惡莫作, 諸善奉行, 竺乾太子之化也.[3]

최치원은 신라에 '풍류(風流)' 라는 고유한 가르침이 있다고 인식한다. 그런데 김부식은 화랑을 설명하기 위해 최치원의 풍류를 인용한

3 『三國史記』, 卷4, 「新羅本紀」.

것이고 보면 풍류와 화랑은 동일한 것이라고 볼 수 있다. 다시 최치원은 풍류의 내력이 『선사(仙史)』에 자세히 실려 있다고 하였다. 그렇다면 여기에서 우리는 풍류 · 화랑이 고대 한국에 존재했던, 도교와 관련된 가르침은 아니었던가 추찰(推察)해 볼 수 있다. 그 가르침은 또한 도가(道家)와 통합되기 이전의 원시 도교 혹은 신선가(神仙家)에 가까운 것이 아닌가 생각되기도 한다. 왜냐하면 「난랑비서」에서 풍류는 도가를 다른 종교와 마찬가지로 일부 요소로써 포괄할 뿐 내용적으로 특권을 부여하고 있지 않기 때문이다.

풍류 · 화랑을 신라 고유의 도교적 현상으로 보게 하는 또 하나의 역사 자료는 고려 의종(毅宗, 1146-1170)이 내린 다음과 같은 교지이다.

> 선풍(仙風)을 숭상하라. 옛날 신라에서는 선풍이 크게 행해져 이로 인해 용과 하늘이 기뻐하고 백성과 만물이 편안했다. 그러므로 조상적부터 그 풍조를 숭상한 지 오래되었던 것이다. 근래 개경(開京)과 서경(西京)의 팔관회(八觀會)가 날로 옛 규모를 잃어 가고 과거의 전통이 점차 사라져 가고 있다. 지금부터 팔관회에서는 양반으로 재산이 넉넉한 자를 미리 택해 선가(仙家)로 정하고 옛날 식으로 행하게 해 사람과 하늘이 다함께 기뻐하게 하라.
>
> 遵尙仙風, 昔新羅仙風大行, 由是龍天歡悅, 民物安寧. 故祖宗以來, 崇尙其風, 久矣. 近來兩京八觀之會, 日減舊格, 遺風漸衰. 自今八觀會, 預擇兩班家産饒足者, 定爲仙家, 依行古風, 致使人天咸悅.[4]

「난랑비서」에서의 '선사(仙史)'와 아울러 위의 기사(記事)에서의

4 『高麗史』, 卷18.

'선풍(仙風)' · '선가(仙家)' 라는 표현은 신라의 풍류 · 화랑이 신선가와 관련된 가르침임을 재차 확인시켜 준다. 그리고 그것이 조상적부터 오래 숭상되어 왔다는 언급은 고려에 이르기까지 지속, 중시되어 왔음을 의미한다. 그런데 고려 시대에는 예종 때(1115) 건립한 복원궁과 같은, 송으로부터 전입된 관방 도교(官方道教) 계통의 기관도 엄연히 존재하고 있었다. 이러한 사실은 풍류 · 화랑이 그 신선가적 성향에도 불구하고 중국 도교와는 계통적으로 구분되는 고유의 가르침으로 인식되었음을 시사한다. 그러나 풍류 · 화랑의 제도적 구현은 역사적으로는 신라 진흥왕 때에 이루어진 것이므로 그 근원을 어디까지 소급할 수 있는 것인지, 그리고 비록 선사 · 선풍 · 선가 등의 표현은 사용하였지만 이 때의 '선(仙)'이 과연 내용면에서 신선 사상과 어느 정도 합치되고 있는지 등에 대해서는 보다 정밀한 탐구가 필요하리라고 생각된다.

설화 자료

설화 자료 중에서 자생설과 관련된 가장 이른 내용은 고려의 승(僧) 일연(一然, 1205-1289)이 지은 『삼국유사』에 실린, 개국 시조 단군이 기자(箕子)에게 왕위를 내주고 아사달의 산신이 되어 1908세를 살았다는 이야기이다.[5] 여기에는 단군이 불로장생했다는 지극히 단편적인 내용 이외에 도교와 관련된 어떠한 사항도 없다. 따라서 1908세라는 표현은 굳이 도교를 의식하지 않은 것일 수도 있다. 그러나 일연보다 150년쯤 일찍 생존하였던 승(僧) 묘청(妙淸)에 대한 『고려사』의 기록을 보면 그가 당시 인종(仁宗, 1122-1146)에게 주청하여 평양에 팔성당(八聖

5 『三國遺事』「紀異」, 卷1: "周武王卽位己卯, 封箕子於朝鮮, 檀君乃移於藏唐京, 後還隱於阿斯達爲山神, 壽一千九百八歲."

堂)을 건립하였다 하는데,[6] 그곳에 안치시킨 팔선(八仙)의 초상 중에 호국백두악태백선인(護國白頭嶽太白仙人)·구려평양선인(駒麗平壤仙人) 등의 명호(名號)가 보인다. 단군 신화에 의하면 천제(天帝)의 서자(庶子)인 환웅이 태백산 신단수(神壇樹) 아래에 강림하여 처음 세상을 열었고 다시 그 아들 단군이 평양에 도읍을 정해 고조선(古朝鮮)을 건국하였다 한다. 그런데 팔선 중의 태백선인을 환웅으로, 평양선인을 단군으로 본다면 일연 이전부터 이미 단군 신화가 도교와 관련되어 전승되어 오고 있었을 가능성이 있다.

일연 이후 고려 말까지 한국 도교의 자생설에 대한 설화 자료는 그다지 발견되지 않는다. 조선 초기 김시습(金時習, 1435-1493)의 전기체(傳奇體) 한문소설 『금오신화(金鰲新話)』에 이르러서야 단군은 다시 득도한 신선으로 출현한다. 「취유부벽정기(醉遊浮碧亭記)」를 보면 기씨녀(箕氏女)가 나라가 망해 자진(自盡)하려 할 즈음 신선이 된 단군이 나타나 구원하여 선계로 데려간다.[7] 이는 비록 소설 속의 허구이지만 김시습이 조선 단학파(丹學派)의 개조(開祖)임을 고려할 때 그가 갖고 있던 한국 도교의 기원에 대한 관념이 어느 정도 반영된 것으로 추측해 볼 수 있다.

이어서 조선 중기 조여적(趙汝籍, 1588 전후)의 『청학집(靑鶴集)』에서부터 한국 도교의 계보가 비교적 분명하게 제시되기 시작한다. 『청학집』은 조여적과 그의 도교 계통 사우(師友)들과의 대화집인데 여기에서 도인 금선자(金蟬子)가 『기수사문록(記壽四聞錄)』이라는 방외(方外)의 책을 거론하며 한국 도교의 계보를 이야기한다. 이 책에 의하

---

6 『高麗史』, 卷127, 「妙淸傳」.

7 金時習, 『金鰲新話』 「醉遊浮碧亭記」: "忽有神人撫我曰, 我亦此國之鼻祖也. 享國之後, 入于海島, 爲仙不死者, 已數千年. 汝能隨我, 紫府玄都, 逍遙娛樂乎?"

면 오랜 옛날에 광성자(廣成子) → 명유(明由) → 환인진인(桓仁眞人)으로 이어지는 선도(仙道)의 계승 관계가 있었다. 이후 환인진인은 동방 선파(仙派)의 시조가 되어 아들인 환웅천왕(桓雄天王)에게 도맥(道脈)을 전수하였고 다시 이를 계승한 단군은 임금이 되어 나라를 다스린 지 1048년에 아사산(阿斯山)으로 들어가 선거(仙去)하였다 한다.[8] 광성자는 서방 공동산(崆峒山)에 산다는 고선(古仙)으로 중국 도교의 전설적 시조인 황제(黃帝)에게 도를 가르쳤다는 신화적 인물이다. 따라서 문맥상 여기서의 광성자는 중국이라는 지역적 범주를 초월한 득도자로서 그로부터 도를 전수받아 동방 선파의 시조가 된 환인진인은 중국 도교의 황제와 대등한 위격을 지닌 존재로 읽혀진다. 아울러 『삼국유사』에 실린 단군 신화 관계 내용이 『기수사문록』에서 도교적으로 완전히 재구성되어 있는 모습은 중국에서 있었던 도교의 신화에 대한 전유(專有) 현상을 생각하게 한다.[9]

『청학집』의 뒤를 이어 출현한 홍만종의 『해동이적(海東異蹟)』은 한국의 역대 신선들의 행적을 수록한 전기집으로 이 책의 서문에서 단학파(丹學派)의 후예인 정두경(鄭斗卿, 1597~1673)은 다음과 같이 한국 도교의 기원이 오래되었음을 단언한다.

> 우리 동방은 산수가 천하에 빼어나서 단군과 기자 이래로 선도(仙道)를 수련하는 사람이 많았음에 틀림없다.

---

8 趙汝籍, 『青鶴集』: "金蟬子曰, 卞沚記壽四聞錄者, 記吾東道流之叢. 有曰, 桓仁眞人受業于明由, 明由受業于廣成子, 廣成子古之仙人也. 桓仁爲東方仙派之宗, 桓雄天王桓仁之子也. 繼志述事, 又主風雨五穀三百六十事, 以化東民. 檀君繼業化行十年, 九夷共尊之, 立爲天王. 蓬亭柳闕而絢髮跨牛而治, 主世一千四十八年, 入阿斯山仙去."

9 鄭在書, 「韓國道教文學에서의 神話의 專有」 『도교문화연구』(2000), 제14집 참조.

我東山水雄於六合, 自檀箕以來, 服氣鍊形吸風飮露之輩必多矣.

편자인 홍만종 역시 제사(題辭)에서, 삼신산이 모두 한국에 있다 하고 이 때문에 신선들의 행적이 많이 전해져 오고 있다는 사실을 강조하였다.[10] 『해동이적』의 신선 전기는 단군으로부터 시작하여 혁거세·동명왕 등 건국 영웅들로 이어짐으로써 한국 도교의 자생성을 뚜렷이 표명하고 있음을 알 수 있다.

다음으로 이의백(李宜白, 1711~?)의 『오계일지집(梧溪日誌集)』에 이르면 한국 도교의 기원에 관한 내용은 보다 풍부한 설화적 요소들을 갖추고 나타난다. 『오계일지집』 역시 『청학집』과 비슷하게 이의백과 그의 도문(道門) 사우들과의 담화·견문 등을 기록한 책인데, 우선 여기에서는 단군을 단제(檀帝)로 호칭함으로써 강한 주체성을 드러내 보이고 부소(扶蘇)·부루(扶婁)·부여(扶餘) 등을 단군의 아들로 인식함으로써 고구려·백제 계통의 건국 신화를 단군 신화 아래 통합하여 단일 민족 의식을 표현한 점이 눈에 띈다.[11]

이 책에서는 단군의 최후를 아사달산에 들어가 도를 닦다가 금린(金獜)을 타고 선화(仙化)한 것으로 전하고 환웅성선(桓雄聖仙)·문박(文朴)·대왕(大往)·신지(神誌) 등 단군 신화 시대의 선가 인물들이 저술한 도서들에 대한 언급이 있으며,[12] 해모수(解慕漱)·무골(武骨)·묵거(默居) 등 고구려 신화·역사상의 인물들을 모두 선인으로 파악하

---

10 洪萬宗, 『海東異蹟·題』: "我東方山水甲於天下, 世所稱三神山皆在域中, 故遺世遯跡之士, 往往有靈異之蹟, 傳於耳目, 地靈人傑, 果不誣也."

11 李宜白, 『梧溪日誌集』「檀君來歷實記」: "古記九月山八臺, 山頂匪西岬妃來遊于此臺, 瑞氣如虹. 檀帝迎之立妃, 生聖子三人, 長曰扶蘇, 次曰扶婁虞, 三曰扶餘也."

12 위의 책, 「韓休休先生來歷實記」: "一日余從韓休休先生, 過白寧山, 見白鶴二雙飛繞峯頭. 余問曰, 此山有鶴棲乎? 休休曰, 彼鶴非鶴, 乃玉版之精也. 彼峯上岩間, 藏

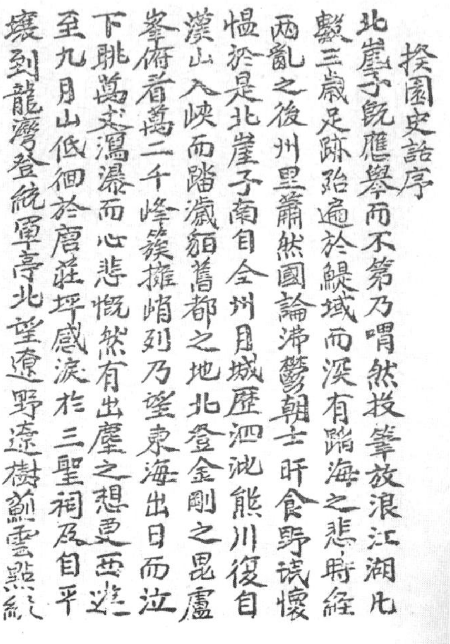

揆園史話序
北崖子旣應擧而不第乃喟然投筆放浪江湖凡
數三歲足跡殆遍於鰈域而深有蹈海之悲時維
兩亂之後州里蕭然國論沸鬱朝士旰食野議懷
愾於是北崖子南自金州月城歷泗沘熊川復自
漢山入峽而踏濊貊舊都之地北登金剛之毘盧
峯俯看萬二千峰簇擁峭列乃望東海出日而泣
下眺萬丈瀑瀑而心悲慨然有出塵之想更西遊
至九月山低徊於唐莊坪感淚於三聖祠及自平
壤到龍灣登統軍亭北望遼野遠樹簇雲點點綴

〈그림 13〉 북애자(北崖子)의 『규원사화(揆園史話)』.

고 있어 흥미롭다.

끝으로 북애자(北崖子)가 지었다는 『규원사화(揆園史話)』【그림 13】는 저작 연대가 아직 확실히 구명되지 않아 고서(古書)로서 전적으로 신뢰하기는 어려우나 도교의 정신이 환웅(桓雄; 神市氏) · 환검(桓儉; 檀君) 등의 가르침으로부터 유래한 것으로 본 것,[13] 삼신산의 삼신을 환인 · 환웅 · 환검으로 간주하고 삼신산을 태백산(곧 백두산)으로 파악하여 중국 도교가 오히려 한국에서 기원하였다는 견해[14] 등은 기존의 전적(典籍)들보다 한층 더 강력하게 한국 도교의 자생설을 주장하는 내용이어서 주목을 요한다.

상술한 한국 도교의 자생설에 관한 설화 자료들의 내용을 종합해

置石櫝, 櫝中有玉版四箇. 版上有金字書, 檀君時文朴大往神誌聖人所記也. 皆變化長生之訣也."

13 北崖子, 『揆園史話』「檀君記」: "道家旣承檀儉神人所創之源流 …… 桓雄天王御世, 凡闕千歲, 是卽神市氏. 蓬亭柳闕而居, 綯髮跨牛而治, …… 登太白山, 乃置天符三印於池邊石上檀木之下, 因化仙乘雲而朝天."

14 위의 책: "古之三神山者, 卽太伯山也. 三神又云三聖, 今文化九月山有三聖祠, 卽敬祀桓因桓雄桓儉者也 …… 其神聖風俗, 遠播於漢土. 漢土之人有慕於神化者, 必推崇三神, 至有東北神明之舍之稱焉. 及其末流之弊, 則漸陷於荒誕不經, 愈出愈奇, 怪誕之說, 迭出於所謂燕齊海上怪異之方士."

보면 자생설은 단군 신화 및 고구려 건국 신화에 대한 도교적 윤색 내지 재해석을 중심으로 전개되고 있으며, 민족 의식이 기본 정서로서 바탕에 깔려 있음을 알 수 있다. 아울러 민족 의식의 정도는 후대로 내려갈수록 높아지는데 이는 종주국이었던 명(明)이 망한 이후 조선 후기에 일기 시작한 소중화(小中華)적 자존 의식, 점차 기울어져 가는 국세에 대한 우국적(憂國的)인 정서의 표출 등으로 여겨지기도 한다.

전래설(傳來說)

역사 · 고고 자료

중국 도교가 한국에 전래된 것을 가장 사실적으로 보여주는 역사 자료는 『삼국사기』(권20), 「고구려본기(高句麗本紀)」의 기사로서 영류왕(榮留王) 7년(624) 당(唐) 고조(高祖)가 도사를 보내 원시천존상(元始天尊像)과 도법(道法)을 전하고 『도덕경(道德經)』을 강론함에 임금과 백성들이 그것을 들었다는 내용이다.[15] 고구려의 중국 도교에 대한 관심은 이에 그치지 않아 보장왕(寶藏王) 때(643)에는 권신(權臣) 연개소문의 주청에 의해 적극적으로 도입을 추진하고 제도적으로 정착시키려는 노력까지 하게 된다. 이와 관련된 기록을 보면 다음과 같다.

> 보장왕 2년 봄, 연개소문이 임금께 아뢰기를 "3교는 비유컨대 솥발과 같아 하나라도 빠지면 아니됩니다. 지금 유교와 불교는 모두 홍성한데 도교는 그렇지 못하니 천하의 도술을 다 갖추었다고 말할 수 없습

15 『三國史記』, 卷20, 「高句麗本紀」: "七年春三月, 遣刑部尙書沈叔安, 策王爲上柱國遼東郡公高句麗國王, 命道士以天尊像及道法, 往爲之講老子, 王及國人聽之. 八年, 王遣人入唐, 求學佛老敎法, 帝許之."

〈그림 14〉 무녕왕릉에서 출토된 방격규구신수문경(方格規矩神獸文鏡).

니다. 엎드려 청하옵건대 당에 사신을 보내 도교를 구하여 백성들을 가르치시옵소서"라고 하였다. 임금이 대단히 그렇게 여겨 표문(表文)을 올려 청하니 당태종이 도사 숙달(叔達) 등 8명을 보내고 『도덕경』을 아울러 하사하였다. 임금이 기뻐하며 절을 취하여 그들의 숙소로 삼았다.

二年春三月, 蘇文告王曰, 三敎譬如鼎足, 闕一不可. 今儒釋幷興, 而道敎未盛, 非所謂備天下之道術者也. 伏請遣使於唐, 求道敎以訓國人. 大王深然之, 奉表陳請, 太宗遣道士叔達等八人, 兼賜老子道德經, 王嘉, 取僧寺館之.[16]

오늘날 학계에서는 도교의 한반도에로의 공식적인 전래 시기를 위의 두 기록에 의거하여 7세기 초로 잡는 것이 상식으로 되어 있다. 그러나 고고·미술사적 자료를 볼 때 7세기 이전에 이미 도교가 들어와 존재하고 있다는 사실이 명백하다. 4세기 초까지 평양 지역에 존재하였던 낙랑(樂浪)의 유물 중에 한대(漢代)의 동경(銅鏡)이 있는데 동경은 도교의 중요한 주구(呪具)이다. 아울러 5세기 초에 축조된 것으로 편년(編年)되는 무용총 고분 벽화에 이미 선인(仙人)·선수(仙獸)가 출현하고 있는 것을 비롯 6세기경에 성립된 다수의 고분 벽화에도 다양한 도교 모티프가 원숙한 화필로 묘사되어 있다. 백제의 경우에도 6세기 초에 축조된 무녕왕릉(武寧王陵)에서 출토된 방격규구신수문경(方

16 위의 책, 卷21, 「高句麗本紀」.

格規矩神獸文鏡)【그림 14】과 의자손수대경(宜子孫獸帶鏡)의 명문(銘文) 및 문양에서 이미 도교적인 취지가 엿보이기 때문에[17] 이제 『삼국사기』의 기록을 근거로 도교의 전래 시기를 논하는 것은 사실상 의미가 없는 일이라 할 것이다.

따라서 현재까지 발견, 확보된 유물을 근거로 한반도에 도교가 최초로 전래된 시기를 잡아 본다면 낙랑을 그 상한선으로 할 때 최소한 낙랑이 멸망된 313년 이전 즉 4세기 초 이전이 된다 할 것이다.

설화 자료

전래설에 관한 설화 자료중 가장 이른 것은 김부식의 『삼국사기』에 수록된 선도성모(仙桃聖母) 이야기이다. 김부식이 사신 이자량(李資諒)을 수행하여 송에 들어가 우신관(佑神館)을 참관하였는데 그 때 한 여선(女仙)의 초상을 두고 송의 학사(學士) 왕보(王黼)가 다음과 같은 전설을 들려주었다고 한다.

> 이분은 당신네 나라의 신입니다. 당신들은 아십니까? …… 옛날 중국 황실의 한 따님이 남편없이 아이를 배서 사람들의 의심을 받자 바다를 건너 진한(辰韓) 땅에 이르러 아들을 낳았는데 그가 해동(海東)의 시조가 되었습니다. 황실의 따님은 신선이 되어 선도산(仙桃山)에 오래 머물렀습니다. 이것이 바로 그 분의 모습입니다.

---

17 이들은 모두 漢代 거울의 모방품이며 宜子孫獸帶鏡에는 "尙方作竟, 眞大好. 上有仙人不知老, 渴飮玉泉飢食棗. 壽ㅁ金石兮"의 명문이 있다. 이외에 함께 출토된 買地卷도 도교 및 민간 신앙의 존재를 알려주는 중요한 자료이다. 이들에 관한 자세한 검토는 공주대 백제문화연구원 편,『百濟武寧王陵』(1991), pp. 163-202, 274-78 참조.

此貴國之神, 公等知之乎? …… 古有帝室之女, 不夫而孕, 爲人所疑, 乃泛海抵辰韓, 生子, 爲海東始主. 帝女爲仙, 長在仙桃山, 此其像也.[18]

위의 전설은 『삼국유사』 「감통(感通)」편과 『해동이적』 「혁거세」 조에도 실려 있다. 중국인이 주변국의 개국 시조가 된다는 전설은 기자의 조선 개국설, 서불(徐巿; 徐福)의 일본 개국설 등의 예에서 보듯이 왕권 설화(王權說話)의 한 패턴인데, 선도성모 설화는 중국측의 전설인지 사대주의자로 유명한 김부식의 자작인지 알 수는 없으나 중국에서 주변국의 역사의 근원을 찾으려는 의도가 내재되어 있다.

선도성모 설화가 한국 도교의 기원을 암시적으로 표현하고 있다면 보다 적극적, 구체적으로 중국 도교와의 관계를 설명한 자료로는 한무외(韓無畏, 1517-1610)의 『해동전도록(海東傳道錄)』이 있다. 제목 그대로 한국에 도교가 전해져서 이후까지 도맥이 계승된 과정을 서술하고 있는 이 책에서는 한국의 도교가 신라 말의 입당(入唐) 유학생인 김가기 · 최승우 · 승 자혜 등으로부터 비롯하였음을 말하고 있다. 즉 당 문종(文宗) 개성(開成, 836-840) 연간에 3인이 종남산(終南山)에서 천사(天師) 신원지(申元之)를 사귀었는데 어느 겨울 우연히 정양진인(正陽眞人) 종리권(鍾離權)과 회합하여 그에게서 도를 배우고 신라에 전도할 사명을 부여받았다는 것이다. 3인 중 최승우와 자혜는 귀국하여 각기 최치원 · 권청(權淸) 등에게 도를 전하여 그것이 김시습 · 정렴 등에 이르는 조선의 도맥을 형성하였다고 한다.

그렇다면 『해동전도록』 찬술(撰述)의 궁극적 목표는 무엇인가? 그것은 내단(內丹) 수련 중심의 조선 단학파의 연원을 설명하는 데 있다

---

18 『三國史記』, 卷12, 「新羅本紀」.

고 보아야 하겠다. 왜냐하면 『해동전도록』에서 제시한 계보를 살펴볼 때 김시습 이하 조선 단학파의 전수 계통은 비교적 자세하지만 고려 및 그 이전은 대단히 소략(疏略)하며 종리권과 입당 유학생 간의 관계 역시 허구적인 성격이 농후하기 때문이다.[19] 다시 말해서 조선 단학파의 정통성을 말하기 위해 당대(唐代)에 흥기한 종려금단도(鍾呂金丹道)의 비조(鼻祖) 종리권과 입당 유학생 간의 관계를 설정한 것이 아닌가 하는 점이다.[20]

한국 도교의 전래설에 관한 설화 자료는 자생설에 비해 풍부하지 못하다. 선도성모 전설은 내용이 너무 단편적이고 『해동전도록』만이 비교적 계통적인 논술을 시도하고 있을 뿐이다. 취지에 있어서 전자는 사대주의적인 요소가 강하고 후자는 실제 있을 수 있는 중국 도교의 전입 과정을 설화적으로 묘사한 것으로 보여진다.

한국 도교의 기원 관련 가설

자생설

자생설을 주장하는 사람들은 현재까지 한국의 학자들뿐이다. 근대 이후 자생설을 최초로 제기한 학자는 『조선도교사』를 저술한 이능화(李能和, 1868-1945)이다. 그는 『청학집』·『규원사화』 등 자생설과 관련한 과거의 설화집들을 바탕으로 하고 고대 중국의 일부 전적(典籍)들을 인용하여 삼신산이 한반도에 있었다는 가설을 논증하고자 했다.[21]

---

19 종리권, 그리고 입당 유학생 상호간 연대상의 불일치에 대해서는 일찍이 李圭景(1788-?)이 『五洲衍文長箋散稿』「道敎仙書道經辨證說」에서 상론한 바 있다.

20 車柱環, 『韓國의 道敎思想』(동화출판공사, 1986), p. 65 참조.

그에 의하면 고대 중국의 방사(方士)들이 운위하는 해중(海中)의 삼신산은 지리적 정황으로 보아 한반도에 있을 수밖에 없는데 그 증거로서 황제(黃帝)·한종(韓終) 등 중국의 고선(古仙)·방사 등이 동방으로 가서 도를 구했다는 문헌상의 기록을 들었다.

즉 황제가 청구(靑丘)에 가서 자부선생(紫府先生)에게 『삼황내문(三皇內文)』을 얻었다는 『포박자(抱朴子)』의 기록과 공동산(崆峒山)에 가서 광성자(廣成子)에게 도를 물었다는 『장자(莊子)』·『음부경(陰符經)』 등의 기록, 진시황(秦始皇)때 불사약을 구하러 해동으로 떠났던 한종의 아들 한치(韓稚)가 진(晋) 혜제(惠帝)때 내조(來朝)했다는 『습유기(拾遺記)』의 기록 등이 그것이다. 그는 청구·공동산 등이 모두 고대 한국을 지칭하는 것으로 보았다. 그렇다면 삼신산이 과연 한국에 있다면 구체적으로 어떤 산인가? 이능화는 여기에서 『규원사화』를 계승하여 그것이 환인·환웅·단군의 삼신을 모신 태백산이라고 하였다. 그리고 태백산은 곧 백두산인데 분화되어 한반도 각지에 동명(同名)의 여러 태백산이 존재하게 되었다고 설명하였다. 결국 이능화의 주장대로라면 고대 한국에는 태백산 곧 삼신산을 중심으로 이미 도교가 자생하였고 중국의 도교는 이로부터 영향을 받아 성립된 것이 된다. 다시 말해서 도교의 원산지는 중국이 아니라 한국인 것이다.

이능화 이후 한국에서는 이렇다 할 주장이 나오지 않다가 1980년대 이후 도교 연구가 활성화되면서 한국 도교의 기원에 관한 여러 가설들이 쏟아져 나왔다. 1983년에 출간된 『道教(3): 道教の傳播』「韓國の道教」에서 도광순(都珖淳)은 강한 톤으로 한국 도교의 자생설을 주장

21 자세한 논증 내용에 대해서는 李能和, 『朝鮮道教史』(보성문화사, 1977), 李鍾殷 譯注, pp. 33-52 참조.

했다.[22] 그는 한국의 신화 · 원시 사상과 신선 사상과의 친연성(親緣性), 중국의 고선 · 방사 등의 동래설(東來說) 등을 중심으로 자생설을 전개했는데 그 내용은 사실상 이능화의 『조선도교사』의 논술 범위를 크게 벗어난 것은 아니었다.

비슷한 시기에 차주환은 기존의 논증과는 좀 다른 방식으로 자생설을 입증하고자 했다. 차주환은 『규원사화』 · 『청학집』뿐만 아니라 『삼일신고(三一神誥)』 · 『환단고기(桓檀古記)』 등 대종교(大倧敎) 관계 문헌에까지 자료 범위를 확대하고 종래의 피상적인 대응 비교 방식에서 벗어나 이들 자료에 담긴 신관(神觀) · 내세관 · 공동체관(共同體觀) 등을 심도있게 분석하여 도교의 자생적 요소를 추출해내고자 하였다.[23] 차주환에 의하면 한국의 신선 사상은 단군 신화의 정신에서 유래한 것인데 그 요체는 유일신 신앙과 성통공완(性通功完)한 후 승천하여 신향(神鄕)으로 회귀하는 것 등이다. 한국의 토착 문화가 이러한 특성을 지녔기에 후대에 중국 도교가 들어왔을 때에도 양자가 별다른 모순 없이 순조롭게 결합될 수 있었다는 것이다.

이외에도 최삼룡(崔三龍) · 송항룡(宋恒龍) · 유병덕(柳炳德) 등이 상술한 자료들에 바탕하여 자생설과 관련한 소론(所論)을 전개하고 있다.[24] 필자는 비교 신화학적, 비교 문화적 견지에서 고대의 중국과 한국이 도교의 발생 지역을 공유하고 있다고 보았다.[25] 신선설이 최초로 일

---

22 都珖淳, 「韓國の道教」『道教(3): 道教の傳播』(東京: 平河出版社, 1983), pp. 51-127 참조.

23 車柱環, 『韓國의 道教思想』, pp. 95-105 및 「韓國道教의 宗教思想」『道教와 韓國文化』(아세아문화사, 1988), pp. 465-71 참조.

24 崔三龍, 「仙人説話로 본 韓國 固有의 仙家에 대한 研究」. 宋恒龍, 「韓國 古代의 道教思想」. 柳炳德, 「韓國 精神史에 있어서 道教의 特徵」 등의 논문 참조. 3인의 논문은 한국도교사상연구회 편, 『道教와 韓國思想』(범양사, 1987)에 함께 수록되어 있다.

어난 발해만 일대는 동이계 신화 구역에 속하는 지역이다. 칼텐마크(M. Kaltenmark)는 동이계의 신조(神鳥) 숭배가 후대 신선의 비승(飛昇) 관념으로 전화(轉化)하였다고 주장하였는데, 한국 신화는 동이계 신화와 친연성이 강하며 발해만 일대는 고대의 중국과 한국이 영토적으로 경합했던 지역이기 때문에 고대 한국에서도 중국과 마찬가지로 신선설이 발생했을 가능성이 크다 하겠다. 아울러 초기 신선 설화에 등장하는 일부 고선 및 방사들의 행태가 중원(中原) 내지인(內地人)이라기보다 외래자로서의 성격을 띠고 있는 점도 도교의 발생 지역이 중국 영토에만 한정되지 않았음을 시사하는 좌증(佐證)이라 할 것이다. 최근 안동준(安東濬) 역시 고구려 도교와 관련하여 한국 도교의 독자적 발생 가능성을 타진하고 있어 한국 도교의 자생설에 대한 논의는 새로운 단계에 접어들었다고 볼 수 있다.[26]

자생설에 대한 한국 학자들의 논리 전개를 살펴보면 대부분 설화성이 강한 자료들에 의지해 있어 실증성이 약한 것이 문제이다. 특히 저작 연대가 구명(究明)되지 않은 『규원사화』가 각 학자들의 논거에서 적지 않은 비중을 차지하고 있는 점은 커다란 한계 요인으로 작용할 소지가 있다. 설화 자료일지라도 치밀한 고증, 분석이 결여되어 있는 점도 문제이다. 한 예로 많은 학자들이 도교의 한국 기원설의 근거로서 즐겨 인용하는, 황제가 동쪽으로 청구에 이르러 자부선생으로부터 『삼황내문』을 전수받았다는 내용은 사실과 좀 다르다. 원전인 『포박자·내편』「지진(地眞)」편을 살펴보면 황제가 동·서·남·북 각처로

25 鄭在書, 『不死의 신화와 사상』(민음사, 1994), pp. 63-69 및 「高句麗 古墳壁畵의 神話, 道教的 題材에 대한 새로운 인식」『동양적인 것의 슬픔』(살림출판사, 1996), pp. 135-44 참조.

26 안동준, 「고구려계 신화와 도교」『백산학보』(2000), 제54호 참조.

가서 각처의 대선(大仙)들로부터 각기 다른 도법(道法)을 전수 받은 것을 말하고 있을 뿐 특별히 동쪽으로 간 일만을 강조하고 있는 것이 아니기 때문이다.[27]

한국 학자들의 주장에 대한 국외 학자들의 반응은 거의 부정적이다. 자생설의 논거인 설화 자료 자체를 후대의 도교적 신비화의 산물로 간주하거나,[28] 허술한 논증을 지적하기도 하며,[29] 자생설을 단군 숭배 등 민족주의에 의한 도교의 한국화 현상으로 보기도 하고,[30] 한국 문화의 틀 안에서만 도교를 이해, 규정하려는 폐쇄적, 국수주의적인 학문 태도를 꼬집기도 한다.[31] 밖에서의 이 모든 지적들은 사실 나름대로의 타당성이 있음을 인정하지 않을 수 없다. 특히 민족주의 · 국수주의와 관련한 비판은 앞서 얘기한 바 있듯이 한국 학자들의 중심 논거가 『규원사화』 등의 재야(在野) 사서(史書)라는 점에서 설득력을 갖기 때문에 겸허히 수용할 필요가 있다.

전래설

자생설이 한국의 학자들에 의해 주장됨에 비하여 전래설은 일반적으로 국제 도교학계에서 공유하고 있는 인식이라 할 수 있다. 전래설

---

27 葛洪, 『抱朴子 · 內篇』, 卷18, 「地眞」: "昔黃帝東到青丘, 過風山, 見紫府先生, 受三皇內文, 以劾召萬神. 南到圓隴陰建木, 觀百靈之所登, 採若乾之華, 飮丹巒之水. 西見中黃子, 受九加之方, 過崆峒, 從廣成子受自然之經. 北到洪隄, 上具茨, 見大隗君黃蓋童子, 受神芝圖, 還陟王屋, 得神丹金訣記. 到峨眉山, 見天眞皇人於玉堂, 請問眞一之道."

28 熊谷 治, 「三國遺事にみえる神仙思想」『朝鮮學報』(天理大學, 1987), 第125號.

29 郭武, 「再論道教成仙信仰的形成」『宗教學研究』(四川大學, 1997), 第35期.

30 野崎充彥, 「道教の朝鮮化につこて」『アジア遊學』(2000. 5), 第16號.

31 Russel Kirkland · T. H. Barrett · Livia Kohn, "Introduction" *Daoism Handbook*(Leiden: Brill, 2000), Edited by Livia Kohn, p.xxxii.

을 최초로 제기한 사람은 근대 초기의 도교 학자인 중국의 부근가(傅勤家)이다. 그는 『중국 도교사(中國道教史)』, 제14장, 「도교의 해외 전파(道教之海外流傳)」 제1절에서 신라의 화랑을 다루었다.[32] 그는 육조(六朝) 이래 도교가 해외로 전파되기 시작했다고 보았는데 고구려는 도교를 제대로 수입하지 않아 멸망했고 신라는 화랑을 통해 나라를 강성하게 했다는 색다른 견해를 피력했다. 그러나 그는 신라의 화랑이 어떤 점에서 도교 전파의 산물인지에 대해서는 설명하지 않은 채 미시나(三品彰英)의 논문, 「신라화랑제도고(新羅花郎制度考)」를 전재(轉載)하다시피 인용하여 화랑에 대한 설명을 대신하고자 하였다.

다음으로 현대에 와서는 구보(窪德忠)의 『도교사(道教史)』「동아시아 제국과 도교(東アジア諸國と道教)」부분에서 고려 시기까지의 도교 숭배현상, 조선 시기의 삼시(三尸) 신앙 등에 대해 간략하게 소개한 바 있다.[33] 여기에서 그는 한반도 최초의 도교의 출현을 『삼국사기』의 기록에 의거, 영류왕 때 당으로부터 도교를 들여온 7세기 초로 인식하고 있다. 그러나 그는 말미에서 조선 시대 사람들이 도교를 전혀 이질적인 것으로 생각하지 않았다는 점을 주목해야 할 필요성을 역설하였다.

이들 이외에도 국외 학자들이 한국 도교에 대해 기술할 경우 보통 고구려 말의 도교 전입부터 시작하는 것이 상례이다. 국외 학자들의 한국 도교의 기원에 대한 서술은 전적으로 중국 도교의 관점에서 행해지고 있고 한국 문화 자체에 대한 심도있는 이해 없이 논의되고 있는 것이 문제점으로 지적될 수 있다. 특히 부근가의 경우 화랑을 무조건 중국 도교의 영향에 의해 성립된 것으로 간주한 것은 이러한 피상적인 논의의 대표적 사례라 할 것이다. 부근가 자신이 인용한 미시나의 논술

32 傅勤家, 『中國道教史』(臺北: 商務印書館, 1978), pp. 179-91.

33 窪 德忠, 『道教史』(東京: 山川出版社, 1977), pp. 402-11.

속에는 다음과 같은 언급이 있다.

> (지증왕 · 법흥왕 · 진흥왕) 이 세 임금의 4~50년간은 중국의 문물을 수입하고 모방했던 시기인데 화랑이라는 기묘한 제도가 그 사이에 출현한 것은 부자연스러운 현상이라고 말할 수 있다. 내가 생각컨대 이 제도는 진흥왕 때에 창시된 것이 아니라 실제로는 신라 민족 사회의 구습(舊習)에 기초한 것이니, …… 원시 종교적 성질 곧 무격(巫覡)과 같은 것에 근본이 있는 것이다.[34]

화랑이 중국의 문물과는 다른 신라의 고유한 문화 환경 속에서 태어난 것이라는 이러한 논지를 스스로 인용해 놓고도 간과(看過)해 버린 부근가의 무신경함에 놀라지 않을 수 없다.

문화 다원주의와 도교

지금까지 한국 도교의 기원 문제와 관련하여 자생설 및 전래설에 대한 각종 자료를 검토하고 국내외 학자들의 논의의 양상을 살펴보았다. 그 결과 얻어진 소견(所見)은 양자가 어느 한쪽도 학술적으로 주밀(周密)한 논증을 이룩해 내지 못하고 있다는 사실이다. 자생설의 경우 실증성이 떨어지는 설화 자료에 주로 의존하고 있을 뿐만 아니라 과잉된 민족 의식의 혐의로부터 자유롭지 못하다는 약점이 있으며 전래설의 경우 역사 · 고고 자료라는 근거로 인해 일단 우위를 확보하고는 있

34 傅勤家, 앞의 책, p. 182.

으나 이들을 고대 한국 문화 속에 관계지워 기원을 설명함에 있어 피상적인 수준에 그치고 있다는 문제가 있다.

결국 학문 태도상 양자의 폐단은 의식의 과잉과 이해의 결여라는 양극적인 성격으로 특징지워지고 있다. 이 중 자생설의 폐단인 국수주의적 성향에 대해서는 국외 학자들의 많은 지적이 있었고 필자도 적극적인 비판을 아끼지 않는 바이지만 전래설의 폐단인 이른바 타문화에 대한 표층 기술(表層記述, thin description)[35]과 관련해서는 지금까지 아무런 문제 제기가 없었다 해도 과언이 아닐 것이다.

여기에서 우리는 반문해 볼 필요가 있다. 가령 누군가 자생설의 관점이 편협한 자국주의(自國主義)적인 체계 내에서 도교를 규정하는 것이라고 비판한다면 그의 심중에는 오히려 중국 문화야말로 고정 불변한 실체이고 자족, 완결된 체계라는 전제가 이미 깔려 있는 것이 아닐까? 중국 문화는 과연 처음부터 고정 불변한 실체인가? 지금은 상식이 되었지만, 70년대 이후 대륙 각처에서 진행된 고고학적 발굴은 고대 중국 문화가 다원적이고 유동적인 상황에 있었으며 주대(周代) 이후 진행된 정치, 문화적 정체성이 한대(漢代)에 이르러서야 확립된다는 사실을 우리에게 알려준다.[36] 도교 발생의 모체라 할 샤머니즘 · 산악 숭배 · 조류 숭배 관념 등은 고대 동북아 일대 제 민족 사이에 넓게 분포되어 있었다. 그렇다면 적어도 전국(戰國) 시기에 발해만 일대라는 변

35 表層記述(thin description)은 深層記述(thick description)의 반대어로 상징인류학자인 클리포드 기어츠의 용어이다. 민족지 작성에 있어서 타문화의 심층에 존재하는 복합적인 의미를 읽어내지 않고 현상적인 서술에 그치고 마는 경우를 가리킨다. Clifford Geertz, *The Interpretation of Cultures*(New York: Basic Books, Inc., 1973), pp. 3-33 참조.

36 고대 중국의 다원주의적인 문화 상황에 대한 논의는 일찍이 지방문화(local culture)를 제기한 에버하르트(W. Eberhard)를 비롯 凌純聲 · 蘇秉琦 · 張光直 등 고고 · 인류학자들에 의해 활발히 전개되어 이제는 定論이 되었다.

경(邊境)에서 일어났던 문화 현상을 단원론적인 문화사관에 의거, 오로지 중국으로 환원시키는 것은 주변 문화의 정체성을 고려하지 않는 일방적인 논단(論斷)이라 하지 않을 수 없다.

여기에서 한 가지 더 재고해야 할 점이 있다. 고대 중국과 주변 문화와의 관계를 과연 오늘날의 배타적인 국가 · 영토 개념으로 규정해도 좋은 것일까? 국경과 문화의 경역(境域)은 역사적으로 유동적이어서 일치할 수도, 서로 넘나들 수도 있다. 우리가 현재 사용하는 '중국'이라는 개념은 근대 국민 국가 성립 이후에 확립된 것인데 우리는 은연중 이 개념을 고대 중국 문화에까지 연장하여 사용하고 있다. 그 배후에 중국을 고정불변한 실체로 보는 인식이 존재하고 있음은 물론이다. 이러한 속지주의(屬地主義)적인 문화사관은 현재의 중국 영토 내에서 일어난 일이기만 하면 과거의 현상일지라도 모두 '중국적'인 것으로 귀속시키려는 경향이 있다. 대륙 학자들의 '토생토장'이라는 관습적인 표현은 이러한 뉘앙스를 강하게 풍긴다.

근래까지도 중국은 문명의 외래설, 특히 서방 기원설의 위협으로부터 자신의 정체성을 지켜내고자 부심(腐心)하였다.[37] 그러나 동아시아 내부의 문화 문제에 있어서는 이른바 화이론(華夷論)적 사고로써 주변 문화의 정체성을 홀시(忽視)하고 그것을 모두 중국으로 환원하려는 이중적인 문화사관을 견지하고 있다. 중국 역외(域外)의 학자들 역시 이러한 입장을 답습할 뿐 주변 문화의 변별적 자질을 읽어 낼 시각이 부재(不在)한 것이 현실이다.[38]

---

37 何炳棣의 다음 책은 이의 좋은 例示이다. Ping-ti Ho, *An Inquiry into the Indigenous Origins of Techniques and Ideas of Neolithic and Early Historic China, 5000-1000 B.C.*(Chicago: The University of Chicago Press, 1975).

최근 도교 연구는 중국 자체의 도교 문화에 대한 탐구에서 벗어나 주변국의 도교 문화에까지 관심 영역을 확대하는 등 비교학적 지향의 추세에 있다. 결국 동아시아 문화에서 도교의 보편 의미를 자리매김하려는 이러한 시도가 결실을 거두기 위해서는 종래의 단원론적, 중심주의적인 문화사관을 철폐하고 주변 문화의 정체성에 대한 열린 자세와 호혜적인 문화 인식을 갖지 않으면 안될 것이다. 한국 도교의 기원 문제는 상술한 바와 같은, 동아시아 문화에 대한 인식 전환의 토대 위에서 새롭게 검토될 필요가 있을 것이다.

38 같은 주변 문화이지만 일본은 항상 여기에서 예외가 된다. 가령 라이샤워(E. Leischauer)와 페어뱅크(J. H. Fairbank)가 공동 저술한『東洋文化史』에서 한국 · 월남 등의 문화는 중국의 패러디(parody) 혹은 복사판으로 규정됨에 비하여 일본은 중국과 변별되는 독특한 문화를 구현한 나라로 서술된다. 이러한 인식은 헌팅턴(S. Huntington)의 이른바 '문명 충돌론'에 그대로 반영되어 일본을 중국 문명권에서 독립시켜 별도의 문명권을 설정하게끔 하였다. 일본의 학문이 구미 동양학에 미친 힘을 실감하게 하는 대목이다.

Ⅳ. 한국 도교의 역사적 전개

중국 도교와의 대비적 고찰

도교의 보편성과 특수성

도교 연구는 오늘날 동양학 분야에서 중요한 과제로 부상하고 있다. 중국의 경우 1900년대 초기부터 근대적 학문으로 성립하여 연구를 개시한 도교학은 1949년 사회주의 정권이 수립된 이후 적극적인 민간 문화 탐구 정책에 힘입어 오늘날까지 지속적으로 발전해 오고 있다.[1]

중국과 더불어 도교 연구의 중요한 거점인 일본의 경우, 왕성한 불교 연구열이 불·도 교섭사로 전이(轉移)되어 성립한 도교학은 그 학문적 수준이 이미 상당한 경지에 이르렀고 이제는 자국내 도교 문화에 대한 탐색 및 도교 현지 조사 등 새로이 진전된 연구 방향으로 나아가고 있다. 아울러 프랑스·미국 등 구미권에서의 도교에 대한 관심 및 연구도 만만치 않다. 동양권 학자들보다 학문적 전통과 관습으로부터 자유로운 위치에 있는 구미학자들은 중국 문명에 대한 선입견을 배제하고 대담한 가설과 방법론을 사용하여 그들 나름의 특성있는 도교학을 수립

---

1 물론 문화대혁명 기간에는 모든 종교가 극심한 탄압을 받았고, 도교 연구도 위축을 면치 못하였다. 그러나 이것은 비단 도교뿐만이 아니라 모든 학술·문화계가 겪었던 재난이었으므로 예외로 둔다. 문혁 이후 오늘에 이르기까지 대륙의 도교학은 새로운 발전의 국면을 맞고 있다.

하였다. 도교에 대한 사회학적, 종교학적, 신화학적 접근, 『도장(道藏)』 연구 등은 과거 중・일학자들에게 있어서는 익숙치 않은 테마였다. 구미 도교학의 또 한 가지 중요한 특징은, 그 업적이 자신들의 상징학・신화학・비교종교학・철학・문학 등의 분야와 연계되어 오늘날 서구 문화의 이면에서 해석의 유용한 기제로 활용되고 있다는 사실이다. 잘 알려진 바와 같이 융(C.G.Jung)・하이데거(M. Heidegger)・엘리아데(Mircea Eliade) 등의 중요한 취지들은 구미 도교학의 성취와 일정 정도 상관이 있으며 그 영향은 데리다(Jacque Derrida)・라캉(Jacque Lacan)・크리스테바(Julia Kristeva)・들뢰즈(Gilles Deleuze) 등 후기 구조주의 및 포스트모더니즘을 선도해 온 철학자・문명 비평가들의 의식에도 깊게 반영되어 있다.[2]

근대 이후 한국에서의 도교 연구는 그리 활발하진 못했지만 최근 국내 도교 문화에 대한 탐구 및 자료 발굴, 원전 번역 등의 분야에서 업적이 늘어가고 있고 도교를 학위로 한 전문 연구가도 증가하고 있다. 이러한 도교의 국내외 연구 동향 및 수용 양상을 두고 생각해 볼 때에, 이제 도교에 대한 연구는 종래 중국의 토착 종교에 대한 연구라는 시각을 탈피하여 적어도 동아시아 문화의 기저(基底)에 깔려 있는 보편적인 종교 의식 형태라는 차원에서 진행되어져야 할 것이다. 아닌게아니라 도교학의 추세는 점차 그러한 방향으로 나아가고 있다. 이미 일본에서는 중국 도교뿐만 아니라 일본 도교의 문화 현상에 대한 탐구가 많은 결실을 거둔 바 있고, 구미 학자들도 한국・일본・베트남 등 중국을 제외한 동아시아 국가들의 도교 문화에 연구의 눈길을 돌리고 있다. 도교학의

2 鄭在書, 「포스트모더니즘과 道家的 想像力」 『포럼』(미래구상연구소, 1991), 제3호, pp. 4-14 참조.

국제화, 다변화 추세라 할 이러한 새로운 경향과 관련하여 실제 연구상에서 가장 의식하여야 할 문제는 중국 도교와 개별 지역 도교와의 관계성이 될 것이다. 바로 이 점에서 중국 도교를 위시한 동아시아 도교 전체가 갖는 보편성과 개별 지역 도교가 갖는 특수성이 변별될 필요가 생긴다. 보편성도 중요한 개념이지만 특수성은 도교의 의미를 다양하게 구현시킨다는 나름의 가치를 또한 지니고 있다. 아울러 그것은 역설적이지만 궁극적으로는 도교의 보편성 · 세계성을 입증하는 근거가 되기도 할 것이다.

국내 학계에서는 이능화(李能和) 이래 일부 학자들에 의해 도교의 한국 기원설 혹은 고유 신앙설 등이 줄곧 제기되어 왔고 일반 학자들의 논고에서도 이에 대한 정서적인 공감이 흔히 발견되고 있다. 한국에서의 도교학이 일본과는 달리 한국 도교에 대한 관심으로부터 출발하였고 연구 업적도 중국 도교 분야보다 많은 현실은 바로 한국 도교의 이러한 분위기를 반영하고 있는 것이다. 따라서 한국 도교의 고유성에 대한 논의는 결국 목전의 한국 도교에서의 내재적인 관심사인 기원 문제와 맞물리게 된다. 한국 도교의 고유성을 밝혀내기 위해서는 변별적인 차원에서 중국 도교에 대한 기본적인 이해가 선결되어야 할 것이다. 이제까지 도교의 한국 기원론 및 고유 신앙설을 주장했던 많은 논구들이 국내 학계에서조차도 심정적 차원에서의 이해 이상의 지지를 얻어내지 못했던 가장 큰 이유는 한국 도교의 고유성을 객관적으로 입증시키지 못했기 때문인데, 다시 그 배경을 추구해 보면 중국 도교에 대한 일차적 연구 역량의 결핍이라는 현실이 확인된다. 따라서 이 글에서의 논의는 이 점을 유념하여 관방 도교(官方道敎) 및 민간 도교(民間道敎) 두 방면에서의 중국 도교의 전개 양상과의 대비하에 한국 도교의 전개를 살피면서 고유소(固有素)를 추출하고자 시도할 것이다.[3]

한국 관방 도교의 역사적 전개

중국 관방 도교의 역사적 전개

관방 도교란 간단히 정의하면 국가의 공인하에 교단 조직을 갖춘 도교를 말한다. 따라서 관방 도교는 교리 체계가 국가의 통치 이념과 부합되는 성격을 띠며 정치 권력과는 상호의존의 긴밀한 관계를 갖게 된다. 중국의 도교는 원래 민간의 무술(巫術) 신앙에서 출발하였으나 조금 더 세련된 형태인 방술(方術)로 발전하게 되면 방사(方士)들의 활동 무대가 과거의 무당들과는 달리 상층 지배 계층으로 바뀌어지고 이후부터 도교는 정치와 관계를 발생하게 된다.

관방 도교의 출발을 이러한 방사들의 활동과 관련시켜 논한다면 기록상 이에 관한 오랜 예로써는 전국(戰國) 무렵 제위왕(齊威王) · 제선왕(齊宣王)과 진시황(秦始皇) 때의 구선(求仙) 행적을 들 수 있다. 특히 진시황 때는 방사들의 일부가 단순히 황제의 불로장생을 도모하는 데 그치지 않고 황권(皇權)을 도교 신비주의에 의해 해석하는 일에까지 이르게 된다. 『사기(史記)』「진시황본기(秦始皇本紀)」에 의하면 방사 노생(盧生)이 바다로부터 돌아와 귀신에 의탁해 지은 녹도서(錄圖書)

---

3 이 글에서의 한국 도교에 대한 관방 도교 및 민간 도교의 분별은 잠정적이고 편의적인 것이다. 현재 한국 도교 연구에서 사용하고 있는 修鍊道敎 · 科儀道敎 등의 용어로는 특정한 시기의 도교 현상만을 표현할 수 있을 뿐 전 역사 시기에 걸친 일정한 경향을 개괄하기 어렵기 때문이다. 물론 이에 대해서는 중국 도교의 용어를 역사적 배경이 다른 한국 도교에 그대로 적용하기 어렵다는 지적이 있을 수 있다. 김성환, 「한국 道觀의 철학사상사적 연구(II): 중세편」『도교문화연구』(2003), 제19집, p. 35. 참조. 상식적인 차원에서 이러한 지적이 근거가 없는 것은 아니지만 상술한 한국 도교의 정황을 감안할 때 다른 적합한 용어를 고안할 때까지 상기 두 용어의 잠정적 사용이 그다지 무리있어 보이지는 않는다. 그보다 필자는 김 교수가 '성립 도교'와 같은 일본 도교학의 용어를 여과 없이 사용하고 있는 것에 대해 문제의식을 느낀다. 김성환, 위의 논문, p. 1. 참조.

를 바쳤는데 그 내용이 "진(秦)을 망하게 할 자는 호(胡)이다(亡秦者胡也)"였다. 진시황은 이에 장군 몽념(蒙恬)으로 하여금 북방 오랑캐를 정벌하게 한다. 이 기사(記事)는 관방 도교의 발생과 관련하여 중대한 의미를 지닌다. 즉 최초로 도교의 신권(神權)과 황권(皇權)이 결합하여 정책을 발동시킨 사례이기 때문이다.

전한(前漢) 초기에 이르면 두태후(竇太后)를 필두로 한 황실 · 귀족 집단을 중심으로 황로사상(黃老思想)이 성행하며 노자(老子)의 이른바 '무위이치(無爲而治)'의 정치 이상을 이념으로 한 도가 통치가 시도된다. 당시의 황로학(黃老學)은 도가에 의한 통치술이 중심이었지만 이후 도가의 이론이 도교의 중요한 이념 체계로 기능하게 되는 사실을 염두에 두면 전한 초기 황로학의 도가적 정치론도 관방 도교의 이론적 기초의 형성과 관련하여 역사적 의미를 지닌다고 보아야 할 것이다.

무제(武帝) 때는 진시황 시절과 마찬가지로 연(燕) · 제(齊) 출신의 방사들이 조정에서 대거 활약했던 시기였다. 그들이 왕조의 통치와 관련하여 그 성립에 크게 영향을 미쳤던 기관으로는 황제의 건강과 왕조의 안녕을 공고히 하기 위한 제의적 행사였던 봉선(封禪)과 교사(郊祀)의 의례를 제정하기 위한 필요에서 설립된 악부(樂府)가 있다.[4] 봉선은 황권의 정당화, 신성화를 위한 상징적 장치로서 이미 진시황 때에도 시행된 바 있었지만 무제 때에는 거의 전적으로 방사들의 헌책(獻策)에 의해 제도화되었다. 아울러 무제 때 설립된 악부는 본연의 제의적 기능을 떠나 시가(詩歌) 문학의 발전을 촉진시켜 중국시의 전형인 오언시(五言詩)의 발생에 결정적인 역할을 한다는 커다란 문학사적 의의를 지니게

---

4 樂府와 원시 도교 의례와의 발생론적 관계에 대해서는 鄭在書, 「太平經과 문학」 『중국문학』(韓國中國語文學會, 1991), 제19집, pp. 40-42. 김상호, 「漢代 樂府民歌硏究」(서울대 중문과 박사학위 논문, 1993), pp. 14-19 참조.

된다.

무제 이후에도 방사에 대한 애호(愛好)는 계속된다. 성제(成帝, B.C 32-7)때에는 방사의 정치 참여 시도와 관련한 다음과 같은 사건이 있게 된다.

> 성제(成帝) 초년에 제인(齊人) 감충가(甘忠可)가『천관력(天官曆)』 및『포원태평경(包元太平經)』12권을 조작하여 말하기를 "한(漢) 왕조의 운명이 막바지에 이르러 다시 천명을 받아야만 하는데 천제께서 진인 적정자(赤精子)를 보내 나에게 이 도를 가르쳐 주셨다" 고 하였다.
>
> 初成帝時, 齊人甘忠可詐造天官曆包元太平經十二卷, 以言漢家逢天地之大終, 當更受命于天, 天帝使眞人赤精子下教我此道.[5]

감충가(甘忠可)는 왕조 통치자의 의도에 부합되는 교리를 조작하여 정치권에 진입하려 했으나 당시 중루교위(中壘校尉)였던 유향(劉向)의 탄핵을 받아 그 시도가 좌절되고 만다. 그러나 주목해야 할 것은 이러한 도교 신권에 의한 황권 옹호의 수법이 후대에 가서 비록 내용상의 차이는 있지만 관방 도교가 왕조 정치와 결탁하는 중요한 기제로서 계속 활용된다는 사실이다.

무제 시기를 전후하여 유학은 음양오행설 · 신선 사상 등 신비 사조의 영향으로 참위화(讖緯化)의 길을 걷게 되고 바로 이러한 혼융의 분위기 속에서 도가와 신선가의 결합이 가속화되어 마침내 이념성 · 종교성 · 방술성을 갖춘 도교로 성립하게 되는 것이다. 오늘날 우리는 이러한 의미에서 정식으로 성립한 도교의 역사적 실례를 후한 순제(順帝,

---

5 『漢書』, 卷45, 「李尋傳」.

126-144) 때 장도릉(張道陵)이 창건한 오두미도(五斗米道)에서 찾는다. 파촉(巴蜀)의 험준한 지역에 근거지를 둔 오두미도는 중앙의 통치권으로부터 제약을 별로 받지 않는 가운데에 변방 이민족들을 기반으로 민간 도교로서 성장하여 갔다. 그리하여 장도릉의 손자인 장로(張魯) 때에는 후한 말의 혼란을 틈타 한중(漢中) 땅을 장악하기도 했다가 조조(曹操)의 토벌을 받아 항복하고 만다. 이 때 장로는 낭중후(閬中侯)의 작위를 받고 오두미도는 위(魏) 왕조에 복속되지만 그러한 상황과 여기에서 논의하고자 하는 관방 도교의 취지와는 별개로 여겨진다.

후한 후기 오두미도의 성립 이후부터 위진(魏晋)·남북조(南北朝)에 이르는 시기는 중국 역사상 유례없는 정치적 대동란기로 왕조의 수명이 짧고 정권이 취약하여 관방 도교의 성립 여건이 충분치 못하다고 볼 수 있다. 그러나 이 시기에는 그 동안 체계를 이루지 못했던 관방 도교의 이론적 기초가 마련되기도 하고, 긴 시기는 아니었지만 최초로 완전한 관방 도교를 수립시켰던 역사적 실례가 있었다.

전자의 성취와 관련하여 주목해야 할 인물은 당시 신선·도교 이론의 집대성인 『포박자(抱朴子)』【그림 15】를 저술한 갈홍(葛洪, 283-343)이다.

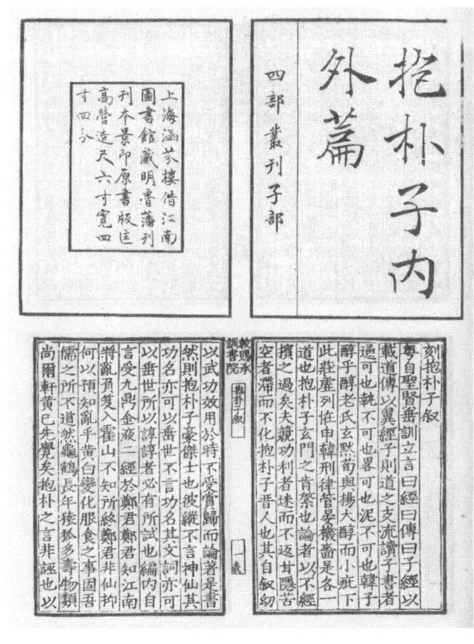
抱朴子內外篇
四部叢刊子部
上海涵芬樓借江南圖書館藏明魯藩刊本景印原書版匡高營造尺六寸寬四寸四分
刻抱朴子叙
粤自聖賢垂訓立言曰經曰傳曰子經以
載道傳以翼經子則道之支流讀子書者
適可也執不可也畧可也泥不可也韓子
醇乎醇老氏玄默荀與楊大醇而小疵下
此莊虛列恠申韓刑律管晏機畜是各一
道也抱朴子玄門之肯綮也論者以不經
擯之過矣夫競功利者迷而不返甘隱苦
空者滯而不化抱朴子晋人也其自叙幼
敕賜承訓書院
抱朴子叙 一
以武功效用於時不受賞歸而論著是書
然則抱朴子豪傑士也彼縱不言神仙其
功名亦可以垂世不言功名其文詞亦可
以垂世所以諄諄者必有所試也編內自
言受九鼎金液二經於鄭君鄭君知江南
將亂負笈入霍山不知所終鄭君非仙抑
何以預知亂乎黃白變化服食之事固吾
儒之所不道然龜鶴長年猿狐多壽物類
尚爾軒黃已先覺矣抱朴之言非誣也以

〈그림 15〉 사부총간본(四部叢刊本) 『포박자(抱朴子)』.

갈홍은 본래 오(吳)의 세습 귀족 출신으로 한때 현실 정치에도 뜻을 두었으나 새로이 성립된 진(晋) 왕조하에서는 출세를 단념한다. 그러나 그는 당시의 농민 반란을 진압하기 위해 스스로 의병을 조직할 정도로 체제 지향적인 성격도 지니고 있었다. 이 때문에 그의 『포박자』는 도교적 내용에 속하는 「내편」과 유교적 내용인 「외편(外篇)」의 상반된 부분으로 나뉘어 전체를 이루고 있다. 그런데 「내편」과 「외편」의 사상은 서로 모순된 것 같지만 사실상 상호 영향 관계 속에서 조화를 이루고 있다. 다시 말해서 「내편」의 신선 사상일지라도 유교 이념과의 절충이 시도되고 있는 것이다. 그는 이렇게 말한다.

> 신선이 되고자 하는 사람은 반드시 충(忠)·효(孝)·화(和)·순(順)·인(仁)·신(信)을 근본으로 삼아야 한다. 만약 덕행이 닦이지 않았는데도 방술에만 힘쓴다면 결코 장생할 수 없다.
>
> 欲求仙者, 要當以忠孝和順仁信爲本. 若德行不修而但務方術, 皆不得長生也.[6]

이와 같이 신선 사상을 유교의 윤리 덕목과 결합시킴으로써 그는 도교가 왕조의 통치 이념에 순응하고 봉사할 수 있는 길을 열어 놓았다. 이러한 의미에서 그를 귀족 도교의 대표자로, 심지어는 '지주 계급의 대변인'으로 규정한 대륙 학계의 견해[7]도 무리는 아니다.

갈홍의 관방 도교 이론의 건립 이후 진정한 의미에서 실천적으로 최초의 관방 도교를 성립시킨 사람은 북위(北魏) 태무제(太武帝) 때의

---

6 葛洪, 『抱朴子·內篇』, 卷3, 「對俗」.

7 楊向奎, 「論葛洪」 『文史哲』(濟南: 山東人民出版社, 1961), 제77기, p. 57.

도사 구겸지(寇謙之, 365-448)이다. 구겸지 역시 귀족 출신으로 일찍이 그는 선도(仙道)를 좋아하여 오두미도를 신앙하였고 도사 성공홍(成公興)과 함께 숭산(嵩山)에서 수도를 하였다. 구겸지는 신서(神瑞) 2년(415) 스스로 태상노군(太上老君)으로부터 다음과 같은 계시를 받았음을 선포한다.

> 겸지가 숭악(嵩岳)에서 뜻을 굳게 하여 전심전력 게으르지 않았다. 신서(神瑞) 2년 10월 을묘일에 홀연히 대신(大神)이 나타났는데 구름을 타고 용을 몰았으며 온갖 신령들이 따르고 선인·옥녀가 좌우에서 모시고 있었다. 산마루에서 모두 모인 후 태상노군(太上老君)이라고 칭하였다. 겸지에게 일러 가로대 "……내가 그리하여 너를 보러 와서 너에게 천사(天師)의 지위와 『운중음송신과지계(雲中音誦新科之誡)』 20권을 주노니 …… 나의 이 가르침은 천지개벽 이래 세상에 전해진 적이 없다가 지금 때가 되어 나온 것이니라. 너는 나의 새로운 계율을 선포하고 도교를 깨끗이 정리하며 삼장(三張)의 거짓된 법 즉 쌀과 돈을 바친다든가 남녀간의 성행위 같은 것들을 제거하라. 위대한 도는 청허(淸虛)할 뿐이니 어찌 이따위 일들이 있겠는가? 오로지 예법을 위주로 하고 그 이후에 복식(服食)과 단련을 행하도록 하라."
>
> 謙之守志嵩岳, 精專不懈. 以神瑞二年十月乙卯, 忽遇大神, 乘雲駕龍, 導從百靈, 仙人玉女, 左右侍衛, 集止山頂, 稱太上老君. 謂謙之曰, ……吾故來觀汝, 授汝天師之位, 賜汝雲中音誦新科之誡二十卷 …… 吾此經誡, 自天地開闢以來, 不傳于世, 今運數應出. 汝宣吾新科, 淸整道教, 除去三張僞法, 租米錢稅, 及男女合氣之術. 大道淸虛, 豈有斯事? 專以禮度爲首, 而加之以服食團練.[8]

이 글을 통해서 우리는 구겸지의 이른바 신천사도(新天師道)의 개혁 방향을 알게 된다. 다시 말해서 본래 오두미도를 신앙했던 그는 태상노군의 직접적인 교시에 따라 오두미도의 여러 가지 폐습을 혁파하고 신과(新科)에 따라 새로운 도교를 건립하겠다는 의지를 표명한 것인데, 여기에서 신과의 중심 취지란 다름아닌 '예도(禮度)'로서 그것은 갈홍이 이미 강조한 바 있는 충(忠) · 효(孝) · 인(仁) · 신(信) 등의 유교적 덕목과 같은 내용이다. 이렇게 보면 구겸지도 갈홍과 마찬가지로 상층 지배 계층의 입장에서 민간 도교의 관방 도교로의 개조를 시도했던 것이라고 볼 수 있다. 구겸지는 이어서 당시의 실력자였던 최호(崔浩)와 합작하여 그의 저술을 통해 신천사도의 유교적 취지를 보강하고 태상노군의 후예로부터 전수받았다는 『녹도진경(錄圖眞經)』 60권에 입각하여 도교의 개혁을 추진한다. 이 때 태평진군(泰平眞君)의 도호(道號)를 받은 북위의 태무제는 구겸지를 적극 후원하여 그를 국사(國師)로 삼고 도교를 국교로 공인하였다. 관방 도교로서의 신천사도의 특징은 재초과의(齋醮科儀)를 중시하고 신도(神道)에 유교적 차등 관념을 주입시키는 등, 제도, 형식적인 측면에서 민간 도교보다 훨씬 강화되었다는 점을 들 수 있다. 아울러 국사(國師)가 황제에게 부록(符籙)을 수여하는 의식을 통하여 신천사도는 후주(後周)에 이르기까지 북방 호족(胡族) 정권의 정통성을 승인하는 관방 종교로서의 역할을 충실히 담당하였다.

구겸지 이후 북방에서는 관방 도교가 정착하여 가고 있었으나 강남의 한족(漢族) 정권하에서는 아직 이렇다 할 관방 도교가 출현하지 않았다. 다만 당시 강남 일대를 뒤흔들었던 도교 반란의 민중성에 불만

---

8 『魏書』「釋老志」.

을 품고 갈홍과 마찬가지로 이를 귀족 도교의 입장에서 정리 개혁하려 했던 육수정(陸修靜, 406-477) · 도홍경(陶弘景, 456-536) 등이 각기 유송(劉宋)과 양(梁) 정권으로부터 예우를 받고 정치적 자문에 응했을 정도였다. 그러나 소극적이지만 도홍경이 양 정권의 성립에 참여했던 흔적이 있다. 다음과 같은 기록이 그것이다.

> 제나라 말기에 "수축목(水丑木)이 양자(梁字)가 된다"라는 노래가 퍼졌는데 양무제가 신림(新林)에 이르렀을 때 (도홍경이) 제자 대맹지(戴猛之)를 보내서 표를 올렸다. 즉 선양(禪讓)에 대한 논의가 있음을 듣고 도홍경이 도참(圖讖)을 증거로 인용하여 여러 곳에서 '양(梁)' 자가 만들어지는 것을 찾아내서 제자로 하여금 이를 받들어 올린 것이다. 무제는 이미 일찍부터 도홍경과 교유가 있었는데 즉위 후에는 은혜와 예우가 더욱 돈독해져서 안부를 묻는 편지가 끊이지 않았으며 오고 가는 사신들의 수레 행렬이 그치지 않았다.
>
> 齊末爲歌曰, 水丑木爲梁字, 及梁武帝至新林, 遣弟子戴猛之假道奉表, 及聞議禪代, 弘景援引圖讖數處皆成梁字, 令弟子進之. 武帝旣早與之遊, 及卽位後, 恩禮愈篤, 書問不絶, 冠蓋相望.[9]

도참(圖讖) · 비결(秘訣) 등 주술적, 신비주의적 수법을 이용한 도교의 정치 참여는 상투적인 것이다.

남북조의 분열된 국면을 수습한 수(隋)의 뒤를 이어 전 중국을 지배한 당(唐) 왕조에 이르러 관방 도교는 비로소 전 대륙적인 규모로 확대된다. 이것은 위진 남북조 이래 계속 진행된 관방 도교의 이론화 작

9 『梁書』「陶弘景傳」.

업이 갈홍 · 육수정 · 도홍경 등에 의해 대체로 완성되고 구겸지에 의한 정치적 실천이 경험으로 축적된 이후라는 역사적 배경을 생각할 때 전국(戰國) 무렵 외래적, 변방 문화적 성격을 띠고 민간으로부터 출발하였던 도교가 중국의 민족 종교로 토착화되는 과정의 당연한 귀결이라고도 볼 수 있다. 당 왕조 성립을 전후하여 도교는 예의 부명(符命) 등의 방식을 통하여 황실과 긴밀한 관계를 유지하더니[10] 급기야는 황실종교가 되어 국교로 공인받게 된다. 당 황실은 원래 서방의 이민족 출신으로 문벌을 중시하던 당시의 풍조에 따라 자신의 혈통을 신성시하기 위해 노자(老子)〔李耳〕를 원조(元祖)로 모시게 되고 이에 도교는 국교가 되어 불교 · 유교의 위에 군림하게 되었다. 고종(高宗) 때에 노자는 '태상현원황제(太上玄元皇帝)'로 추존(追尊)되고 모든 도사는 황족을 관리하는 종정시(宗正寺)에 예속되어 제왕(諸王)에 버금가는 지위에 놓인다. 아울러 조칙에 의해 『도덕경』을 상경(上經)으로 삼고 과거응시자들로 하여금 필수적으로 통달하게 하였다. 직접 법록(法籙)을 받은 도교 황제 현종(玄宗)에 이르면 도교에 대한 각종의 조치는 더욱 강화된다. 즉 숭현학(崇玄學)을 설치하여 도가서(道家書)를 학습시키고 노자에 이어 장자(莊子)를 남화진인(南華眞人)으로, 문자(文子)를 통현진인(通玄眞人), 열자(列子)를 충허진인(冲虛眞人), 경상자(庚桑子)를 통허진인(洞虛眞人) 등으로 추봉(追封)하게 되는 것이다. 결론적으로 당대의 관방 도교는 도교와 황권의 완전한 결합을 의미하며 이것은 다음과 같은 당시의 정치적 목적과 긴밀히 상관된다.

첫째로 이미 말하였듯이 당 황실은 도교의 신권을 빌어 자신의 출신을 윤색하고 건국의 정당성을 보장받아야 할 필요가 있었다. 둘째로

10 『舊唐書』「王遠知傳」: "高祖之龍潛也, 遠知嘗密傳符命."

당시 왕성해 있던 불교의 세력을 꺾음으로써 일정한 정도의 사회, 경제적 효과를 도모하였다. 즉, 사원 경제력의 환수(還收)로 인한 국가 수입의 증대, 승려의 환속으로 인한 노동력의 증가 및 세수(稅收)의 증대 등이 그것이다.[11] 당대의 관방 도교는 도교의 이론상 많은 발전과 변화를 가져왔는데 그 중의 한 가지 뚜렷한 경향을 말하자면 다름아닌 내단적(內丹的) 수련 도교의 부상이다. 일찍이 수대(隋代)의 도사 소현랑(蘇玄郎)에 의해 강조되기 시작한 내단 수련은 당대의 관방 도교에 이르러 귀족 지식 계층 사이에서 널리 확산되고 역리(易理) 및 음양오행설 등에 의해 정교한 이론 체계를 갖추게 되면서 이른바 금단도(金丹道) 혹은 단정파(丹鼎派)라는 관방 도교의 특이한 한 경향을 이룩하게 되는 것이다.

송대(宋代)의 도교는 기본상 당대 관방 도교의 연속과 발전이라고 말할 수 있다. 태조(太祖)·태종(太宗) 등 초기 황제들의 도교에 대한 애호는 진종(眞宗)·휘종(徽宗) 때에 절정에 달하여 당대와 마찬가지로 국교의 지위를 잃지 않는다. 진종은 거란(契丹)과의 싸움에서 대패한 후 실추된 황권을 만회하고 패배 심리를 극복하기 위하여 도교를 이용한다. 그는 이른바 '천서(天書)'를 조작하여 신인(神人)으로부터 송의 국운이 무궁함을 보장받았음을 선포하기도 하였고 당대 관방 도교의 황권신수설(皇權神授說)을 모방하여 송 황족의 도교적 원조(元祖)를 위해 '보생대제(保生大帝) 조현랑(趙玄郎)'이라는 신격을 설정하기까지 하였다. 아울러 당시까지 강남 일대에서 민간 도교의 성격을 유지하고 있던 용호산(龍虎山) 천사도(天師道)의 제 24대 교주 장정수(張正隨)에게 '진정선생(眞靜先生)'의 칭호를 부여하여 관방 도교화를 시도

11 李養正, 『道教概說』(北京: 中華書局, 1989), p. 117.

〈그림 16〉 장춘진인(**長春眞人**) 구처기(**邱處機**).

하였다. 휘종의 도교에 대한 숭배는 역사상 유례가 없을 정도였다. 스스로를 '교주도군황제(敎主道君皇帝)'로 책봉하고 엄청난 재력을 기울여 전국의 도교 사원을 건축하고 호화롭게 치장하였다. 반면에 불교는 배척을 받아야만 했다. 당시에 휘종의 신임을 얻어 황당한 정책으로 송(宋)의 국력을 소모시켰던 도사 임영소(林靈素)의 행적은 한무제(漢武帝) 때 방사들의 그것에 비교될 수 있다.

중국 역사상 관방 도교의 전성기였던 당 · 송 이후 도교는 원대(元代)에 잠깐 홍기했다가 곧 쇠퇴의 길을 걷게 된다. 원대에 이르면 강북 지역의 도교는 태조(太祖) 징기스칸의 신임을 받은 장춘진인(長春眞人) 구처기(邱處機)【그림 16】가 영도하는 전진교(全眞教)에 의해 통솔되고 강남은 용호산 제36대 천사 장종연(張宗演)이 세조(世祖) 쿠빌라이로부터 강남 도교의 관리권을 부여받음으로 인해 천사도(天師道, 후에 正一教로 개칭)의 지배에 들어간다. 그러나 황실과의 관계는 과거의 관방 도교와는 달리 일정한 거리를 유지하게 된다. 그것은 원 황실의 종교가 라마교(喇嘛教)였던 데도 원인이 있지만 어쨌든 정권의 도교에 대한 이러한 태도는 기본적으로 명(明) · 청대(淸代)에까지 지속된다.

명 · 청대는 관방 도교의 쇠퇴기이다. 명대의 경우 세종(世宗)이 예외적으로 송 휘종과 같은 광신(狂信)의 작태를 보였던 것을 제외하면 태조(太祖) 때부터 도록사(道錄司)를 설치하여 도사를 관리, 단속하는 등 역대 황제들이 도교에 대해 특별대우를 하지 않았다. 청대에 들어와 도교에 대한 준엄한 입장은 더욱 강화된다. 정일교(正一教)의 경우 천사의 품계가 깎이기도 하고 포교 활동을 금지당하기도 한다. 관방 도교가 이렇게 쇠퇴하는 반면에 민간에서는 『태상감응편(太上感應篇)』 · 『문창제군음즐문(文昌帝君陰騭文)』 등의 권선서(勸善書)를 중심으로 한 민간 도교가 새롭게 부흥하는 현상이 일어났다. 이 점은 도교전사(道教全史)를 관방 도교와 민간 도교의 대립 구도적 측면에서 파악할 때 충분히 예상할 수 있는 변화라 할 수 있을 것이다.

삼국 시대 및 고려의 관방 도교

일반적으로 한국에서는 중국의 경우와 같은 지속적이고 전면적인 시 · 공간성을 갖는 관방 도교는 역사적으로 존재하지 않았다고 보는 것이 정설이다. 이것이 우리가 가장 쉽게 말할 수 있는 한국 관방 도교의 중국 관방 도교에 대한 차이이자 특징이다. 그렇다면 한시적이고도 국지적인 성격을 갖는 한국 관방 도교의 역사적 전개 양상은 어떠하며 다시 그것은 내재적으로 중국 관방 도교와 대비할 때 어떠한 점에서 변별될 수 있겠는가? 대략 이러한 문제를 염두에 두고 본격적인 논의에 들어가고자 한다.

삼국 시대의 도교에 대한 기록 중 관방 도교의 존재를 확증할 수 있는 경우는 고구려에 한정한다. 『삼국사기(三國史記)』에 실린 다음과 같은 기사(記事)들이 그것이다.

(영류왕) 7년 봄, (당 고조가) 형부상서 심숙안(沈叔安)을 보내 임금을 상주국(上柱國) 요동군공(遼東郡公) 고구려 국왕으로 책봉하고 도사로 하여금 천존상 및 도법을 가지고 가서 『노자』를 강설하게 하니 임금과 백성들이 이를 들었다. 8년에 임금이 당에 사람을 보내 부처와 노자의 가르침을 배우고자 청하니 황제가 이를 허락하였다.

七年春三月, 遣刑部尙書沈叔安, 策王爲上柱國遼東郡公高句麗國王, 命道士以天尊像及道法, 往爲之講老子, 王及國人聽之. 八年, 王遣人入唐, 求學佛老敎法, 帝許之.[12]

(보장왕) 2년 봄, 연개소문이 임금께 아뢰기를 "3교는 비유컨대 솥발과 같아 하나라도 빠지면 아니됩니다. 지금 유교와 불교는 모두 흥성한데 도교는 그렇지 못하니 천하의 도술을 다 갖추었다고 말할 수 없습니다. 엎드려 청하옵건대 당에 사신을 보내 도교를 구하여 백성들을 가르치시옵소서"라고 하였다. 임금이 대단히 그렇게 여겨 표문(表文)을 올려 청하니 당 태종이 도사 숙달(叔達) 등 8명을 보내고 『도덕경』을 아울러 하사하였다. 임금이 기뻐하며 절을 취하여 그들의 숙소로 삼았다.

二年春三月. 蘇文告王曰, 三敎譬如鼎足, 闕一不可. 今儒釋幷興, 而道敎未盛, 非所謂備天下之道術者也. 伏請遣使於唐, 求道敎以訓國人. 大王深然之, 奉表陳請, 太宗遣道士叔達等八人, 兼賜老子道德經. 王嘉, 取僧寺館之.[13]

위의 기록들을 검토하여 보면 고구려는 당과의 첫 수교와 동시에

12 『三國史記』, 卷20, 「高句麗本紀」, 建武王條.

13 위의 책, 卷21, 「高句麗本紀」, 寶藏王條.

도교를 수입하기 시작하고 20여 년의 기간이 경과한 후 권신 연개소문의 주장에 의해 도교를 강화하고 불교를 억제하는 정책을 시행한다. 다시 『삼국사기』 보장왕(寶藏王) 9년의 기사를 보면 고구려 중 보덕(普德)이 국가가 불교를 믿지 않는다는 이유로 남행(南行)한다는 내용이 있는데 이로 미루어 연개소문의 주장 이후 7년 사이에 관방 도교가 완전히 뿌리를 내렸음을 알 수 있다.

앞 절에서 이미 논술하였듯이 당대(唐代)에는 건국 초기부터 도교를 국교로 삼았고 노자는 황실의 원조(元祖)로 추존(追尊)되어 있었다. 따라서 당조(唐朝)가 고구려와 수교를 개시할 때 도교의 문물(文物)을 함께 보내온 것은 당 황실의 존엄성 및 정통성을 상징적으로 선포하려는 의도에서 비롯된 것이고 고구려는 이를 인정하고 환영하는 정치적 목적하에 적극적인 도교 수입의 자세를 표명하게 되는 것이다. 그러나 보장왕 때에 이르러서의 연개소문에 의한 도교 강화 정책은 상술한 외교적 이유만으로는 그 성립 근거가 박약하다.

보장왕 2년(643)은 당과의 대결전을 2년 앞둔 시기로, 악화된 외교관계를 개선해 보기 위해 당의 비위에 맞춰 도교를 적극 장려했다면 전쟁에서 승리한 지 수년 후에도 불교를 핍박할 정도의 도교 강화 정책이 지속되었다는 사실이 논리적으로 납득되기 어렵기 때문이다. 여기에서 그 간의 고구려 도교에 대한 연구에서 충분히 논의되지 않았던 한 가지 사실이 있다. 그것은 다름아닌 도교가 불교에 가한 타격이다. 중국 도교사에서 관방 도교는 항상 불교에 대해 공격적인 위치에 있었고 통치자는 종종 정치적 필요에 의해 불교를 억압해야 할 경우 관방 도교를 이용하였다. 북위(北魏) 태무제(太武帝)때 구겸지(寇謙之)의 신천사도(新天師道)에 의한 불교의 탄압과 당 왕조의 불교에 대한 지속적인 억압은 그 좋은 예이다. 특히 당대에는 황권의 강화와 사회, 경제적 필요에 의해 불교가 탄압 대상이 되었다. 우리는 여기에서 연개소문과 보장왕이라는 통치자의 입장을 두고 모종의 정치적 배경하에 도교 강화 정책이 결정되었을 것으로 생각해 볼 수 있다.

다음과 같은 추리가 가능할 것이다. 보장왕 2년은 연개소문의 영류왕 시해 및 훈구(勳舊) 세력의 몰살이라는 엄청난 정변의 직후이다. 아마 훈구 세력은 이미 고구려에 뿌리를 내렸던 불교와 함께 기득권층을 형성하고 있었을 것이고 막 훈구 세력을 제거한 연개소문의 정치적 입지는 아직 불안하였을 것이다. 무엇보다도 상존(尙存)해 있는 연개소문에 대한 반대 세력이자 기득권층인 불교의 사회, 경제적 역량은 쿠데타적 왕권에 대해 가히 위협적이었을 것이다. 이 과정에서 일찍이 대륙 정세에 대해 밝았던 연개소문에게 당대 초기 통치자들의 관방 도교에 의한 불교의 억압 및 그 정치적 이득은 훌륭한 참고가 되었을 것이다. 따라서 연개소문은 도교 강화를 헌책(獻策)하였고 그것은 즉각 받아들여져 당 태종은 8명의 도사를 파송(派送)하였던 것이다. 이례적으로 많은 수의 당의 관방 도사들은 고구려 통치자를 도와 불교 훼멸(毁滅) 작업에 착수하였다. 『삼국유사(三國遺事)』에서의, 당태종이 도사 8명을 보냈더니 "임금이 기뻐하며 절을 도관으로 삼았다(王喜, 以佛寺爲道館)"[14]라는 기록은 과연 무엇을 의미하는가? 사원 경제에 대한 대대적인 탄압으로 보아도 좋을 것이다. 그로부터 수년 후 중 보덕의 망명은 실로 여기에서 비롯된 것이다. 대체로 이러한 추론에 입각하여 이 글에서는 고구려 관방 도교의 성립 목적 및 성격이 연개소문을 위시한 쿠데타 세력의 통치권 확립을 위한 불교 탄압이었다고 규정하고자 한다.

삼국 시대의 관방 도교를 논함에 있어 백제는 이에 관한 뚜렷한 자

14 『三國遺事』, 卷3, 「興法」, 寶藏奉老 普德移庵條.

료를 남기고 있지 않아 그 존부(存否)를 결정하기 어렵다. 다만 신라의 경우 최치원(崔致遠)의 「난랑비서(鸞郎碑序)」에서 언급한 바 있는 삼교합일(三敎合一)적 취지의 '풍류(風流)' 속에 도교가 포함되어 있는데, 풍류가 곧 국가 공인 조직었던 화랑도(花郎徒)일진대 이로 미루어 관방 도교의 존재를 생각해 볼 수 있을 것이다. 아울러 신라 시대에는 관방 도교의 주요 경향인 단정파(丹鼎派) 도교가 전래되어 지식 계층 사이에서 유행되었을 가능성이 크다. 즉 한무외(韓無畏)의 『해동전도록(海東傳道錄)』에는 신라인 최승우(崔承祐) · 김가기(金可記) 등 입당(入唐) 유학생들이 중국에서 내단학(內丹學)을 전수받았다는 기록이 있기 때문이다. 『해동전도록』은 설화성이 강하고 존화적(尊華的)인 입장에서 한국 도교의 계통을 중국 도교에 의도적으로 접맥시키려는 취지가 엿보이기 때문에 그대로 신빙할 수는 없지만 김가기의 경우 남당(南唐) 심분(沈汾)의 『속선전(續仙傳)』에 입전(入傳)되어 있어서 입당 유학생의 도교 관련 사실 자체를 전면 부정할 수는 없다.

고려 왕조에 이르러 우리는 고구려 이래 가장 현저한 관방 도교 성립의 예를 찾아볼 수 있게 된다. 이미 많은 학자들의 고찰에 의해 밝혀진 바와 같이 고려는 건국 무렵 도참(圖讖) · 비기(秘記) 등 도교적 예언서가 유행하였고 태조 때부터 재초(齋醮) 등의 도교적 행사를 시행하여 중엽인 예종(睿宗)조에 이르면 관방 도교 기관인 복원궁(福源宮)이 건립되는 등 도교의 세력이 크게 신장된다. 그러나 예종을 고비로, 고려 도교는 한풀 기운이 꺾여 조선 도교로 넘어가게 된다.

고려 관방 도교의 성립은 건국 초기 왕실의 도교에 대한 애호와 관련이 깊다. 태조(太祖) 왕건(王建)의 창업과 관련한 갖가지 도참적 설화들은 양무제(梁武帝) · 당고조(唐高祖) · 송태조(宋太祖) 등이 각기 도홍경(陶弘景) · 왕원지(王遠知) · 진단(陳摶) 등 당대의 저명한 도사들

〈그림 17〉 도선(道詵). 한국 풍수학(風水學)의 비조(鼻祖)로도 유명하다.

로부터 부명(符命)을 받았다는 설화들과 유사한 점이 많다. 가령 태조가 도승(道僧) 도선(道詵)【그림 17】으로부터 삼한(三韓) 통일의 대업(大業)을 성취할 영웅으로 지목되는 내용 등이 그러하다. 태조는 즉위 후 팔관회(八關會)의 내용을 도교적인 면으로 확대하고 초성처(醮星處)로서 구요당(九曜堂)을 설치하기도 하였다.

이후 고려 관방 도교는 앞서의 구요당을 비롯 복원궁·전단(氈壇)·성수전(星宿殿)·정사색(淨事色)·태청관(大淸觀)·소격전(昭格殿) 등 15개소의 도교의례(道敎儀禮) 기관이 설치되고 본명성수초(本命星宿醮)·북두초(北斗醮)·태일초(太一醮)·성변기양초(星變祈禳醮)·삼계초(三界醮)·백신초(百神醮)·천성초(天星醮) 등 다양한 성격의 초제(醮祭)가 총 187회에 걸쳐 시행되는 등의 발전을 이룩하게 된다.[15] 고려 관방 도교의 이러한 재초과의(齋醮科儀) 중심의 경향은 당시 중국 도교의 정황과 관련이 있다고 생각된다. 당말(唐末)·오대(五代) 시기의 관방도사 두광정(杜光庭, 850-933)은 그 때까지 전해 내려오던 모산파(茅山派)와 천사도(天師道) 양파의 모든 재초 의식을 분

15 이에 대한 조사 및 정리는 梁銀容, 「高麗時代의 道敎와 佛敎」 『道敎와 韓國 思想』(범양사, 1987), pp. 96-100 참조.

류, 정리하여 『도문과범대전집(道門科範大全集)』 87권을 편찬하였는데 이것은 주요 도파의 재초 의식을 통일하고 규범화한 것으로 지금까지도 실행되고 있다. 더 자세히 확인을 해야 될 문제이나 일단 고려의 재초과의가 당시로서는 새로운 형식이었던 두광정의 『도문과범』의 영향을 받았을 가능성을 배제할 수 없다.

고려 관방 도교의 역사에서 가장 특기할 만한 일은 예종 10년(1115), 고려의 대표적 도관(道觀)인 복원궁이 건립된 것이다. 복원궁 이외에도 그 후 신격전(神格殿) · 소격전 등의 도관이 건립되어 고려 도교는 고구려 이래 명실상부한 관방 도교로서의 체제를 갖추게 되는 것이다. 복원궁의 건립과 관련된 기사(記事)는 송사(宋使) 서긍(徐兢)의 『고려도경(高麗圖經)』에 비교적 상세하다.

> 대관(大觀) 경인년(1110)에 천자(송 휘종)께서 저 먼 곳에서 오묘한 도(道)를 듣고자 원하는 것을 돌아보시고 사신을 보내시고 도사 2명을 따라가게 하여 교법에 통달한 자를 가려 뽑아 가르치게 하셨다. 고려왕 오(俁, 예종)는 신앙이 두터워 정화(政和) 연간에 처음 복원관을 세우고 고명한 도사 10 여명을 그곳에 두었다. …… 소문에 의하면 국왕은 재위 기간중 항상 도록(道錄)을 받고자 하는 마음이 있었고 (도교로) 불교를 바꾸고자 하였으나 그 뜻을 이루지 못해 마치 때를 기다리는 듯하였다고 한다.
>
> 大觀庚寅, 天子眷彼遐方願聞妙道, 因遣信使, 以羽流二人從行, 遴擇通達教法者以訓導之. 王俁篤於信仰, 政和中始立福源觀, 以奉高眞道士十餘人. ……或聞俁享國日, 常有意援道家之錄, 期以易胡教, 其志未遂, 若有所待然.[16]

예종의 복원궁 건립의 배후에는 북송(北宋)의 도군황제(道君皇帝)였던 휘종(徽宗)의 적극적인 찬조(贊助)가 있었던 것이다. 물론 휘종의 도움 이전에 고려측의 요청이 있었을 것이다. 이에 앞서 당시의 저명한 도교도였던 이중약(李仲若)이 송에 들어가 도요(道要)를 전수받고 귀국하여 도관의 건립을 임금께 주청(奏請)하였다고 하니,[17] 아마 이중약의 건의가 가납(嘉納)된 후 송조(宋朝)에 대해 정식으로 협조를 요청하였을 것이다. 이러한 경과는 우리로 하여금 고구려의 연개소문이 관방도교를 수립하기 위해 당(唐) 태종(太宗)과의 사이에 동일한 절차를 밟았던 사례를 생각하게 한다. 물론 고구려 당시와 고려 예종 때의 국내외의 정치적 형세와 사상계의 동향은 결코 일치하지 않는다. 예종 때의 모든 상황이 훨씬 복잡한 것은 요(遼)·금(金)·북송 등과의 대외관계만으로도 충분히 추찰(推察)된다.

먼저 우리는 예종의 도교 강화의 목적이 대외적인 데에 있다고 가정해 보자. 당시 북송의 군사력이 위협적이지 못했다는 것은 주지의 사실이다. 그렇다면 단순히 문화적인 욕구에서 시행했다고 보아야만 하는데 물론 그러한 이유도 포함될 수는 있겠으나 복원궁 건립 전후의 정황으로 보아 전면적인 설득력은 지니지 못한다. 결국 우리는 예종의 도교 강화가 연개소문의 경우에서처럼 일차적으로는 내부 문제에 대한 인식에서 비롯된 것이라고 생각지 않을 수 없다. 우리는 예종 시기 사상계의 동향 및 귀족 관료 집단의 정치 형세를 고려에 넣고 이 문제를 논의해야 할 것이다.

16 徐兢, 『高麗圖經』, 卷18, 道敎條.

17 林椿, 「逸齋記」: "(李仲若)後航海入宋, 從法師黃大忠·周與齡, 親傳道要, 玄關秘鑰, 罔不洞釋. 及還本國, 上疏置玄館, 館以爲國家齋醮之福地, 今福源宮是也"(『東文選』, 卷65 所收).

단재(丹齋) 신채호(申采浩)는 일찍이 예종으로부터 인종(仁宗)에 이르는 시기에 윤언이(尹彦頤) · 정지상(鄭知常) 등을 중심으로 한 진취적 자주파와 김부식(金富軾) 등의 존화적(尊華的) 사대파(事大派)의 정치적 대립을 상정(想定)한 바 있다. 이러한 견해는 4대 광종(光宗) 시기 과거제의 실시 이후 부상한 유가적(儒家的) 소양을 쌓은 관료 집단의 존화적 성향이 전통적 국수파(國粹派)의 정치적 지향과 상충되어 점차 갈등이 심화되어 갔으리라는 추론에 의해 지지될 수 있다. 다시 말해서 고구려 시대에는 막 토착화의 길을 걷던 불교가 국수 사상(國粹思想)을 위협하는 신사조로서 견제 대상이 되었었다. 그러나 고려 시대에 와서는 양상이 달라졌다. 불교는 삼국 시대와 고려의 국교 시기를 거치면서 이미 토착화에 성공하여 국수 사상과 공존하게 되었다. 우리는 신라 혹은 고려 불교가 도참 · 음양오행설 등 도교적 요소로 분식(扮飾)된 국수 사상과 너그럽게 일체가 되어 있음을 보게 된다. 원효(元曉) · 의상(義湘) · 월명사(月明師) · 도선(道詵) 등은 이러한 의미에서 모두 도불일체(道佛一體)의 화신이다.

이제 고려에 이르러 유교는 과거제 실시를 계기로 지난날의 불교가 그랬던 것처럼 본격적인 토착화에 접어들었다. 그런데 유교의 이념은 궁극적으로 존화적 중심주의이다. 이 경우 불교보다도 더욱 국수 사상과의 이념적 대립이 심각해 지지 않을 수 없다. 결국 고려 시기에서 국수 사상 및 이미 토착화를 달성한 불교에 대한 공동의 위협적인 존재는 점차 합리적 관료주의를 통하여 기반을 확충해 나가는 유교 세력이 아닐 수 없다. 이러한 고려 중기 사상계 및 귀족 계층 내부의 알력이 진행되어 가는 시점에서 통치자의 정치적 지향은 양자의 운명을 가름하는 중대한 변수이다.

예종은 즉위 2년(1107)에 윤관(尹瓘)으로 하여금 여진(女眞)을 정벌하여 구성(九城)을 축조하였다. 그러나 패전과 유신(儒臣)들의 반대에 부딪혀 구성을 여진에게 돌려주고 만다. 11년(1116)에는 국선(國仙)의 전통을 보존, 강화시켜야 한다는 취지의 조칙을 내린다. 그밖에 예종은 30회에 걸쳐 초제(醮祭)를 거행하였고 지리도참설(地理圖讖說)에 의거하여 서경(西京)에 신궐(新闕)을 짓기도 하였다. 물론 예종은 국학(國學) 내에 칠재(七齋)를 설치하고 청연각(淸讌閣)·보문각(寶文閣)·임천각(臨川閣) 등을 궁중에 두어 유학을 장려하는 제반 조치도 취한 바 있다. 그럼에도 불구하고 우리는 예종의 정치적 지향이 진취적 국수파의 노선 쪽으로 기울어져 있다고 판단하지 않을 수 없다. 도교는 중국의 변방, 이역 문화(異域文化)에서 유래한 종교이므로 유교의 존화적 중심주의와는 달리 다원적이고 지역적, 독자적인 가치성을 존중한다. 이러한 의미에서 예종의 복원궁 건립은 도교의 이념을 통하여 국수파의 자주적 입장을 강화하고 점증하는 유교적 존화 관념 및 그 세력을 견제하려는 의도에서 이루어진 것이라고 생각해 볼 수 있을 것이다. 예종의 사후 인종이 즉위하자 노장학(老莊學)을 금지시키고 이중약·한안인(韓安仁) 등의 도교계 인물과 윤언이·정지상·묘청(妙淸) 등의 국수파가 이자겸(李資謙)·김부식(金富軾) 등의 유신계(儒臣系) 권신 세력에 의해 피살되거나 대거 몰락하는 정치적 대반전이야말로 이러한 견해를 반증하는 유력한 근거가 될 것이다.

조선의 관방 도교

소격서(昭格署)

고려 시기, 관방 도교의 강화에 따라 설치되었던 복원궁·신격전·소격전 등의 3개 도관을 위시한 15개소에 달하는 재초의례 처소는 태조 원년 소격전만을 남기고 모두 폐지된다. 이는 조선 왕조가 강력한 유교주의를 표방하면서 일어난 변화이다. 조선보다 조금 일찍 건국되었던 명조(明朝)의 경우 태조 주원장(朱元璋)은 당 · 송대와는 달리 도교에 대해 비교적 냉정한 태도를 취하고 그러한 정책이 이후에도 지속되어 중국의 관방 도교는 점차 쇠퇴하게 되는데 조선의 경우에도 도교는 마찬가지의 상황에 놓이게 된 것이다.

이후로 소격전은 임진왜란 이전까지 존속한 조선조의 유일한 관방 도교 기관이 된다. 소격전은 세조(世祖) 때에 이르러 소격서로 개칭되는데 당시 소격서의 직능(職能) 및 활동에 대한 기록은 다음과 같다.

> 소격서의 일은 모두 중국 도교에 의거한다. 태일전(太一殿)에서는 북두칠성을 제사하는데 그 신상은 모두 머리를 풀어헤친 여자 얼굴의 모습이다. 삼청전(三清殿)에서는 옥황상제(玉皇上帝) · 태상노군(太上老君) · 보화천존(普化天尊) · 재동제군(梓潼帝君) 등 10여위(位)를 제사하는데 모두 남자의 형상이다. 그 나머지 안팎의 여러 단(壇)에서는 사해용왕(四海龍王) · 신장(神將) · 명부시왕(冥府十王) · 수부(水府)의 여러 신들을 배설(配設)하여 위판(位版)에 이름을 써놓은 것이 무려 수백이다. 헌관(獻官) · 서원(署員)들은 모두 흰 옷에 검은 두건을 쓰고 재를 올리고 관(冠)과 홀(笏)을 갖춘 예복의 차림으로 매년 제사를 지낸다. 제물로는 과일 · 떡 · 차 · 국 · 술 등을 차려놓고 분향 백배(百拜)한다. 도사는 머리에 소요관(逍遙冠)을 쓰고 몸에는 무늬 번득이는 검은 옷을 입고 경쇠를 24번 울린 후 두 사람이 도경(道經)을 읽고 또는 청지(青紙)에 축사((祝辭)를 써서 태우기도 한다.
>
> 昭格署皆憑中朝道家之事. 太一殿祀七星諸宿, 其象皆被髮女容也. 三清殿祀玉皇上帝 · 太上老君 · 普化天尊 · 梓潼帝君等十餘位, 皆男子像也.

其餘內外諸壇, 設四海龍王・神將・冥府十王・水府諸神, 題名位版者, 無慮數百. 獻官・署員, 皆白衣烏巾致齋, 以冠笏禮服年行祭. 祭奠諸果・棗餠・茶湯與酒, 焚香百拜. 道流頭昌逍遙冠, 身被班爛黑衣, 鳴磬二十四通後, 兩人讀道經, 又書祝辭於青紙而焚之.[18]

이러한 제도와 규모를 갖춘 소격서에서는 여전히 고려 이래 관방 도교로서의 임무를 수행하여 화성초(火星醮)・북두초(北斗醮)・금성초(金星醮)・직성초(直星醮)・형혹기초(熒惑祈醮)・혜성기초(彗星祈醮) 등의 성신초제(星辰醮祭)를 비롯 개복신초(開福神醮)・청명초(請命醮)・도병초(禱病醮)・기우초(祈雨醮)・본명초(本命醮)・진병초(鎭兵醮)・삼원초(三元醮)・삼계초(三界醮) 등 왕실 및 국가의 재난을 해소하고 복을 빌기 위한 재초의례를 거행하였다. 태종 때의 소격전 제조(提調) 김첨(金瞻)은 당시 급격히 위축된 관방 도교의 형세 속에서도 아래와 같이 태일성(太一星)에 대한 숭배를 건의하여 이채롭다.

태일(太一)은 하늘의 존귀한 신으로 한대(漢代) 이래 역대로 떠받들어 자주 상서로운 일들이 있었습니다. 이 때문에 전조(前朝)에서는 복원궁・소격전・정사색 등을 설치하고도 따로 태청관(大淸觀)을 세우고 또 간(艮)・손(巽)・곤(坤)・건방(乾方)에 해당하는 지역에서 (태일이) 머무는 자리를 좇아 궁관을 지어 초례를 행하였는데 매번 악운 및 재난을 당할 때에는 기도를 행하거나 별도로 태청관에서 초제를 지냈던 것입니다. 만일 군대를 움직이게 될 경우이면 장수가 태청관에 가서 재초를 올리고 떠났습니다. 대개 태일은 인성(仁星)으로 그것이 있는

18 成俔, 『慵齋叢話』, 卷2.

곳에서는 전쟁과 돌림병이 생기지 않고 나라가 편안해지기 때문이었습니다.

太一, 天之貴神, 自漢以來, 歷代奉事, 屢獲嘉祥. 是以前朝置福源宮·昭格殿·淨事色, 別建大淸觀, 又於艮(和寧)·巽(忠州)·坤(富平)·乾(龜州)方, 逐所次之宮, 營建宮觀, 以行醮禮, 而每當厄運及災變, 則行祈禱, 別醮於大淸觀. 若行兵, 則將帥 詣大淸觀, 齋宿設醮而行. 蓋以太一仁星, 所在之地, 兵疫不興, 邦國乂安故也.[19]

김첨은 이외에도 태청관(大淸觀)을 수리해서 천황대제(天皇大帝)에 대한 초제를 시도하기도 하고 태종(太宗)을 권하여 국신(國神)을 제사하도록 하기도 하였다. 그러나 소격서는 주지하듯이 중종(中宗) 시기 유교적 이상주의를 표방한 조광조(趙光祖) 등의 혁파(革罷) 주청(奏請)에 의해 폐지되고 만다. 소격서는 조광조 등이 숙청된 기묘사화(己卯士禍)이후 부활되나 결국 임진왜란 이후 다시 제기하는 사람 없이 절로 폐지되어 고구려 이래 단속적(斷續的)이나마 존재해 왔던 한국의 관방 도교는 사실상 종언(終焉)을 고하게 된다.[20]

중종 시기 소격서 혁파를 둘러싼 왕실과 유신(儒臣)과의 일대 쟁론은 단순히 당시의 권력 관계의 측면에서만 파악한다면 유교 관료주의의 왕권에 대한 제약과 이에 대한 반격의 양상으로 풀이될 수도 있

19 『太宗實錄』, 四年條.

20 김성환 교수는 소격서 폐지 이후 전국 각지에 설치된 關王廟의 존재를 들어 한국의 관방 도교가 완전히 사라진 것은 아니라고 본다. 김성환, 앞의 논문, p. 67 참조. 관방 도교의 개념을 이같이 넓게 잡는다면 맹인들을 시켜 祈雨나 治病의 의례를 담당하게 했던 明通寺도 고려 대상에 넣어볼 수 있다. 그러나 김교수도 지적했듯이, 관왕묘나 명통시가 소격서처럼 독립된 관서로서 온전한 관방 도관으로서의 기능을 다했는지에 대해서는 검토의 여지가 있다.

다. 그러나 우리가 문제를 보다 연원적으로 한국 관방 도교의 역사적인 차원에서 성찰해 본다면 소격서 혁파란 이 사안(事案)은 고려 초기 과거제 이후 존화적 중심주의라는 새로운 세계관과 국가 의식을 갖추고 합리적 관료 조직의 힘으로 사상과 권력을 점차 장악해 온 유신(儒臣) 세력의 도교·국수 사상에 대한 궁극적 승리를 의미한다 할 것이다.

단학파(丹學派)

조선조에 들어와 소격서가 유일한 국립 도교 기관으로 존재하고 있을 무렵, 일부 사족(士族) 계층을 중심으로 관방 도교의 단정파(丹鼎派)적 경향에서 비롯한 내단학(內丹學)을 연구, 수련하는 기풍이 형성되었다. 학자들에 따라서는 이 계통을 수련 도교라고 부르기도 하나 이능화(李能和)가 『조선도교사(朝鮮道教史)』에서 단학파(丹學派)라는 용어를 쓰기 이전부터 전통적으로 내단학의 준말로서 단학이라는 용어를 써왔기 때문에 이를 습용(襲用)하기로 한다.

단학파는 그 출신 배경이 대부분 사족 계층이며 우주론, 심성론적인 이론 체계를 지닌 내단학을 수련의 중심으로 삼고 있다는 점에서 결코 민간 도교에 속할 수는 없고, 넓은 의미에서 관방 도교에 포함된다고 보아야 할 것이다.

조선 단학파의 계보와 구성은 한무외(韓無畏)의 『해동전도록(海東傳道錄)』, 조여적(趙汝籍)의 『청학집(青鶴集)』, 홍만종(洪萬宗)의 『해동이적(海東異蹟)』 등의 전적(典籍)에 그 내용이 전한다. 이들은 공식적인 역사 기록이 아니라 재야의 개인적 저술들이다. 가령 『해동전도록』에서는 조선의 도맥(道脈)을 신라의 유당학인(留唐學人)인 최승우(崔承祐)·최치원·승(僧) 자혜(慈惠) 등으로부터 비롯하여 고려 시기를 거쳐 조선조에 들어와 김시습(金時習)으로부터 홍유손(洪裕孫)·정희량(鄭希良)·정렴(鄭磏) 등으로 다시 확산되어 나가는 전수 과정으로 파악하고 있다. 『해동전도록』에서는 또한 최승우 등의 도교적 연원을 전설적 인물인 종리권(鍾離權)에 두고 있는데 이 점은 다음과 같은 두 가지 목적을 위해 허구(虛構)된 것이다. 첫째로, 조선 도맥을 중국 도교에 접맥시킴으로써 존화적(尊華的) 견지에서의 정통성을 표명하고자 한 것이고 둘째로, 당대(唐代) 이후 발흥한 종려금단도(鍾呂金丹道) 및 전진교(全眞敎)의 도통선상(道統線上)에 있는 주요 인물인 종리권을 내세움으로써 조선 단학파의 수련 내용이 전진교 계통의 내단학임을 천명하고자 한 것이다. 이러한 의도와 관련하여 우리는 편찬자의 의식에 조선 중기 이후 강화된 성리학의 존화적 세계관이 침투하여 도교에 잠복하고 있는 국수 사상을 상당히 희석시켰다고 보지 않을 수 없다.

『청학집』의 경우 조선 단학파의 계보를 도식화시키지는 않았으나 그 연원을 환인(桓仁) 및 광성자(廣成子)에게 두고 있다. 다시 『해동이적』은 최치원 이후의 도맥을 『해동전도록』과 비슷하게 설정하고 있으나 연원에 있어서는 단군(檀君)을 비조(鼻祖)로 삼고 있다. 이밖에 『청학집』 계열의 인물인 이의백(李宜白)의 『오계일지집(梧溪日誌集)』에서도 단군 및 그 이후의 선인(仙人)들에 대해 논하고 있어 『해동전도록』을 예외로 하고 대부분의 선전(仙傳) 혹은 선사류(仙史類)의 저술에서 조선 단학파의 뿌리를 단군 신앙을 핵심으로 한 국수 사상에 두고 있음을 알 수 있다.

앞에서 『해동전도록』을 통하여 조선 단학파의 수련 내용은 종려금단도 곧 전진교 내단학일 것으로 시사된 바 있었다. 그러나 그 구체적인 내용을 알아보기 위하여 『해동전도록』과 『해동이적』 두 책에서 강조되어지고 있는 도서(道書)들 중 공통적인 것들을 뽑아 분석하여 보면 결론은 유보적이다. 『주역참동계(周易參同契)』·『황정경(黃庭

經)』·『심인경(心印經)』·『용호경(龍虎經)』 등 두 책에서 모두 표현하고 있는 도서들은 내단학 방면의 중요한 책들임에는 틀림없으나 딱히 전진교파만을 대변하는 입장의 책들이 아니기 때문이다.

조선 단학파는 비록 중국의 내단학을 수용하였으나 독자적인 성취를 이룩하여 주목된다. 정렴·권극중·서명응 등은 각기 내단학과 관련한 저술을 남겼는데 특히 정렴의 『용호비결(龍虎秘訣)』은 중국의 대표적 단경(丹經) 『참동계(參同契)』의 난삽함을 비판하고 이 땅의 초보자를 위해 처음 지어진 수련 입문서로서의 의의가 크다.

한국 관방 도교의 고유성

중국과 비교할 때 한국의 관방 도교는 한시적이고 국지적으로 존재했었다는 것이 표면상의 큰 차이이다. 다시 말해서 한국의 경우 관방 도교는 전국적인 교단 조직을 가지지 않고 시대에 따라 존망을 거듭했던 것이다. 이러한 전제적 특징 아래 그 역사를 개관하여 보면 삼국 시대에는 고구려를 중심으로 관방 도교가 이 땅에 비로소 정착을 하였고, 고려 시대에는 발전을 이룩하였다가 조선 시대에 쇠퇴의 길로 접어들었다고 말할 수 있다.

한국에 관방 도교가 존재할 수 있었던 이유는, 정치적 목적이라는 점에서 중국과 동일하지만 내용상 단순한 왕권 확립의 차원에 그치지 않고 자주적 국수 사상의 입장을 대변해 왔다는 점에서 큰 차이가 있다. 달리 말해 국내적으로는 왕권 확립을 위한, 대외적으로는 자주적 국권 유지를 위한 목적에서 관방 도교가 수용된 것이다. 이러한 입장에서 고구려 시기 관방 도교의 투쟁 대상은 불교였고, 고려 시기에는 유교였으나 조선 시기에는 마침내 유교에 의해 거세되고 말았다.

결론적으로 한국 관방 도교의 고유성은 중국 관방 도교와의 대비에서 대외적 자주 의식이라고 말할 수 있을 것인데 여기에는 설명을 요하는 문제가 있다. 즉 중국으로부터 전래한 관방 도교가 어떻게 중국에 대한 자주 의식을 보장하는 역할을 담당할 수 있겠는가 하는 의문이 그것이다. 이 점은 중국 도교의 본질에 대한 파악을 통하여 해명될 수 있을 것이다. 즉 중국 도교의 기원을 살펴볼 때 도교는 중원(中原) 지역에서 자생한 문화라기보다 변경으로부터 유입된 외래의 이족 문화(異族文化)로서의 성격이 짙다. 초기 도교의 중요한 경전들, 예컨대 『삼황내문(三皇內文)』·『참동계(參同契)』·『태평경(太平經)』 등이 모두 동방의 방사 계층에 의해 이루어졌다는 전설 및 사실이 이를 입증한다.[21] 따라서 도교가 근원적으로 갖고 있는 주변적, 이족적인 속성은 본질적으로 다원적인 가치성을 지향하게 되므로 한국 문화와 쉽게 동화되면서 자연스레 자주 의식의 입장에 선 대외 자세를 갖게 된다. 고구려의 당에 대한, 고려의 주변 강국들에 대한 도전적인 입장들과 같이 역사상 도교와 자주 노선의 정책과는 긴밀한 상호관련이 있다. 근래 천황제와 도교와의 긴밀한 관계가 밝혀진 바 있었지만, 관방 도교의 강력한 영향하에 성립된 일본의 왕권이 대외적으로 과시하였던 자주성은 이 문제에 대한 유력한 좌증(佐證)이 될 것이다.

---

21 『三皇內文』은 靑丘의 紫府先生에 의해(葛洪의 『抱朴子 · 內篇』, 卷18, 「地眞」), 『參同契』는 長白山의 眞人에 의해(『會慥』, 『道樞』, 卷34), 『太平經』은 燕 · 齊의 方士들에 의해(鄭在書, 「太平經의 성립 및 思想에 관한 試論」) 지어지거나 전수된 것으로 보인다. 『참동계』의 경우 장백산의 所在에 대해서는 山東 · 吉林 兩說이 있다.

한국 민간 도교의 역사적 전개

중국 민간 도교의 역사적 전개

민간 도교란 관방 도교에 대비되는 개념으로서 국가에 의해 공인된 조직 체계를 갖지 아니한 민간의 자발적인 도교적 신앙 형태 및 그 조직을 일컫는다. 방법적인 측면에서 관방 도교는 단정파(丹鼎派)적인 성향을 띠고 민간 도교는 부적(符籍)·방술(方術) 등에 치중한다 하나 확연한 구분 근거가 될 수는 없다. 민간 도교의 개념은 관방 도교에 비해 더 포괄적이고 광의적이다. 예컨대 우리는 조직화되지 않은 민간의 도교적 관습 혹은 신앙 형태 등에 대해서도 민간 도교라는 이름을 붙일 수 있다. 이 때문에 민간 도교는 민속·무속·신종교 현상 등과 연구 차원에서 경합적 관계에 놓일 수도 있다.

도교는 원래 무격(巫覡) 신앙에서 발전하였고 무격 신앙의 터전은 민간이었다. 따라서 도교의 첫 출발은 민간 도교이었다고 볼 수 있다. 『열선전(列仙傳)』과 같은 원시 도교 자료를 보면 초기 신선들의 직업은 떠돌이 약장사·목수·양치기·거지·어부·나뭇군·점장이·신기료·거울 가는 사람〔磨鏡人〕 등 다양한 하층 민중들의 일거리와 관계된다. 아울러 이들은 권위주의 역사에 굴복하지 아니하고 그들의 삶의 뿌리를 민간에 두고 있었다. 신선 최문자(崔文子)의 행적을 예로 들면 다음과 같다.

> 최문자(崔文子)라는 사람은 태산(太山) 사람이었다. 문자는 황로술(黃老術)을 좋아하였으며 잠산(潛山) 기슭에 살고 있었다. 나중에 누런 가루약과 붉은 환약을 만들고 석보(石父)의 사당을 지었다. 도시에 나가 약을 팔고 스스로 3백살이라고 하였다. 후에 돌림병이 돌아 죽은

백성이 1만명을 헤아리자 지방관이 문자를 찾아와 구제를 요청하였다. 문자는 붉은 깃대에다 누런 가루약을 매달고 집집마다 돌아다니니 그 가루약을 복용한 사람은 즉시 병이 나아 생명을 건진 사람이 1만명을 헤아렸다. 후에 그 곳을 떠나 촉(蜀) 땅에서 누런 가루약을 팔았다. 따라서 세상에서는 최문자의 붉은 환약과 누런 가루약이 실로 신묘하다고 하여 보배롭게 여겼다.

崔文子者, 太山人也. 文子世好黃老事, 居潛山下. 後作黃散赤丸, 成石父祠. 賣藥都市, 自言三百歲. 後有疫氣, 民死者萬計, 長吏文所請救. 文擁朱幡繫黃散, 以徇人間, 飮散者卽愈, 所活者萬計. 後去蜀賣黃散, 故世寶崔文赤黃散, 實近於神焉.[22]

신선의 민간에서의 이러한 치병(治病) 활동은 무의(巫醫)의 전통에서 유래하며 신선들의 대부분은 이러한 구제의 업적으로 인하여 민간에서 영웅시되거나 숭배된다. 이와 같이 민간의 무격 신앙으로부터 출발한 도교는 진시황 · 한무제 때를 중심으로 한 방선도(方僊道)의 시기를 거쳐 후한 후기에 이르면 민간 도교의 교리 체계와 교단 조직을 갖추게 된다. 전자는 곧 『태평경(太平經)』【그림 18】이고 후자는 오두미도(五斗米道)이다.

후한 순제(順帝) 무렵 방사(方士) 간길(干吉)에 의해 지어진 것으로 전해지는 『태평경』 170권의 내용은 한마디로 규정할 수는 없지만 무격 신앙으로부터 발전한 원시 민간 도교의 상황을 충실히 반영하고 있는 것으로 보아도 틀림이 없다. 사서(史書)의 다음과 같은 기록은 이 책의 그러한 특성을 시사한다.

---

22 『列仙傳』, 卷上.

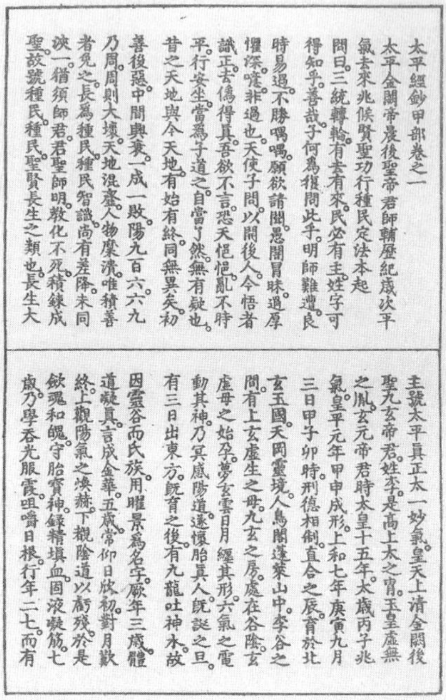
太平經鈔甲部卷之一
太平金闕帝晨後聖帝君師輔歷紀歲次平
氣去來兆候賢聖功行種民定法本起
問曰三統轉輪有去有來民必有主姓字可
得知乎善哉子何爲復問此乎明師難遭良
時易過不勝喁喁願欲請閒愚闇冒昧過厚
懼深嗟非過也天使子問以開後人今悟者
識正去僞得眞吾欲不言恐天悒悒亂不時
平行安坐當爲子道之自當了然無有疑也
昔之天地與今天地有始有終同無異矣初
善後惡中間興衰一成一敗陽九百六六九
乃周周則大壞天地混齏人物糜潰唯積善
者免之長爲種民種民智識尚有差降未同
浹一猶須師君君聖師明教化不死積鍊成
聖故號種民種民聖賢長生之類也長生大
主號太平眞正太一妙氣皇天上清金闕後
聖九玄帝君姓李是高上太之胄玉皇虛無
之胤玄元帝君時太皇十五年太歲丙子兆
氣皇平元年甲申成形上和七年庚寅九月
三日甲子卯時刑德相制直合之辰育於北
玄玉國天岡靈境人鳥閣蓬萊山中李谷之
間有上玄虛生之母九玄之房處在谷陰玄
虛母之始孕夢玄雲日月纏其形六氣之電
動其神乃冥感陽道遂懷胎眞人既誕之旦
有三日出東方既育之後有九龍吐神水故
因靈谷而氏族用曜景爲名字廠年三歲體
道凝眞言成金華五歲常仰日欣初對月歎
終上觀陽氣之煥赫下觀陰道以虧殘於是
飲魂和魄守胎寶神鍊精塡血固液凝筋七
歲乃學呑光服霞咀嚼日根行年二七而有

〈그림 18〉 민간 도교의 가장 오래된 경전인 『태평경(太平經)』.

그 말은 음양오행설을 근본으로 하고 무당들의 잡소리가 많다. 담당 관헌이 아뢰기를 궁숭(宮崇)이 바친 책이 요망스럽고 도리에 어긋난다 하여 결국 몰수 처분하였다.

其言以陰陽五行爲家, 而多巫覡雜語. 有司奏崇所上妖妄不經, 乃收藏之.[23]

오늘날의 검토에 의하면 『태평경』에는 도교의 대표적 우주론이라 할 원기론(元氣論)으로부터 부주(符呪) · 복식(服食) · 수일(守一) 등의 다양한 방술 및 수련법에 이르는 사항들이 나열되어 있다. 그러나 이념적으로는 당시 집권 계층의 부패를 비판하고 이상 사회의 건설을 도모하는 선명한 민중적 소망이 표출되어 있다. 그런데 흥미로운 것은 『태평경』에서는 여전히 무속 원리에 의해 사회 제문제의 발생과 해결을 설명하고 있다는 점이다. 다음의 기록이 그것이다.

그러므로 하늘이 문서를 내사 멀리 만리에 이르도록 행하여 그 말씀을 깨달아 선인을 권장하고 악인을 파악하고 원한 맺힌 것을 풀도록 하게 하였다.

---

23 『後漢書』「襄楷傳」.

故天出文書, 令使可遙行萬萬里, 得通其言, 以暢善人, 以知惡人, 以解寃結.[24]

〈그림 19〉 오두미도(五斗米道)의 초대 교주 장도릉(張道陵).

『태평경』의 도처에서는 이러한 '원결(寃結)'이 모든 시대적 문제를 야기하는 근원이며 원한을 푸는 일 곧 '해원(解寃)'이야말로 이상 세계 구현의 선결 과제임을 역설하고 있다.

『태평경』의 출현과 비슷한 시기에 민간 도교 교단으로 성립되었던 장도릉(張道陵)【그림 19】의 오두미도는 오늘날 학계에 의해 종교적 차원에서 이룩된 최초의 도교로 평가되고 있다. 오두미도 역시 입교시(入敎時) 쌀을 바치는 의식에서도 엿보이듯이 무격 신앙과 깊은 관련이 있다. 교주(敎主)인 장도릉은 교도들에게 『도덕경』을 암송하도록 하였으며 죄를 참회시키고 질병을 귀신의 소행으로 돌려 부수(符水)로써 치료하는 등의 종교 활동 이외에 도로를 수리하고 의사(義舍)라는 무료 숙박소를 설치하는 등의 사회 활동도 시행하였다. 아울러 오두미도는 그 세력이 커감에 따라 관할 지역을 24치(治)로 나누고 각 지역을 담당하는 제주(祭酒)라는 사제직(司祭職)을 마련하기도 하였다. 오두미도는 장도릉

24 王明, 『太平經合校』, pp. 467-68.

의 뒤를 이은 장형(張衡) · 장로(張魯) 등에 의해 계속 발전하여 촉지(蜀地)를 중심으로 정치적 기반을 형성하였다가 조조(曹操)의 정벌을 받기도 하였으나 후세에 천사도(天師道)와 정일교(正一敎)로 계승, 존속되어 갔다.

이미 『태평경』 및 오두미도에서도 그러한 조짐이 보였지만 민간 도교의 이념에는 이상 사회에 대한 민중적 소망의 반영이 현저하며 오두미도의 경우에는 그러한 종교적 이념이 어느 정도 사회적 실천의 방향으로 나아가고 있었던 것이다. 민간 도교의 이러한 경향은 정치, 사회적 상황이 최악의 경지에 달했던 후한 말에 이르러 고조되어 결국 대규모 종교 반란을 발생시키게 된다. 후한 영제(靈帝) 때 성립된 민간 도교 조직인 태평도(太平道)의 교주 장각(張角)이 일으킨 이른바 황건란(黃巾亂)이 바로 그것이다. 장각의 태평도의 내용은 다음과 같다.

> 처음 거록(巨鹿) 땅의 장각(張角)이 대현양사(大賢良師)라 자칭하며 황로도(黃老道)를 섬기고 제자를 양성하였다. 무릎 꿇고 죄를 참회하게 하고 부적 태운 물과 주문으로써 병을 치료하는데 많이들 나아서 백성들이 믿고 따랐다.
>
> 初, 巨鹿張角自稱大賢良師, 奉事黃老道, 畜養弟子. 跪拜首過, 符水呪說以療病, 病者頗愈, 百姓信向之.[25]

장각의 종교적 시술(施術)은 오두미도의 교법(敎法)과 거의 일치한다. 아울러 『후한서(後漢書)』「양해전(襄楷傳)」에서의, 장각이 간길의 『태평경』을 주요 경전으로 삼았다고 하는 내용으로 미루어 장각은

25 『後漢書』「皇甫崇傳」.

『태평경』으로부터 사회 개혁에 대한 많은 시사를 받고 오두미도로부터는 민간 도교의 포교 및 조직 방법에 대해 수용한 바가 있었을 것으로 생각된다. 그러나 위에 인용한 주술적 치병의례(治病儀禮) 같은 것은 민간 도교의 무의적(巫醫的) 전통에서 비롯한 것으로 『태평경』·오두미도·태평도 3자가 모두 공유하는 내용이다.

장각의 정치성을 띤 종교 반란은 결국 실패로 끝났지만 후한 이후 위진(魏晋)·남북조(南北朝) 시기에 이르기까지 민간 도교를 바탕으로 한 민중 반란은 끊이질 않는다. 예컨대 동진(東晋) 시기 이웅(李雄)과 범장생(范長生)에 의해 촉 땅에 수립된 성한(成漢) 정권은 일시적이나마 반란에 성공하여 그들 나름의 이상국을 건설하기도 하였으며 오두미도 신봉자인 손은(孫恩)과 노순(盧循)의 농민 반란은 동진 왕조의 운명에 결정적인 타격을 가하였다. 초기 민간 도교에 내재하였던 이러한 권위주의 역사에 대한 반항 정신 및 이상 사회에 대한 열망은 당 이후 전 도교가 관방화되어 가는 추세 속에서도 소멸되지 않아 민간 도교 자신 혹은 민간 도교와 합류된 타종교 및 비밀 결사를 기반으로 한 크고 작은 규모의 반란이 근대에 이르기까지 간헐적으로 계속되었다.

이미 관방 도교에 대한 부분에서 간략히 논하였지만 당·송 시기에 국교가 되어 절정에 달했던 관방 도교의 위세는 원대(元代)를 고비로 하락하기 시작하여 명·청대에 이르면 쇠퇴를 면치 못한다. 바로 이 시기에 과거의 민간 도교와는 성격이 다른 새로운 양식 및 개념을 지닌 민간 도교가 출현하여 성행하게 된다. 이 새로운 민간 도교의 성립 배경은 위진·남북조 이래 진행되어온 삼교합일 사조이다. 삼교합일 사조의 특징은 선별성(選別性)과 편의성(便宜性)이라는 관념상의 자유로움에 있다. 명·청 이후 관방 도교가 탄력을 잃게 되자 고답적인 내단학(內丹學)과 번잡한 재초의례(齋醮儀禮) 모두에 싫증을 느낀 민중들은 간편하고 기복적(祈福的)인 경향의 신앙 방식으로 나아갔다. 그리하여 주로 남송(南宋) 이후 삼교합일적인 취지에서 편성된 『태상감응편(太上感應篇)』·『문창제군음즐문(文昌帝君陰騭文)』·『관성제군각세진경(關聖帝君覺世眞經)』 등의 권선서(勸善書) 및 공과격류(功過格類)·보권(寶卷) 등이 크게 유행하게 되었다. 그러나 이러한 권선서류의 기원은 일찍이 도교의 유교화, 관방화를 추진하였던 갈홍(葛洪)의 『포박자(抱朴子)』에로 거슬러 올라가며 남송 이후 도·불 혹은 도·유 통합의 관방 도교였던 전진교(全眞教) 및 정명도(淨明道)의 강한 영향하에 성립된 것이기 때문에 지배 계층에서 지지를 잃은 관방 도교의 민간에로의 반사적 유출 내지 관방 도교 이념의 민간에로의 확산 등으로 볼 수 있는 것이지 엄격한 의미에서 전통적인 민간 도교의 부활이라고 볼 수는 없을 것 같다. 이 문제와 관련하여 민간 도교의 정의 및 고유적 성격에 대한 더 이상의 논의가 있어야 할 것이다.

이제까지 앞 부분에서의 관방 도교 및 이 부분에서의 민간 도교에 대한 고찰을 토대로 중국 도교의 전사적(全史的)인 견지에서 두 종파의 형세를 개관해 보면, 대략적으로 선진(先秦)으로부터 위진·남북조에 이르는 시기는 민간 도교가 번영했던 시대이고 당대 이후 근대까지는 관방 도교가 교권을 장악했던 시대라고 말할 수 있을 것이다. 이것은 본래 변방문화로서 중국에 전래되었던 도교가 고유의 이타성(異他性)을 상실하고 역사적으로 동화되어가는 과정으로도 설명될 수 있을 것이다. 민간 도교의 고유성이 거의 소진된 명·청 시기의 민중들에게 관방 도교의 전면화가 최초로 이루어졌던 시기인 당대의 신선 여동빈(呂洞賓)이 과거의 고선(古仙)들을 물리치고 찬란히 등장하여 새로운 민간 도교의 중심 인물로서 절대적 인기를 누리게 되는 것은 이러한 맥락에서 충분히 이해가 되고도 남음이 있다.

조선 후기의 민간 도교

조선 초기에 관방 도교가 몰락하고 유일하게 존속하였던 소격서도 임진왜란 이후 폐지됨에 따라 조선 후기 이후 이제 공식적인 관방 도교 조직은 존재하지 않게 된다. 아울러 사적(私的)인 계보로서 몰락한 관방 도교의 지위를 대신하였던 단학파의 활동도 조선 중기를 고비로 쇠퇴하여 조선 후기는 명실공히 민간 도교의 시대로 접어들게 되는 것이다.

그러나 조선 후기 민간 도교의 양상도 간단치 않다. 여기에서는 우선 형성적인 차원에서 조선 후기 민간 도교의 성립 배경에 대해 논하고자 한다. 먼저 관방 도교의 민간에로의 확산이다. 이 땅에 관방 도교가 성립된 이후 그중의 일부, 우리의 신앙과 습속에 잘 맞는 것은 관방으로부터 민간으로 확산되어나가 민속과 융합한 형태의 민간 도교 형식이 되었다. 이 과정은 관방 도교가 융성했던 고려 시기에 더욱 활발히 이루어졌을 것이다. 두번째로 중국 민간 도교의 자연스러운 유입이다. 한국은 역사 이래 중국과 국경을 접하고 있기 때문에 민간 문화 교류의 차원에서 자연스럽게 중국의 민간 도교가 한국에 흘러들어와 그중의 일부가 정착했을 가능성이 있다. 가령 고구려때 중국의 동북 해안을 따라 전파되어 온 오두미도 같은 경우가 그 실례이다. 마지막으로 조선 후기 이후 유교 윤리의 민간에의 정착이다. 앞의 두 가지가 조선 후기 민간 도교 성립의 간접적 배경이라면 이것은 직접적 여건이 될 것이다. 조선조 중기에 확립된 성리학의 윤리 · 규범은 향약(鄕約) 등의 교화 운동을 통해 후기에 이르러서야 민간에 뿌리를 내린다. 이것은 삼교합일적 사조와 송대 성리학의 영향하에 성립된 명 · 청대 민간 도교를 수용함에 있어 양호한 여건을 조성하게 된다.

전술한 두 가지 배경과 관련하여 우리는 조선 후기 민속 중의 민간 도교를 살펴보아야 할 것이고 마지막의 것은 조선 후기에서의 권선서(勸善書)의 유행과 상관될 것이다.

먼저 우리의 민간 신앙 중의 다음과 같은 신격(神格)들은 대부분 도교로부터 유래한 것들로 조선 후기 민간 도교로서의 고찰대상이 된다.[26]

① 옥황천존신(玉皇天尊神) · 옥황상제(玉皇上帝)
② 성신(星神) · 노성신(老星神) · 노신(老神) · 칠성신(七星神) · 일월성군신(日月星君神) · 문창제군신(文昌帝君神) · 남정성신(南正星神) · 용궁칠성신(龍宮七星神)
③ 선녀신(仙女神)
④ 산신(山神) · 산천신(山川神) · 산천장군신(山川將軍神)
⑤ 용신(龍神) · 사해용왕신(四海龍王神)
⑥ 수신(水神) · 수부신(水府神) · 수령신(水靈神)
⑦ 토지신(土地神) · 지신(地神)
⑧ 성황신(城隍神) · 서낭신
⑨ 오방신(五方神) · 오방신장신(五方神將神)
⑩ 신장신(神將神)
⑪ 명부시왕신(冥府十王神)
⑫ 조왕신(竈王神)

이중에서 근래까지도 민속에서 현저하게 신앙되었던 중요한 도교

26 金泰坤, 「韓國民俗과 道敎」 『道敎와 韓國文化』(정신문화연구원발표논문초고집, 1988), p. 112의 도표에서 인용.

〈그림 20〉 옥황상제(玉皇上帝). 『도교신선화집(道敎神仙畵集)』에서.

〈그림 21〉 구천응원뇌성보화천존(九天應元雷聲普化天尊). 은(殷)의 충신 태사(太師) 문중(聞仲)이 신격화된 존재이다.

적 신격으로는 옥황상제(玉皇上帝)【그림 20】· 칠성신(七星神) · 조왕신(竈王神) 등을 들 수 있다.

옥황상제는 고래의 천제(天帝) 관념과 동일시되어 정착된 것으로 보인다. 그러나 엘리아데(M. Eliade)의 이른바 '사라진 신'처럼 민중의 열렬한 기복적(祈福的) 신격은 아니었다. 인간의 생사에 대해 실제적 권능을 지닌 신으로는 오히려 칠성신이 더욱 숭배되었다. 칠성신은 무속에서의 북두성 숭배와 상관되어 쉽게 받들여졌고 이에 따라 『칠성경(七星經)』도 애독되었다. 조왕신은 다시 삼시설(三尸說)에 의한 수경신(守庚申)의 습속과 연관되는데 무속의 야장무(冶匠巫)와 발생론적인 관계가 있다. 도교는 본래 무속에서 기원하였으므로 칠성신 · 조왕신 등은 무풍(巫風)이 왕성한 우리의 토양에 쉽게 동화될 수 있었던 것이다. 『칠성경』에 대한 애독과 더불어 민중들에게 인기가 있었던 또 하나의 빼놓을 수 없는 경전은 『옥추경(玉樞經)』이다. 송대 도교 이후 중시되어 고려에 전래되었던 『옥추경』은 흔히 귀신 쫓는 책으로 알려져 있는, 주로 재액(災厄) 퇴치를 위하여 애독되었던 도서(道書)인데 저자는 구천응원뇌성보화천존(九天應元雷聲普化天尊)【그림 21】에 가탁(假托)되어 있다.

우리는 앞서 몇 개의 도서들이 특별히 이 땅에서 중시될 수 있었던 근거를 고찰해 보았다. 『옥추경』의 경우에도 설명가능한 근거가 있을 것이다. 구천응원뇌성보화천존은 명대의 저명한 도교계 신마소설(神魔小說)인 『봉신연의(封神演義)』에 등장하는 태사(太師) 문중(聞仲)이다. 은(殷) · 주(周) 간의 전쟁을 주제로 한 이 소설에서 문중은 은의 명장이자 충신이었지만 패배하여 죽는다. 그러나 강태공(姜太公)에 의해 구천응원뇌성보화천존으로 봉해져 신계(神界)에서 활약하게 된다. 무속에 기원을 둔 도교에서는 현실 역사에서의 패배자 · 희생자를 신격(神格)으로 추존하여 해원(解寃)의 무속 원리를 구현시킨다. 아울러 도교가 본래 지니고 있는 변방 문화적 특성은 유교의 중심주의를 거부하고 이족신(異族神)을 도교의 판테온(Pantheon) 속에 자리잡게 한다. 억울한 패배자였던 동방 민족 출신의 신격인 구천응원뇌성보화천존에 대한 조선에서의 특별한 애호는 이러한 관점에서 설명될 수 있다. 이것은 끊임없이 유전되어 온 국수 사상(國粹思想)의 민간 도교상의 표출이라 할 것이다.

민속으로서 뿌리를 박은 민간 도교의 여러 신앙 형태들과 더불어 조선 후기에 크게 유행하였던 또 다른 민간 도교 형식으로는 앞서 말한 바 있는 권선서가 있다. 조선 초기 태종 때 명 성조(成祖)가 『선음즐서(善陰騭書)』 6백부를 보내온 것이 기록상 권선서 유입의 효시가 된다. 이후 『경신록언석(敬信錄諺釋)』을 비롯 『관성제군명성경언해(關聖帝君明聖經諺解)』·『삼성훈경(三聖訓經)』·『과화존신(過化存神)』·『관성제군오륜경(關聖帝君五倫經)』 등이 출간되어 민간 대중으로부터 큰 환영을 받았다. 이중에서도 『경신록』에 실린 『태상감응편(太上感應篇)』·『문창제군음즐문(文昌帝君陰騭文)』 등이 권선서의 대표격이다. 이들은 충·효 등의 유교 윤리를 권선징악적 입장에서 강조하고 그 실천을 통해 복록(福祿)과 장수를 누릴 수 있다는 기복적 취지를 한결같은 내용으로 하고 있다.

그러나 이러한 권선서를 위주로 한 민간 도교의 흥기를 조선 전기에 몰락한 관방 도교의 민간에로의 확산으로 파악하는 종래의 단순한 인과론적 인식은 신중히 재고되어야 할 필요가 있다. 왜냐하면 권선서의 출현 배경 및 사상 내용을 검토하여 보았을 때 거기에서 우리는 유교적 통치 이념에 의한 교화 의도를 강하게 느낄 수 있을 뿐, 전통적 민간 도교가 지녔던 이상 사회에 대한 열렬한 소망 및 체제 비판적 속성을 감지하기 어렵기 때문이다. 이 점은 이들 권선서의 간행에 왕실[高宗]의 권장이 있었던 일이나 관제(關帝) 신앙의 경우 임진왜란 이후 국가의 적극적인 장려에 힘입어 민간에 부식(扶植)될 수 있었던 사실 등으로도 능히 입증될 수 있다.[27] 이와 같이 권선서를 중심으로 한 민간 도교의 성격이 조선 전기 관방 도교뿐만 아니라 전통적 민간 도교의 그것과

도 연계성이 약하다는 사실은 드러났지만 여전히 주목해야 할 한 가지 사항이 있다.

조선 후기에는 중국 선서만 유행한 것이 아니라 독자적인 선서도 편찬되었는데 1856년에 간행된 『각세신편팔감(覺世新編八鑑)』이 그것이다. 그런데 이 책의 전편을 통하여 가장 강조되고 있는 신앙 대상은 옥황상제 · 북두칠성 · 태을천존(太乙天尊) · 구천응원뇌성보화천존 등으로 집약된다.[28] 이러한 결과는 앞서 고찰한 바 있는, 한국 민속에서 숭배되었던 도교 신격의 경우와 거의 일치하여 결국 한국 민간 도교의 특성이 어디에 존재하고 있는가를 권선서를 통해서도 다시 한번 확인할 수 있게 된 것이다.

조선 말기의 민간 도교와 신종교

조선 말기, 권선서가 유행하고 도교의 중요한 신격들이 민속상의 신으로 자리잡아 가고 있을 무렵 민간 도교는 새로운 종교 운동과 깊은 관련을 맺고 변화를 모색하게 된다. 중국의 경우 왕조 말기와 같은 정치적 혼란기에 이상 세계의 건설을 약속한 민간 도교 운동들이 일어났다면 교단 도교가 존재하지 않는 조선에게는 그것이 이른바 신종교 운동을 통해 표출되었다고 볼 수 있을 것이다. 성리학적 질서가 해체되고 외세의 침입으로 인해 왕조의 운명이 경각에 달했을 때 구세(救世)와 민족 자존(民族自尊)의 기치를 내걸고 등장한 신종교로는 수운(水雲) 최제우(崔濟愚)【그림 22】의 동학(東學), 증산(甑山) 강일순(姜一淳)의

---

27 조선 말기 高宗 무렵의 민간 도교에 대한 장려는 왕비 閔氏가 총애했던 무당 眞靈君이 섬겼던 신이 關帝였던 사실과도 일정 정도 상관이 있을 것이다.

28 金洛必, 「朝鮮後期 民間道敎의 倫理思想」 『韓國道敎의 現代的 照明』(아세아문화사, 1992), p. 371.

증산교(甑山敎), 소태산(少太山) 박중빈(朴重彬)의 원불교(圓佛敎) 등을 대표로 들 수 있다. 이들 중 동학과 증산교를 중심으로 조선 말기의 민간 도교 현상을 살펴보기로 한다.

〈그림 22〉 수운(水雲) 최제우(崔濟愚).

동학은 강일순이 최제우를 선도(仙道)의 종장(宗長)으로 칭했을 정도로 도교적 요소가 농후하다. 최제우가 득도를 자각하게 되는 신비로운 체험부터 이미 상당히 도교적인 분위기에 휩싸여 있다. 어느 봄날 최제우는 갑자기 몸이 전율하며 자칭 상제(上帝)라고 하는 초월적 존재의 계시를 듣게 된다.

> 엎어지며 자빠지며 종종걸음 한창할 때 공중(空中)에서 외는 소리 물구물공(勿懼勿恐)하여스라. 호천금궐상제(昊天金闕上帝)님을 네가 어찌 알까보냐.[29]

호천금궐상제(昊天金闕上帝)는 도교의 최고신으로 이미 우리 민속에 수용되었던 옥황상제이다. 최제우의 이러한 종교 체험은 오두미도의 장도릉, 신천사도의 구겸지 등 중국의 초기 도교 교주들의 득도

29 崔濟愚, 『龍潭遺詞』 「安心歌」.

상황과 거의 비슷하다. 교주들은 신비 체험중에 신인(대개는 太上老君)으로부터 교법(教法)이나 경전을 전수받는다. 최제우의 경우도 부적과 주문을 부여받는다. 최제우와 도교 교주들의 이러한 공통적 체험은 양자의 뿌리가 무속에 있다는 사실을 의미하기도 할 것이다.

동학의 교법 중에서 가장 민간 도교적인 성격을 보여주는 것은 부주(符呪)의 사용이다. 이른바 영부(靈符)〔弓乙符〕는 최제우가 앞서의 명상 체험중에 상제로부터 받은 것으로 동학교도에게 있어서는 도교의 불사약이나 선약에 상응하는 중요한 의미를 지닌다. 다음과 같은 최제우의 술회를 보기로 한다.

> 내게 신령스러운 부적이 있나니, …… 내 또한 그 말씀에 느껴워 부적을 받아, 그려서 삼켜 먹으니 몸에 빛이 나고 병에 차도가 있어 마침내 선약인줄을 알게 되었노라.
>
> 吾有靈符, …… 吾亦感其言, 受其符, 書而呑服, 則潤身差病, 方乃知仙藥矣.[30]

미련한 이 인생아	네가 다시 그려내어
그릇 안에 살라두고	냉수 일배 떠다가서
일장 탄복하여스라.	이 말씀 들은 후에
바삐 한장 그려내어	물에 타서 먹어보니
무성무취 다시없다.	무자미지 특심이라.
그럭저럭 먹은 부(符)가	수백장이 되었더라.
칠팔삭(七八朔) 지내나니	가는 몸이 굵어지고

30 崔濟愚, 『東經大全』「布德文」.

검던 낯이 희어지네. 어화 세상 사람들아

선풍도골(仙風道骨) 내 아닌가. 좋을시고 좋을시고

이내 신명 좋을시고. 불노불사(不老不死) 하단 말가.[31]

상제의 강계(降啓)에 의해 부형(符形)을 보고 다시 종이에 그려 태운 다음 냉수에 타서 마셨더니 병이 나았다는 고백은 장도릉과 장각이 부수(符水)로써 치병 활동을 했던 사실과 일치한다. 이러한 주술적 행사는 가장 이르게는, 최고(最古)의 민간 도교 경전인 『태평경』에 이미 보인다. 아울러 최제우는 부수치병(符水治病)이 일률적으로 모든 사람에게 효과가 있는 것이 아니라 신심(信心)의 정도에 따라 달라질 수 있다는 사실을 부언(附言)한다.[32] 이 점마저도 동학은 중국 초기 민간 도교와 완전히 일치한다. 장각에 대한 기록이 그것이다.

> 광화(光和) 중에 동방에는 장각이 있었는데, …… 그는 태평도를 행하였다. 태평도에서는 대현양사(大賢良師) 장각이 구절장(九節丈)을 들고 부축(符祝)을 행하였는데 사람들로 하여금 머리를 조아려 반성케 하고, 부적 태운 물을 마시게 하여 병자가 금방 나으면 도를 믿는다 하고 낫지 않을 경우 믿지 않는다 하였다.
>
> 光和中, 東方有張角 , …… 角爲太平道. 太平道者, 師持九節丈, 爲符祝, 教人叩頭思過, 因以符水飮之, 得病或日淺而愈者, 則云此人信道, 其或不愈, 則云此人不信道.[33]

31 崔濟愚, 『龍潭遺詞』 「安心歌」.

32 崔濟愚, 『東經大全』 「布德文」: "書而呑服, 則潤身差病, 方乃知仙藥矣. 到此用病, 或有差不差, 故莫知其端. 察其所然, 則誠之又誠, 至爲天主者, 每每有中, 不順道德者, 一一無驗, 此非受人之誠敬耶."

〈그림 23〉 증산(甑山) 강일순(姜一淳).

이외에도 동학에서는 지상 천국을 지상 선계(地上仙界)라 하고 이룩해야 할 최종의 과업으로 삼았으며 지선(地仙)에 상응하는 지상 신선(地上神仙)의 개념을 제시하였다. 물론 동학의 이러한 도교적 용어의 함의(含意)가 당세적 의식의 투영으로 환골탈태(換骨奪胎)되었다고 말할 수도 있겠으나[34] 원관념상(原觀念上) 다른 어느 시기보다도 중국 초기 민간 도교의 그것과 닮아 있다는 사실을 부인하기는 어려울 것이다.

증산교(甑山教)의 경우에도 우리는 동학 이상의 민간 도교적 요소를 발견하게 된다. 우선 강일순 자신【그림 23】은 도교적 구세주라 말할 수 있을 정도로 도교적 상징에 의해 수식된 인물이다. 스스로를 옥황상제의 현신으로 선언하기도 하였지만, 태어날 때 선녀가 나타나고 등에 칠성문(七星紋)이 있었다는 신이담(神異譚) 등은 이를 웅변한다. 심지어 그의 아호(雅號)인 증산(甑山)도 고향의 증봉(甑峰)과 중의적(重義的)으로 『참동계(參同契)』의 '증산(甑山)'에서 취했을 가능성도 있다.[35]

강일순의 구세(救世) 운동은 최제우와 마찬가지로 결국 지상 선경(地上仙境)의 건설을 목표로 한다. 이러한 이념은 『태평경』 이래 위

---

33 『三國志』「張魯傳」注引『典略』.

34 尹錫山, 「東學에 나타난 道教的 要素」『道教思想의 韓國的 展開』(아세아문화사, 1989), pp. 342-43.

35 魏伯陽, 『參同契』: "升熬於甑山兮, 炎火張於下. 白虎唱導前兮, 蒼龍和於後."

진 · 남북조 시대 사이에서 활약했던 민간 도교 교파들의 천년왕국설(千年王國說)적 주장과 상통한다. 아울러 강일순은 최제우보다도 더 적극적이고 다양하게 민간 도교의 취지와 방술을 수용하여 자교의 교리와 교법을 체계화시켰다.

〈그림 24〉『현무경(玄武經)』의 오부도(五符圖).

증산교의 요체는 해원사상(解寃思想)이다. 무속의 이른바 '한풀이'에 뿌리를 두고 있는 이 이론은 역시 무속에 발생론적 근거를 갖고 있는 민간 도교 사상에 일찍이 출현하였다. 『태평경』에서는 '원한 맺힘(寃結)'이 세상의 온갖 부조리, 불합리의 근원임을 도처에서 역설하고 있으며 이의 해소 즉 '해원결(解寃結)'을 강조한다.

강일순은 또한 『현무경(玄武經)』【그림 24】을 지어 누구보다도 다양한 부적을 창안하였는데 『태평경』 권104-107에서의 방대한 양의 부적 즉 복문(複文)을 제작하였던 취지와 비교되어 흥미롭다【그림 25】. 강일순의 부적 사용법도 불에 살라 물에 타먹는 이른바 '탐복(呑服)'의 방식으로 중국 초기의 민간 도교 및 동학과 동일하다.

강일순은 주문 수련에 있어서도 태을주(太乙呪)를 비롯 선령주(仙靈呪) · 신장주(神將呪) · 절후주(節候呪) · 시천주(侍天呪) · 칠성주(七星呪) 등 다양한 주법을 구사하였다. 이중의 대표격인 태을주에서 기구(祈求)하는 대상은 태을천상원군(太乙天上元君)으로 북두성과 관련된

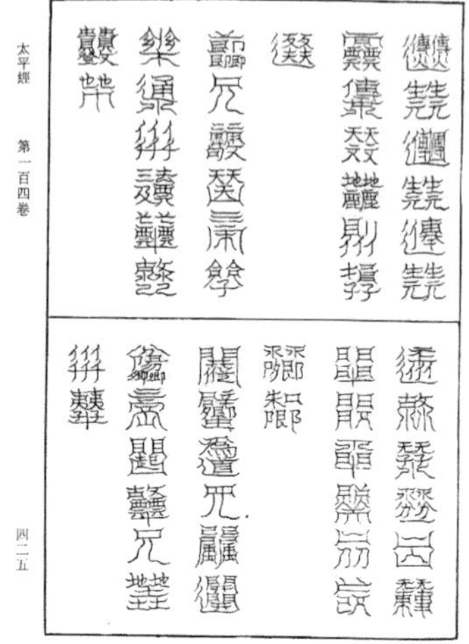

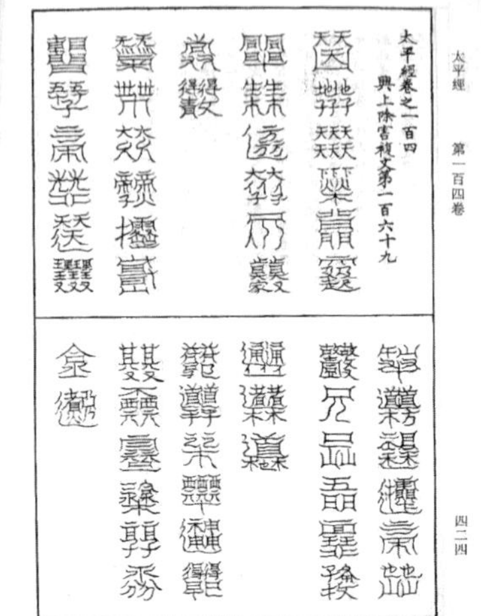

〈그림 25〉『태평경(太平經)』에 수록된 부적들. 복문(複文)이라고도 한다.

도교의 최고 신격이다.

강일순은 옥황상제의 칭호 이외에 천사(天師)라고도 자주 불리웠다. 천사라는 용어 역시 『태평경』에서 처음 출현하여 이후 주로 장도릉의 오두미도 계통에서 교주를 일컬을 때 사용되었다.

앞에서 검토한 여러 가지 사실들을 종합하여 볼 때 동학과 증산교는 그 구세의 이념과 방법적인 차원에서 구체적인 사항에 이르기까지 중국 초기의 민간 도교와 상당히 닮아 있음을 알 수 있다.[36] 특히 증산교의 경우는 현존하는 민간 도교의 가장 오래된 경전인 『태평경』과 기본 교리 및 교법상 상통하는 점이 많아 민간 도교의 실체 규명에 시사하는 바가 크다 할 것이다.

36 이밖의 도교와 증산교의 관련성에 대한 상세한 논의는 김탁, 「한국종교사에서의 도교와 증산교와의 만남」『道敎의 韓國的 受容과 轉移』(아세아문화사, 1994) 참조.

한국 민간 도교의 고유성

한국 민간 도교의 역사를 개관하여 보면 조선 전기까지는 관방 도교의 공식적인 존재와 자료상의 제약으로 상세히 논하기가 어렵고 결국 조선 후기부터 그 양상을 파악할 수 있게 된다. 이것은 당대(唐代) 이전까지는 민간 도교의 시대였으나 그 이후는 관방 도교의 시대여서 민간 도교가 위축을 면치 못했던 중국 도교의 전반적인 상황과는 상반된다.

조선 후기, 소격서의 폐지로 상징되는 관방 도교의 소멸과 함께 등장한 민간 도교의 형세는 대략 민속상의 도교 신앙과 권선서 신앙의 두 갈래로 파악된다. 이중 후자는 유교 윤리 규범의 도교적 재현이라 할 만하다. 그러나 양자의 경우 모두 신앙하는 주요 도교 신격에 있어서는 일치를 보였는데 이 점이야말로 한국 민간 도교의 고유성의 표현이라 할 것이다. 다시 말해서 양자에서 특별히 숭배되고 있는 칠성 · 구천응원뇌성보화천존 등의 신격은 한국의 기층 종교인 무속과 상관이 있거나 도교의 동방 이족 계통(異族系統)의 신에 속하여 선호된 것으로 보인다. 이 점은 중국 도교의 초기 주요 경전들이 동방의 방사 계층에 의해 성립되었던 사실과 같은 맥락에서, 중국 도교의 주요 신격들이 동방의 이족 계통의 신들로부터 유래했던 사정과 연원적으로 상관된다.

중국 도교사적으로 전형적인 의미에서의 민간 도교적 특성을 잘 구현한 것은 조선 말기에 대두한 동학 · 증산교 등의 신종교들이었다. 이들은 이념에 있어서는 구세적(救世的)이고 교법에 있어서는 주술적이었던 중국의 초기 민간 도교와 많이 닮아 있는데 특히 증산교의 경우는 가장 원시적인 민간 도교성을 반영하는 『태평경』에까지 그 관련성이 거슬러 올라간다. 이와 같이 조선 말기에 성립된 신종교들이 중국에서는 거의 소멸된 초기 민간 도교의 원시적인 성격을 그대로 간직하고 있다는 사실은 중국 및 한국 도교의 기원 문제와 긴밀히 상관되며 결과에 따라서는 그 자체가 한국 민간 도교의 고유한 특성으로 간주될 수도 있을 것이다.

한국 도교의 고유성

서론부에서 한국 도교학의 현황을 개관하면서 우리는 중국 도교에 대한 1차 연구 역량의 배양이 당면 과제임을 인식하였고 나아가 이 문제가 한국 도교의 고유성을 규정함에 있어 관건이 되고 있다는 논리적 귀결에 이르렀다.

이러한 문제 의식을 전제로 하고, 이 글의 논의는 관방 도교와 민간 도교라는 두 가지 방면에서의 중국 도교의 역사적 전개를 의식하면서 한국 도교의 시기별 발전과 특징을 대비적으로 고찰하였다. 변별적인 차원에서 행해진 논의를 통하여 한국 도교의 고유성에 관해 다소 얻어진 결론을 귀납하면 다음과 같다.

첫째, 한국의 관방 도교는 한시적이고 국지적으로 왕권 및 대외적 자주성의 확보를 위해 존재하였다. 이 점에서 특히 한국의 관방 도교는 정연한 조직 체계를 이루지 못했던 국수 사상의 제도적 화신 혹은 대체제도(代替制度)로서의 역할을 담당했던 것 같다.

둘째, 한국의 민간 도교에서는 중국 도교의 신보(神譜) 중 동방 이족신계(異族神系)를 선별하여 숭배하는 경향이 있다. 구천응원뇌성보화천존(九天應元雷聲普化天尊), 칠성과 관련한 태을신(太乙神) 등이 그것이다.

셋째, 한국의 민간 도교는 동학 · 증산교 등의 신종교로 발전하였고 이들에 투영된 한국의 민간 도교는 그 이념 및 교법에 있어서 중국 민간 도교의 원시 형태에 가깝다. 특히 『태평경(太平經)』과 증산교와의 관계는 주목된다.

앞서의 논술은 관방 도교와 민간 도교를 구분하는 입장에서 개별적인 고유소를 중심으로 진행되어 왔지만 이제 두 가지 입장과 제요소들을 통합하는 차원에서의 메타-논의가 있어야 한다고 생각한다.

한국 도교를 전사적(全史的)인 견지에서 거칠게 종관(縱觀)해 보면 중국 도교의 진행과는 반대로 관방 도교로부터 출발하여 민간 도교로 이행해 나갔고, 다시 민간 도교로부터 신종교로 갱신을 이룩했음을 알 수 있다. 여기에서 그 의미를 심각히 검토해야 할 부분은 민간 도교-신종교 사이의 역사적 관절이다.

조선 말기, 왕조의 멸망을 눈앞에 두고 정치의 타락, 사상의 동요, 외세의 잠식 등의 위협적이고도 암울한 상황에서 자발적으로 울연(蔚然)히 일어나 구세와 민족 자존의 기치를 내걸었던 것이 신종교 운동이었다. 이러한 신종교 운동의 민간 도교성은 조선조 이후 관방 도교의 몰락과 더불어 자신의 이념을 표상해 온 대체 제도를 상실한 국수 사상이 미증유의 국난에 임하여 민간 도교의 이념과 형식을 빌어 그 동안 억압되어 왔던 실체를 드러내보인 것으로 설명될 수 있을 것이다. 그래서 나타난 본래의 모습은 머나먼 옛적 동방의 방사(方士)들에 의해 편집된 『태평경』과 원시성을 공유하게 된 것이리라. 앞으로 이러한 잠정적인 가설들을 논구를 통해 점차 증득(證得)해 나가기로 하며 논의를 맺는다.

Ⅴ. 한국 도교 문학에서의 신화의 전유(專有)

서사 지식(敍事知識)으로서의 도교

도교의 기원에 대해서는 여러 가지 가설이 있을 수 있겠으나 문헌상 도교의 발생을 확증할 수 있는 가장 이른 역사적 사실로는 전국(戰國) 중 · 후기 발해만(渤海灣) 일대에서 유행한 신선설(神仙說)을 들 수 있다. 그런데 원시 도교가 이렇게 설화적 내용과 형식을 통하여 자신의 모습을 드러냈다는 점은 중요하다. 삼신산(三神山) 전설을 중심으로 한 전국 시기의 신선설은 진(秦) · 한(漢) 시기에 가서도 더욱 증폭된다. 그리고 위(魏) · 진(晋) 시기에 이르면 도교의 구술적(口述的) 상관물(相關物)이라 할 지괴(志怪)라는 최초의 소설 서사를 낳게 되며 이후에도 도교의 설화성은 계속 유지된다. 우리는 『도장(道藏)』내에서 상당한 비중을 차지하고 있는 신선 전기류에 대해 주목할 필요가 있지만 사실상 '불사(不死)'라는 신화적 주제를 끊임없이 주장하고 그것을 설득하고 있는 『도장』 전체가 하나의 방대한 설화 체계라고 말하여도 좋다.

설화란 우리에게 있어 어떠한 논리적 형식보다 선행하는 최초의 인식론적 범주이다. 도교는 출발부터 우리에 내재한 설화적 인식 체계를 향해 그 유효성을 호소하여 왔다. 이러한 의미에서 도교의 입장은 설화주의(說話主義)라고 부를 만하다. 유교가 "괴이하고 허망한 일들을 말하지 않는다(不語怪力亂神)"는 취지하에 사실상 설화주의를 배격한 것과는 대조적이다. 도교가 설화주의를 채택할 수밖에 없었던 것은 원시 도교의 담당자인 무사(巫師) 혹은 방사(方士)가 결코 지배 계층이 아니었으며 발생 토양 역시 중원이 아닌 변방이었기 때문이다. 다시 말해서 방사 등이 보유하고 있는 주변 문화의 지식이란 왕조의 보편 이념이나 관방의 체계화된 언술과는 거리가 있는, 리오타르(J. F. Lyotard)의 이른바 '서사 지식'으로서의 성격을 지닌 것이었다. 리오타르에 의하면 서사 지식은 논증에 의존하지 않고 전달의 화용론(話用論)에 의해 스스로 신뢰를 회복한다.[1] 도교가 줄곧 강한 설화성을 보유하고 있으며 방사들의 설화주의가 소설 서사의 발생을 추동하였던 사실[2] 등은 모두 도교의 서사 지식으로서의 성격과 상관된다.

도교가 이와 같이 설화주의의 입장에 설 때 여기에서 우리는 가장 이른 서사체인 신화와 도교와의 긴밀한 관련성에 대해 생각하지 않을 수 없다. 신화의 원형성 및 보편성은 설화주의의 정당화를 위한 훌륭한 근거가 되기 때문이다. 신화와 도교와의 관련성은 다시 두 가지 측면에서 고려해 볼 수 있는데 한 가지는 신화의 측면으로, 신화에서 도교로의 전변(轉變)을 살피는 것이고 다른 한 가지는 도교의 측면으로, 도교에 의한 신화의 전유(專有)[3]를 살피는 것이다. 전자의 경우에 대해서는 칼텐마크(Maxime Kaltenmark) · 장광직(張光直) 교수 등의 논구를 예로

---

1 장-프랑수아 리오타르, 『포스트모던적 조건』(서광사, 1992), 이현복 옮김, pp. 59, 66-68.

2 鄭在書, 「試論中國小說的文化定位」 『文化與文本』(北京: 中央編譯出版社, 1998), 葉舒憲 主編, pp. 129-41 참조.

3 專有는 본래 탈식민주의의 전략에서 중심 문화의 언어를 소유해서 재구성하는 작업을 의미한다. 즉 언어를 권력의 매개체로 보고 중심 문화의 支配言述을 식민지의 언술로 대체하는 것을 말한다. 그러나 이 글에서는 이 개념의 정치적, 언어적인 측면을 捨象하고 도교가 신화를 수용, 자기화하는 문화적인 측면에서 활용하였다.

들 수 있다. 가령 칼텐마크 교수는 『산해경(山海經)』 혹은 동이계(東夷系) 신화 등에서 현저한 조인일체(鳥人一體) 모티프가 후대 도교에서의 우인(羽人)·선인(仙人) 등의 형상으로 변천해 가는 과정을 살핀 바 있고,[4] 장광직 교수는 은대(殷代) 무사(巫師)의 주술적 비상(飛翔)을 도왔던 청동기상의 동물적 조력자(helper)의 신화적 기능이 후대 도교에서의 비상의 법술(法術)인 승교술(乘蹻術)로 발전해 간 것으로 추측했다.[5]

반면 후자의 경우에 대해서는 메어(Victor Mair) 교수의 논구를 예로 들 수 있다. 메어 교수는 창조 신화, 홍수 신화적 성격을 띤 남방 소수 민족의 호로(葫蘆) 신화가 중국에 유입된 후 도교에 의해 우주론적으로 전유되었다고 주장하였다.[6] 한편 원가(袁珂)는 신화의 선화(仙話)로의 변천을 선화에 의한 신화의 오염이라는 차원에서 해석하였는데[7] 이데올로기적 관점을 빼고 말한다면 전변(轉變)과 전유(專有)를 같은 현상으로 보는 입장이다. 사실 전변과 전유 이 두 가지 현상은 마치 동전의 앞뒷면처럼 동일한 실체를 어떤 입장에서 보았느냐에 따라 달리 해석되는 것일 뿐 근본적으로 양자를 엄격히 구분할 근거가 있는 것은 아니다. 이 글에서는 다만 도교의 입장에서 신화의 수용을 살피려 하는 것이기 때문에 전유의 차원에서 논의를 진행하고자 한다.

---

4 Maxime Kaltenmark, *Le Lie-Sien Tchouan*(Universite de Paris Centre detudes Sinologique de Pekin, 1953), pp. 12-19.

5 K. C. Chang, *Art, Myth, and Ritual: The Path to Political Authority in Ancient China*(Cambridge: Harvard University Press, 1983), pp. 65, 73 및 張光直, 「濮陽三蹻與中國古代美術上的人獸母題」 『中國青銅時代(第2集)』(臺北: 聯經出版公司, 1990), pp. 91-97 참조.

6 Victor H. Mair, 「Southern Bottle-Gourd(hu-lu 葫蘆) Myths in China and Their Appropriation by Taoism」 『中國神話與傳說學術硏討會論文集(上)』(臺北: 漢學硏究中心, 1996), pp. 185-229.

7 袁珂, 「仙話: 中國神話的一個分枝」 『民間文藝季刊』(1988), 제3기, p. 14.

그리하여 중국 도교의 경우처럼 한국 도교에서의 신화의 전유 문제를 도교 문학의 차원에서 탐구해 보고자 한다. 중국 도교와의 대비적 견지에서 한국 도교 문학에서 신화가 어떻게 전유되었는가를 살핌으로써 한국 도교 문학의 특성뿐만 아니라 한국 도교의 기원, 고유한 의식 형태 등에 대해 유용한 시사를 얻고자 하는 것이 이 글의 목적이다. 그러나 한국의 도교 문학을 대상으로 한다고 할 때 그 소재는 상당히 광막(廣漠)할 수 있다. 이 글에서는 논구의 범위를 우선 시가 문학(詩歌文學)과 소설 · 설화 문학으로 나눈 다음 자료는 고려(高麗) · 조선(朝鮮) 시기의 한문학(漢文學) 중 도교계 혹은 방외(方外)의 유파(流派)나 문인들의 작품을 우선적으로 선택하고 일반 문인들의 작품 중에서도 유선적(遊仙的) 취지가 농후한 것을 일단 고찰 대상에 포함시켰다. 그리고 이들 도교 문학 작품들 중에서 다시 신화가 소재로 기능한 경우만을 추려 최종 분석 대상으로 삼았다.

한국 도교계 시가에서의 신화의 전유

고려 시대 이전에 있어서 도교와 관련된 한문학 자료는 영쇄(零碎)하기 그지 없다고 말해야 할 것이다. 개인 문집으로서는 통일신라의 입당(入唐) 유학생인 최치원(崔致遠, 857-?)의 『계원필경집(桂苑筆耕集)』 정도가 유일한 자료로서 남아 있는 상태이기 때문에 도교 문학을 운위(云謂)하기 어려운 실정이다. 고려조에 들어와 과거제의 시행 이후 관방 문인이 배출되고 문인 집단이 형성되면서 유파 혹은 개인의 취향에 따라 도교적 상상 세계를 다룬 작품이 다수 출현하게 된다. 고려 시대에는 예종(睿宗, 1105-1122) 때에 도관(道觀)인 복원궁(福源宮)

〈그림 26〉 춘천의 청평사(清平寺). 이자현(李資玄)이 은거한 이래 고려 · 조선에 걸쳐 도인들의 거점이었다.

을 건립하는 등 국가적 장려에 힘입어 도교가 크게 진작(振作)되었고, 이에 따라 청담(淸談) · 유선(遊仙) · 은일(隱逸) 등의 생활을 지향하는 기풍이 생겨 도교 문학이 성립할 수 있었던 것이다.[8] 예종 시기에 은거(隱居) 혹은 도행(道行)으로 이름 높았던 청평거사(淸平居士) 이자현(李資玄)【그림 26】과 금문우객(金門羽客) 곽여(郭輿) · 이중약(李仲若) 등, 그리고 무인정권(武人政權) 시기에 어수선한 현실로부터 일탈(逸脫)하고자 죽림칠현(竹林七賢)을 모방, 죽림고회(竹林高會)를 결성했던 오세재(吳世才) · 이인로(李仁老) · 임춘(林椿) 등의 죽고칠현(竹高七賢)이 이러한 도교 문학의 담당자들이다.

이들 중 우선 임춘의 「기몽(記夢)」이란 작품에서 도교에 의한 신화의 전유 현상을 살펴보기로 하자.

---

8 李鍾殷 · 梁銀容 · 金洛必, 「高麗中期 道教의 綜合的 研究」 『道教思想의 韓國的 展開』(아세아문화사, 1989), pp. 59-99 참조.

我夢乘風到月宮,	꿈 속에 바람을 타고 월궁(月宮)에 이르러,
排門直捉姮娥問.	문을 밀치자 곧장 항아(姮娥)를 붙들고 물었네.
奈何使爾司春桂,	어찌하여 그대에게 계수나무를 맡겼더니,
與奪不公人所慍.	주고 뺏음이 불공평해 사람들이 성을 내나.
低頭再拜謝我言,	머리 숙여 재배하고 내게 사과해 말하기를,
妾不愛憎皆委分.	제가 좋아하고 미워해서가 아니라 모두 분수대로입니다.
紫府今書君姓字,	자부(紫府)에는 지금도 그대의 이름이 써 있거니,
曾陪王母遊閬苑.	과거에는 서왕모(西王母)를 모시고 곤륜산(崑崙山)에서 놀기도 했었지요.
也爲輕狂多負過,	경박한 짓을 해서 잘못을 많이 저질러,
帝令謫謫方知困.	상제(上帝)의 명으로 귀양 보내져 고생 좀 하게 된 것이지요.
從此文星不在天,	이 때부터 문창성(文昌星)이 하늘에서 없어졌지만,
世人誰識塵中隱.	세상의 누구도 속세에 숨은 것을 알아보지 못했습니다.
四海詩名三十秋,	천하에 시명(詩名)을 날린 지 30년,
燒丹金鼎功成近.	연단(煉丹)의 공업(功業)도 거의 이루셨은 즉.
留着高枝且待君,	높은 가지 남겨놓고 그대를 기다릴 터이니,
明年折取應無恨.[9]	내년에 꺾어 가져도 유감은 없을 겁니다.

본래 천상의 문창성(文昌星)이었던 작자가 잘못을 저질러 인간 세

9 林椿, 『西河集』, 卷1, 「記夢」.

〈그림 27〉 항아(姮娥). 활 잘 쏘는 영웅 예(羿)의 아내로 불사약을 먹고 달로 가 선녀가 되었다. 두꺼비가 되었다는 설도 있다. 명(明) 당인(唐寅)의 「항아집계도(姮娥執桂圖)」.
〈그림 28〉 요지(瑤池)에 강림하는 서왕모(西王母). 청(淸) 임훈(任薰)의 「요지예상도(瑤池霓裳圖)」.

상에 적강(謫降)하였지만 문명(文名)을 떨치고 수련에도 성공하여 다시 선계(仙界)로 복귀하게 된다는 내용을 월궁(月宮) 항아(姮娥)【그림 27】의 입을 빌어 얘기하고 있다. 위의 시는 임춘이 자신의 회재불우(懷才不遇)의 심경을 도교의 성수신앙(星宿信仰)과 적강 모티프를 빌어 서사(抒寫)한 것이다. 우리는 이 시에서 두 개의 신화가 도교에 의해 전유된 것을 확인할 수 있는데, 하나는 영웅 예(羿)의 처 항아의 신화이고 다른 하나는 곤륜산(崑崙山)의 여신 서왕모(西王母)【그림 28】의 신화이다. 예와 서왕모의 신화는 『산해경』에서 별개의 신화 계통이었으나 한대(漢代)의 『회남자(淮南子)』

에 이르면 스토리의 통합이 이루어진다.

즉 예가 서왕모에게서 얻은 불사약을 항아가 훔쳐 달로 도망간다는 『회남자』에서의 이야기[10]는 이미 도교에 의한 신화의 전유가 일어났음을 보여준다. 이 시에서는 항아 · 서왕모가 선인으로, 달과 곤륜산이 각각 월궁과 낭원(閬苑)이라는 선계 공간으로, 완전한 도교적 윤색이 이루어지고 있다. 이와 같은 항아와 서왕모 신화의 동시 전유는 이인로(李仁老, 1152-1220)의 작품에서도 보여진다. "복숭아 익자 서왕모 시켜 바치게 하고, 새로운 곡조는 항아보고 전하게 하네(桃熟已敎金母獻, 曲高新自月娥傳)"[11]라는 구절이 그것이다. 이 밖에도 고려 후기 문인인 이제현(李齊賢) · 이숭인(李崇仁) 등의 선시(仙詩)에서는 견우 · 직녀 · 항아 · 약수(弱水) 등 신화와 민간 전설의 전유가 눈에 띈다. 한국에는 삼국 시대 초기부터 이미 『산해경』과 같은 신화서가 전래되어 고대 문인들에게 있어서 중국 신화는 낯설지 않은 소재로서 운용(運用)이 자재(自在)로웠음을 알 수 있다.

조선 전기에는 국립 도교 기관인 소격서(昭格署)를 중심으로 과의(科儀)가 베풀어졌고 일부 사족(士族) 계층에서는 내단(內丹) 수련과 아울러 도교에 대한 진지한 학술적 탐구를 시도하는 경향이 생겨났다. 조선 전기 단학파(丹學派)의 개조(開祖)라 할 김시습(金時習, 1435-1493)은 『금오신화(金鰲新話)』를 지은 저명한 소설가이기도 한데 다음과 같은 선시를 남겨 주목된다.

玄都觀裏看花郎, 　　현도관(玄都觀) 안에서 꽃구경하는 이,

10 『淮南子』「覽冥訓」: "羿請不死之藥於西王母, 姮娥竊以奔月, 悵然有喪, 無以續之."
11 徐居正, 『東文選』, 卷13, 「文機障子」.

詩賦風流耀一鄕.	문장과 풍류가 한 고을을 빛냈었네.
暫屈玉堂揮翰手,	잠시 옥당(玉堂)의 글솜씨를 굽혀,
來參見闕煉砂房.	도관(道觀)의 수련실(修鍊室)에 왔거니,
洞門深鎖看周易,	마을 문 깊이 잠그고 『주역(周易)』을 보고,
丹竈牢封禮紫皇.	단약(丹藥) 솥을 밀봉하고 옥황(玉皇)께 기도하네.
異日登瀛攀鳳扆,	훗날 삼신산엘 가고 봉황을 타게 된다면,
刀圭分與濟黔蒼.[12]	조금씩 약을 나누어 백성들을 구제하시길.

김시습이 삼청동(三淸洞)에 있는 소격서의 한 도인에게 준 시이다. 문학적인 재능이 뛰어났던 그 도인은 한때 궁정 문인으로 활약하기도 했으나 이제는 도관에 들어와 수련에 몰두하고 있다. 시인은 이 도인이 득도하여 자기완성에 그치지 않고 많은 사람들을 구제하는 공덕을 베풀기를 희망한다. 아니 시인은 궁극적으로 수행이란 이타행(利他行)이라는 것을 말하고 싶었는지도 모른다. 그런데 첫 구 "玄都觀裏看花郞" 에 대해서는 다른 독해도 가능하다. 즉 '看花郞' 에서 '花郞' 을 한 단어로 볼 경우 "현도관 안에서 화랑을 보니" 라는 번역이 가능한 것이다. 김시습은 이 귀절에 대해 중의적(重義的)인 태도를 취함으로써 또 다른 해석의 가능성을 열어 두었는지도 모른다. 새로운 번역에 의할 경우 김시습은 소격서의 도인과 화랑을 동일시하는 셈이 된다. 화랑은 신라 고유의 청년 결사(靑年結社)이자 수련 집단의 지도자급 인물을 일컫는 말이다. 최치원은 일찍이 난랑(鸞郞)이라는 화랑을 위한 비문(碑文), 즉 「난랑비서(鸞郞碑序)」에서 이 수련 집단을 '풍류(風流)' 라고 부

12 金時習, 『梅月堂集』, 卷3, 「贈三淸監點」.

르고 그것의 삼교회통(三敎會通)적인 취지를 강조한 바 있다.

앞의 시에서 김시습은 「난랑비서」를 의식한 듯 첫 구의 '화랑'에 이어 둘째 구에서는 '풍류'를 언급하고 있다. 아울러 마지막 구의 현실 참여적인 취지도 「난랑비서」의 회통적인 의미와 상응하고 있는 듯하다. 김시습이 고대 한국의 토착 종교를 도교적 이미지 속에 위치시킨 것은 앞서 살펴본 바 중국 신화 위주의 전유를 벗어나서 흥미롭다 하지 않을 수 없다.

조선 단학파는 김시습 이후 홍유손(洪裕孫, 1452-1529) · 정희량(鄭希良, 1469-?) · 정렴(鄭𥖝, 1506-1549) · 정작(鄭碏, 1533-1604) · 박지화(朴枝華, 1513-1592) 등을 배출하고 이들은 대부분 시인으로서도 저명하여 많은 선시를 남기게 된다. 이들 중 홍유손의 작품 중에는 앞서의 김시습의 시처럼 한국의 신화 및 종교를 전유한 것이 있다.

生先檀帝戊辰歲,	단군(檀君)이 제위(帝位)에 오르신 때보다도 더 일찍 태어나서,
眼及箕王[13]號馬韓.	준왕(準王)이 마한(馬韓)을 세우는 것도 목격했느니라.
留與永郎遊水府,	머물러 영랑(永郎)과 더불어 용궁(龍宮)에서 노닐다가,
又牽春酒滯人間.[14]	다시 봄 술에 이끌려 세상에 남았노라.

13 箕王은 단군의 뒤를 이어 고조선의 임금이 되었다고 하는 箕子가 아니라 기자의 後裔로서 고조선의 마지막 임금이었던 箕準 즉 準王을 말한다. 그는 衛滿에게 나라를 빼앗기고 南行하여 馬韓을 세웠다고 한다.

14 洪裕孫, 『篠叢遺稿』「題金剛山」.

스스로 불사의 신선으로 환상하는 작자는 신화 시대부터 현세까지 유유자적(悠悠自適)하는 초시간적 심령의 경지를 음영(吟詠)하고 있다. 중국의 신화적 인물 대신 한국의 개국 시조인 단군(檀君), 상고사의 인물인 준왕(準王), 오유산천(遨遊山川)의 전설적 화랑인 영랑(永郎) 등이 도교적 시간 인식상에 등장하고 있다. 특히 단군을 단제(檀帝)로 표현한 데서 민족 의식의 일단(一端)이 엿보이기도 한다.

그러나 일반적으로 단학파 시인들의 작품 속에서, 아니 김시습과 홍유손의 작품들 속에서도 상술한 경우는 드문 예이다. 그들의 선시에서는 역시 중국 신화 · 전설의 도교적 수용이 훨씬 많이, 그리고 자연스럽게 이루어지고 있다. 가령 김시습의 "옥황이 강림하는 곳엔 향그러운 안개가 깔리고 서왕모가 올 적엔 아름다운 난새를 타고 오네(玉皇降處圍香霧, 金母來時駕彩鸞.)"[15]와 홍유손의 "한 잔 들고 요지연(瑤池宴)에 참석하여, 삼신산을 굽어보니 제비알과 같네(一斝去參宴瑤池, 俯視三山如燕卵.)"[16]와 같은 구절에서의 서왕모 신화, 정희량의 "긴 밧줄로 가는 해를 붙들어 매려 하고, 큰 돌로 텅 빈 하늘을 기워 보려 하네(長繩欲縶白日飛, 大石擬補靑天空.)"[17]에서의 여와보천(女媧補天) 신화, 정작의 "처음엔 곤륜산에서 노니는가 했더니 문득 삼신산에 도달함을 깨달았네(初疑遊閬苑, 焂覺到瀛洲.)"[18]에서의 곤륜 신화 등 중국의 신화적 모티프는 단학파 시인들이 도교적 상상 세계를 구현함에 있어 기본 소양이 되어 있다.

단학파에 이어 도교계 시가의 창작상 특기할 만한 현상은 16 · 7세

15 金時習, 『梅月堂集』, 卷3, 「訪友於三淸宮: 適醮立冬」.
16 洪裕孫, 『篠叢遺稿』 「題金剛山」.
17 鄭希良, 『虛庵遺稿』 「混沌酒歌」.
18 鄭碏, 『溫城世稿』 「寒碧樓」.

기 무렵 돌연히 시단(詩壇)에 대두한 유선시체(遊仙詩體)의 유행이다. 부분적으로 단학파의 시기와 겹치기도 하지만 주로 선조(宣祖, 1567-1618)에서 인조(仁祖, 1623-1649)에 이르는 기간 동안에, 조선 전 시기의 유선시의 대부분이 지어진 것이다. 이러한 현상의 동인(動因)으로는 조선 전기의 사실적인 송시풍(宋詩風)이 16·7세기에 이르러 낭만적인 당시풍(唐詩風)으로 바뀐 것과 단학파의 영향으로 지식 계층의 도교에 대한 관심이 고조된 것 등을 들 수 있다.[19] 주요 작가로는 무려 99수의 유선시를 지은 허초희(許楚姬, 1563-1589)를 비롯 이춘영(李春英, 1563-1606)·이수광(李睟光, 1563-1628)·허균(許筠, 1569-1618)·정두경(鄭斗卿, 1597-1673) 등이 다수의 작품을 남기고 있다. 허초희의 「망선요(望仙謠)」는 그 중 대표성을 띠는 작품이다.

瓊花風軟飛青鳥,	옥꽃 위로 미풍이 불자 파랑새가 날고,
玉母麟車向蓬島.	서왕모의 기린 수레는 봉래섬으로 향하네.
蘭旌蘂帔白鳳駕,	목란(木蘭) 깃발 꽃술 배자의 흰 봉황 수레를 몰거나,
笑倚紅欄拾瑤草.	붉은 난간에 기대어 옥풀을 줍기도 하지.
天風吹擘翠霓裳,	푸른 무지개 치마 바람에 날릴 새,
玉環瓊佩聲丁當.	옥고리 패옥(佩玉) 소리는 댕그렁댕그렁.
素娥兩兩鼓瑤瑟,	선녀들 쌍쌍이 옥거문고 타자,
三花珠樹春雲香.[20]	삼주수(三珠樹) 주위에 봄 구름이 향기롭네.

---

19 鄭珉, 「16·7세기 遊仙詩의 資料槪觀과 出現動因」 『韓國 道敎思想의 理解』(亞細亞文化社, 1990), p. 128. 이 밖에도 鄭교수는 작가 의식의 측면에서, 몰락한 西人의 내면 갈등의 표출 욕구를 동기로 들었다.

20 許楚姬, 『蘭雪軒詩集』 「望仙謠」.

단학파의 선시에 비해 수련적인 취지보다 예술적, 심미적인 경향이 훨씬 짙어졌음을 알 수 있다. 『산해경』에서의 소박하기 그지없는 소재였던 서왕모 · 삼주수(三珠樹)는 이제 신선 세계를 형용하는 화려한 수사적 장치로 기능하고 있다. 다시 이수광의 「유선사(遊仙詞)」를 예로 들어보자.

芝蓋披雲下玉京,	아름다운 수레 구름을 헤치고 옥경(玉京)에 내려와,
偶從金母問長生.	우연히 서왕모께 장생의 도리를 물었네.
瑤池一夜霜華重,	요지(瑤池)의 이 밤 서리꽃이 만발하여,
臥地靑牛凍不行.[21]	땅에 누운 푸른 소 춥다고 가지 않네.

이 시기 유선시에서의 중국 신화의 수용은 도교적 지향을 위한 소재적 차원에서의 기능보다도 조선 시인들의 분방(奔放)한 내면의 문학적 형상화라는 측면에 더욱 기울어져 있다. 다시 말해서 단학파의 구도적(求道的) 자세로부터 유선 시인들의 영회적(詠懷的) 자세로 전유의 입장에 변화가 생긴 것이다. 가령 우리는 이밖에도 허봉(許葑) · 임전(任錪) · 신흠(申欽) · 권필(權韠) · 권극중(權克中) 등의 유선시에서 곤륜(崑崙) · 약수(弱水) · 금모(金母) · 요대(瑤臺) · 부상(扶桑) · 정위조(精衛鳥) · 신농(神農) · 후직(后稷) 등 주로 『산해경』내의 신화적 모티프들이 현실 초극의 시적 공간을 현란하게 수놓고 있음을 볼 수 있다.

그런데 유선시를 비롯 한국 선시에서의 신화적 모티프 중 가장 출현 빈도가 높아 주목할 만한 것은 서왕모이다. 이는 한국 한시(漢詩), 특

---

21 李睟光, 『芝峯集』, 卷2, 「遊仙詞」.

히 선시에서의 학당풍(學唐風)의 경향과 상관된다. 당대(唐代) 도교의 바탕이 되었던 상청파(上淸派) 도교의 무격적(巫覡的) 성향은[22] 서왕모 신앙을 강화시켰는데 천계와 지상의 중재자로서의 서왕모는 초월 그리고 신성한 결합을 위한 정열의 권화(權化)로서 간주되어졌다.[23] 당대의 유선 문학(遊仙文學)은 바로 이 서왕모의 신성(神性)을 주조(主潮)로 전개되었던 것이고 당시풍(唐詩風)의 한국 유선시에서도 자연스럽게 서왕모의 수용이 이루어졌던 것이다. 그러나 드물지만 반언술적(反言述的)인 차원에서의 수용도 눈에 띈다.

東海三神在,	동해의 삼신산이 이곳에 있으니,
中原五嶽低.	중원의 오악(五嶽)도 낮아 보인다.
群仙爭窟宅,	뭇 신선들 자리잡고 싶어 안달이니,
王母恨居西.[24]	서왕모도 서쪽에 거주함을 한탄하리.

정두경의 금강산을 예찬하는 위의 시에서 서왕모는 지고무상한 신격(神格)에서 상대화된 존재로 격하되어 있다. 조선 전기 단학파 정렴의 후예인 정두경은 「단군사(檀君祠)」·「기자사(箕子祠)」·「동명왕사(東明王祠)」 등 개국 시조들에 대한 일련의 음영(吟詠)을 통해 민족의식을 고양한 시인이기도 한데[25] 위의 시에서는 중국의 중심주의를 거

---

22 상청파 도교가 魏華存이라는 靈媒的 성향의 女仙으로부터 비롯하고 있음에 주목할 것.

23 Suzanne E. Cahill, *Transcendence & Divine Passion : The Queen Mother of the West in Medieval China*(Stanford; Stanford University Press, 1993), p. 234.

24 鄭斗卿, 『溫城世稿』「金剛山」.

25 南恩卿, 「東溟 鄭斗卿文學의 硏究」(이화여대 국문과 박사학위 논문, 1997), pp. 66-77.

부하는 심경이 잘 표백(表白)되어 있다.

조선의 유선시는 16·7세기에 성황을 이룬 후 18세기로 접어들면서 쇠퇴를 면치 못한다. 그 원인으로는 우선 문학적인 차원에서 지나친 당시풍(唐詩風)의 추구가 가져온 몰개성화(沒個性化)의 폐단에 대해 18세기 이후 사실주의적, 작가 의식적 입장에서의 비판이 거세어진 문단의 상황을 들 수 있겠다.[26] 그러나 내부적으로 보다 중요한 원인은 단학파의 흥기를 가능하게 했던 조선 전기의 자유로운 사상 풍토가 후기에 이르러 소격서의 폐지, 주자학(朱子學) 독존 체제(獨尊體制)의 강화 등으로 인해 한껏 경색되면서 작가들의 분방한 상상 활동이 위축되었던 데에서 찾아야 할 것이다.

한국 도교계 소설·설화에서의 신화의 전유

고대 중국의 도교계 소설에서의 신화의 전유, 혹은 뒤집어서 신화에서 선화(仙話)로의 전변은 마치 서구 로맨스에서의 신화의 수용 혹은 신화에서 로맨스로의 변천처럼 자연스러운 것이다. 여기에서 말하고자 하는 것은 노신(魯迅)이 일찍이 그의 『중국소설의 역사적 변천(中國小說的歷史的變遷)』의 제1장을 「신화에서 신선전까지(從神話到神仙傳)」로 제명(題名)했듯이 중국 서사학에서 신화의 적계(嫡系)는 도교 서사 즉 선화로 파악해야 한다는 사실이다.[27] 특히 초기 중국소설인 육조(六

26 鄭珉, 「16·7세기 遊仙詩의 資料槪觀과 出現動因」『韓國 道敎思想의 理解』(아세아문화사, 1990), p. 129.

27 대륙 학계의 현실은 그렇지 않다. 저명한 신화학자 袁珂는 '소극적 낭만주의'와 '이기주의'의 산물이라는 이유로 仙話를 '文學品種의 變體'로 규정하고 신화의 嫡

朝) 지괴(志怪)에서는 도교에 의한 신화의 전유 현상이 두드러지게 나타난다. 예컨대 『한무제내전(漢武帝內傳)』에서의 서왕모 신화와 관련된 이러한 문제에 대해서도 쉬퍼(Kristofer Schipper)·고미나미 이찌로(小南一郎)·이풍무(李豊楙)·스미스(Thomas E. Smith) 교수 등이 신화학·도교학·문학 등 다방면에서 심도있게 천착(穿鑿)한 바 있다.[28] 후대의 장회소설(章回小說) 중에서는 『서유기(西遊記)』나 『봉신연의(封神演義)』 같은 이른바 신마소설류(神魔小說類)에서 상술한 문제 의식을 쉽사리 포착할 수 있을 것이다.

한국의 경우 현존하는 최초의 고대 소설은 김시습의 『금오신화(金鰲新話)』이다. 이 글에서는 이 작품까지 포함하여 이후의 도교계 소설·설화를 논의의 대상으로 삼고자 한다. 전기(傳奇)의 체재로 창작된 『금오신화』에는 모두 5편의 소설이 실려 있는데 그 내용은 인신(人神)·인귀간(人鬼間)의 연애, 별세계(別世界)의 탐방 등 신괴한 성격을 띠고 있다. 이는 단학파 지식인인 김시습의 사상적 취향과 깊은 관련이 있다. 5편 중에서 이 글의 문제 의식과 상관하여 고찰할 필요가 있는 작품은 「취유부벽정기(醉遊浮碧亭記)」이다. 먼저 이 작품의 내용 경개(梗槪)는 다음과 같다.

系로서 인정하기를 거부한 바 있다. 袁珂, 『中國古代神話』(北京: 中華書局, 1981), pp. 7-28 및 「仙話: 中國神話的一個分枝」 『民間文藝季刊』(1988), 제3기, p. 14 참조.

28 이 문제와 관련한 各人의 勞作은 다음과 같다.
Kristofer Schipper, *L'emperur Wou des Han dans la L'egende Taoiste*(Paris: Ecole Francaise Dextreme-Orient, 1965). 小南一郎, 『中國の神話と物語り』(東京: 岩波書店, 1984). 李豊楙, 『六朝隋唐仙道類小說硏究』(臺北: 學生書局, 1986). Thomas E. Smith, *Ritual and Shaping of Narrative: The Legend of the Han Emperor Wu*(The University of Michigan, Ph. D. Dissertation, 1992).

홍생(洪生)이라는 개성(開城) 부상(富商)의 자제가 고조선(古朝鮮)의 유지(遺址) 평양(平壤)에 들러 노닐었는데 대동강변(大同江邊) 부벽루(浮碧樓)에서 신녀(神女) 기씨(箕氏)를 만났다. 홍생은 그녀로부터 선계의 술과 음식을 대접받고 그녀가 지은 시를 감상하다가 돌아왔다. 그 후 홍생은 상사병에 걸려 앓던 중 꿈에 신녀로부터 선관(仙官)이 되었다는 통보를 받고 죽었는데 사람들은 그의 시체가 생시와 다름없어 시해(屍解)한 것으로 믿었다는 이야기이다.

신선 설화의 유형 중 우선(遇仙) 설화의 구조를 취하고 있는 이 소설에서 신화의 전유는 신녀 기씨가 스스로의 내력을 말하는 부분에서 주로 일어난다. 홍생이 신녀에게 신분을 묻자 그녀는 자신이 고조선 기씨(箕氏) 왕조의 후예로서 위만(衛滿)에 의해 나라가 망해 절사(節死)하려고 했을 때 다음과 같은 일이 생겼음을 말한다.

> 홀연히 어떤 신인(神人)이 나를 위로하면서 말씀하시기를, "나는 이 나라를 세운 사람이다. 나라를 다스린 후 섬으로 들어가 신선이 되어 죽지 않은 지 이미 수천년이나 되었다. 네가 나를 따라 자부(紫府) 현도(玄都)로 가 즐겁게 사는 것이 어떠하냐?" 내가 승낙을 하니 나를 이끌고 살고 계신 곳으로 가 별당을 지어 대우해 주셨다. 나에게 현주(玄洲)의 불사약을 먹이시니 복용한 지 며칠만에 문득 몸이 가벼워지고 기운이 나서 뼈 마디마디가 바뀌는 것을 느낄 수 있었다.
>
> 忽有神人撫我曰, 我亦此國之鼻祖也. 享國之後, 入于海島, 爲仙不死者, 已數千年. 汝能隨我紫府玄都逍遙娛樂乎? 余曰諾. 遂提携引我, 至于所居, 作別館以待之. 餌我以玄洲不死之藥, 服之累日, 忽覺身輕氣健, 磔磔有換骨焉.[29]

기씨의 앞에 나타난 신인은 다름아닌 고조선의 개국시조인 단군이다. 윗글 초반부에서의 단군의 형상은 대체로 『삼국유사(三國遺事)』·『제왕운기(帝王韻記)』 등에서 묘사된 바와 부합된다.[30] 그 묘사는 전설적 인물에 대해 관습적으로 행하는 도교적 윤색의 범위를 넘지 못하였다. 그러나 후반부를 보면 단군은 완연히 복식(服食), 연단(煉丹)하는 도교상의 대선인으로 그려져 있다. 여기에서 우리는 단군의 거소인 자부(紫府)에 주의할 필요가 있다. 『포박자(抱朴子)』에는 황제(黃帝)가 동방 청구(靑丘) 땅에 가서 자부선생(紫府先生)을 뵙고 『삼황내문(三皇內文)』을 얻어갔다는 기록이 있는데,[31] 김시습은 은연중 한국도교의 입장을 의식하여 단군의 거소를 자부로 표현했을 가능성이 있다. 물론 자부는 신선의 거처라는 일반적인 의미로 흔히 쓰이는 단어이나 특별히 「취유부벽정기」에 보이는 민족주의적 역사 의식[32]을 고려할 때 그런 추측이 가능하다는 말이다. 홍생의 시에서 동명왕(東明王)을

---

29 金時習, 『金鰲新話』 「醉遊浮碧亭記」.

30 주지하는 바, 단군이 기자에게 왕위를 넘겨주고 아사달에 들어가 산신이 되어 1908세를 살았다는 諸書의 기록과, 상기 인용문은 내용뿐만 아니라 구조적으로도 일치한다. 조선 시대의 지식인들은 단군에서 기자로 이어지는 고조선의 연속성 · 계통성을 인정하고 있었다. 여기에는 두 가지 동기가 있다. 한 가지는 기자가 비록 중국으로부터 망명했다고 하나 殷의 왕족이었기 때문에 고조선과 은 모두 東夷系 종족이라고 하는 친연감 · 동질감이 작용했었던 것이고, 또 한 가지는 문화사대주의적 심리로서 고대 한국이 건국 초기부터 세련된 중원 문물의 세례를 받아 일찍부터 여타 변방 국가들과는 다른 높은 문화적 수준을 지녀왔다는 자부심이다. 이 두 가지 동기는 상반된 의식에서 출발했지만 복합적으로 작용하기도 했다. 필자가 생각하기에 「醉遊浮碧亭記」의 기자에 대한 인식은 전자에 가깝다. 김시습 · 정두경 등 단학파 문인들은 대체로 이러한 동기에서 평양의 箕子廟를 두고 題詠하였다.

31 葛洪, 『抱朴子 · 內篇』 「地眞」: "黃帝東到靑丘, 過風山, 見紫府先生, 受三皇內文, 以劾召萬神."

32 여기에 대해서는 李相澤, 『韓國古典小說의 探究』(중앙출판사, 1981), pp. 128-48 참고.

‘성제(聖帝)’로 표현한 것이나 기씨의 고조선의 멸망에 대한 강개(慷慨)한 심회(心懷) 등이 이룩하는 컨텍스트를 무시할 수 없기 때문이다. 이 작품에서는 기씨가 선계에서 항아의 시녀가 되는 등 중국 신화의 수용도 일부 없는 것은 아니지만 단군 · 기자 · 동명왕 등 한국의 신화 · 전설상의 인물들이 전폭적으로 도교에 의해 전유되어 한국 도교 소설의 독특한 풍격(風格)을 구현하고 있다. 그리하여 김태준(金台俊)으로 하여금 “당시에서는 도저히 볼 수 없는 향토색을 보유하고 …… 자주적 정신을 가진 작품”[33]이라는 찬사를 허여(許與)하게 하였던 것이다.

김시습의 『금오신화』에 이어 한문 소설로서 도교와 신화를 함께 이야기하고 있는 작품은 그다지 눈에 띄지 않는다. 이후의 설화 문학 중에서 이에 합당한 대상을 찾아볼 적에 우리는 조여적(趙汝籍, 1588前後)의 『청학집(青鶴集)』, 홍만종(洪萬宗, 1645-1725)의 『해동이적(海東異蹟)』, 이의백(李宜白, 1711-?)의 『오계일지집(梧溪日誌集)』 등의 신선 설화집들을 만나게 된다.[34]

먼저 『청학집』을 살펴보면 이 책에서는 한국 선가의 기원에 대해 말할 때 중국뿐만 아니라 한국의 신화 · 전설상의 인물들을 대거 등장시키고 있다. 도인인 금선자(金蟬子)는 변지(卞沚)의 『기수사문록(記壽四聞錄)』이라는 외서(外書)를 인용하여 다음과 같이 말한다.

> 금선자(金蟬子)가 말했다. 변지(卞沚)의 『기수사문록(記壽四聞錄)』이라는 책은 우리 동방 도인들의 모든 것을 기록하고 있는데 거기

---

33 金台俊, 『朝鮮古代小說史』(정음사, 1950), p. 101.

34 朴基龍의 조사에 의하면 한국의 신선 설화는 史書에서 28개, 文獻說話集에서 239개, 口碑說話集에서 398개로 도합 665개이다. 朴基龍, 「韓國仙道說話研究」 『國文學과 道敎』(태학사, 1998), 韓國古典文學會編, p. 301.

에 이런 말이 있다. 환인진인(桓仁眞人)은 명유(明由)로부터 도를 배웠고 명유는 광성자(廣成子)로부터 도를 배웠는데 광성자는 옛날의 선인이다. 환인은 동방 선파의 시조가 되었는데 환웅천왕(桓雄天王)은 환인의 아들로서 그 뜻을 계승하고 그 일을 실천함과 아울러 풍우(風雨)와 오곡 등 360가지 일을 주관하여 동방의 백성들을 교화시켰다. 단군이 그 일을 잇고 교화를 행한 지 10년, 구이(九夷)가 모두 받들어 천왕(天王)으로 세웠다. 단군은 쑥대풀로 엮은 정자와 버드나무로 지은 궁궐에 살며 머리를 땋고 소를 타고 다니면서 나라를 다스렸는데, 세상을 주관하기 1048년에 아사산(阿斯山)에 들어가 선거(仙去)하였다.

金蟬子曰, 卞沚記壽四聞錄者, 記吾東道流之叢. 有曰, 桓仁眞人受業于明由, 明由受業于廣成子, 廣成子古之仙人也. 桓仁爲東方仙派之宗, 桓雄天王桓仁之子也. 繼志述事, 又主風雨五穀三百六十事, 以化東民. 檀君繼業化行十年, 九夷共尊之, 立爲天王. 蓬亭柳闕而綯髮跨牛而治, 主世一千四十八年, 入阿斯山仙去.[35]

단군 신화에서의 삼위(三位)의 대신(大神)인 환인(桓仁)·환웅(桓雄)·단군(檀君)은 부자 관계뿐만 아니라 선도상(仙道上)의 사승 관계로도 설정되어 있다. 그러나 그들은 세상으로부터 고립된 수도자가 아니다. 치자(治者)로서 백성들을 교화하는 일까지 겸무(兼務)하고 있다. 이들의 이러한 경향은 최치원의 「난랑비서」에서 보였던 풍류도의 삼교회통적인 취지와도 상통한다. 『청학집』에서는 환인을 한국 선파의 시조로 보고 있지만 환인의 스승 명유가 중국의 옛 선인인 광성자로부터 도를 배웠기 때문에 궁극적으로 한국 선파는 중국 선파로부터 유래한

35 北崖老人·趙汝籍, 『揆園史話·靑鶴集』(아세아문화사, 1976), pp. 152-53.

것이 된다. 광성자는 『장자(莊子)』「재유(在宥)」편에 등장하는, 공동산(崆峒山)에서 황제(黃帝)에게 도를 가르쳤다는 전설적인 인물이다【그림 29】. 이능화는 진자앙(陳子昂)의 시에 근거하여 공동산의 위치를 계주(薊州) 지역에 비정(比定)하고 광성자 역시 동방의 고선(古仙)일 것으로 추측하나,[36] 『포박자』에서는 동방 청구의 자부선생과 구분하여 엄연히 서방 공동의 광성자를 운위(云謂)하고 있으므로[37] 그러한 견해는 다소 무리인 듯하다. 『청학집』에서는 계속해서 단군 이후의 한국 선파에 대해 언급할 때에도 한국의 신화·전설상의 인물들을 도교적으로 전유한다.

〈그림 29〉 신선 광성자(廣成子)로부터 도를 배우는 황제(黃帝).

그 후 문박씨(文朴氏)가 아사산(阿斯山)에 살았는데 환한 얼굴에

36 李能和, 『朝鮮道教史』(보성문화사, 1977), 李鍾殷 譯注, pp. 46-48. 이능화가 열거한 陳子昂의 시구는 다음과 같다. "北登薊丘望, 求古軒轅臺. 尙想廣成子, 遺蹟得雲隈."

37 『抱朴子·內篇』「地眞」: "昔黃帝東到青丘, 過風山, 見紫府先生, 受三皇內文, 以劾召萬神. …… 西見中黃子, 受九加之方, 過崆峒, 從廣成子受自然之經."

모난 눈동자로 능히 단군의 도를 터득하였다. 영랑(永郎)이란 사람은 향미산(向彌山)의 사람이다. 나이 90에도 어린애의 얼굴빛이었으며 해오라비 깃의 관을 쓰고 철죽(鐵竹) 지팡이로 산과 호수를 소요하였는데 마침내 문박의 가르침을 전하였다. 마한(馬韓) 시절에는 신녀(神女) 보덕(普德)이라는 사람이 있었다. 바람을 타고 다녔고 거문고를 안고 노래를 불렀는데 용모가 마치 가을 물의 부용꽃과 같았다. 그녀는 영랑의 도를 계승하였다.

其後有文朴氏居阿斯山, 韶顔方瞳, 能得檀君之道. 永郎者, 向彌山人也. 行年九十有嬰兒之色, 鷺羽之冠, 鐵竹之杖, 逍遙于湖山, 遂傳文朴之業. 馬韓時有神女普德者, 御風而行, 抱琴而歌, 貌若秋水之芙蓉, 是承永郎之道焉.[38]

문박씨(文朴氏)의 '모난 눈동자(方瞳)', 영랑(永郎)의 '어린애의 얼굴빛(嬰兒之色)' 등은 신선의 형모(形貌)에 대한 상투적인 묘사이고 신녀(神女) 보덕(普德)의 이미지는 『장자』「소요유(逍遙遊)」편에 나오는 막고야산(藐姑射山)의 신인(神人)의 모습과 흡사하다. 『청학집』에서는 비록 도맥(道脈)의 근원을 멀리 중국의 광성자에게서 구하고 있지만 이는 다분히 명분론적인 의미에 그치고 있고 이후 한국 내의 신화·전설적 인물들을 대량 수용하여 독자적인 선파 계보를 구성함으로써 한국 도교의 고유성을 확보하려는 입장을 취하고 있다. 그러나 『청학집』의 저자인 조여적을 비롯, 청학상인 위한조를 중심으로 한 이야기 속의 도류(道流)들은 조선의 현실 역사권에서 거의 소외된 방외(方外)의 인물들이다. 이들의 한국 선파에 대한 인식이 제도권의 도교계 지식

38 北崖老人·趙汝籍, 『揆園史話·青鶴集』(아세아문화사, 1976), p. 153.

인들에게 있어서도 공유되고 있었는지 자못 궁금하지 않을 수 없다. 이러한 문제 의식은, 다음으로 『해동이적(海東異蹟)』을 검토하는 과정에서 자연스럽게 다루어지게 될 것이다.

홍만종은 이 책의 앞 부분을 단군 · 혁거세 · 동명왕 등 건국 신화의 주인공들에 대한 내용으로 채우고 있다. 그는 단군 등의 신비한 행적을 단순히 소개하는 데 그치지 않고 중국의 신화적 제왕들과 대비적 차원에서 서술함으로써 한국 도교의 위상을 제고시키고자 하였다. 예컨대 그는 단군의 신이한 탄생, 문화의 창조, 비상(非常)한 장수를 복희씨(伏羲氏)에 비기고 동명왕의 적대자와의 투쟁, 도술의 발휘, 승천을 황제(黃帝)에 비겼다.[39]

그러나 홍만종은 「혁거세(赫居世)」조(條)에서 경주(慶州) 선도성모(仙桃聖母) 전설을 인용, 혁거세가 대륙에서 온 중국 제실(帝室) 출신 여선(女仙)의 소생일 수도 있다고 보아 중국 도교로부터의 영향 혹은 교섭의 가능성을 배제하지 않았다. 아울러 『해동이적』에 수록된 한국 선인들의 신이담(神異譚) 자체가 『열선전(列仙傳)』 · 『태평광기(太平廣記)』 등 중국의 설화집에서 발휘된 모티프들과 어느 정도 상관성이 있는 것으로 밝혀진 바 있다.[40]

그럼에도 불구하고 우리는 홍만종의 작품에서 나타나는, 단군을 정점으로 한 한국 신화의 전유는 당시의 도교계 지식인들의 자의식에서 우러난 표현이었을 것으로 생각한다. 『해동이적』의 편찬을 곁에서 적극 고무하고 그것을 위해 서문까지 써 주었던 정두경의 다음과 같은

---

39 洪萬宗, 『海東異蹟』 「檀君」: "余嘗以爲檀君類伏羲氏, 東明王類軒轅氏."

40 가령 野崎充彥 교수는 徐敬德條와 『列仙傳』 介象條, 그리고 田禹治條와 『聊齋誌異』 偸桃條와의 관련성을 제시하였다. 野崎充彥, 「海東異蹟攷」 『韓國道敎의 現代的 照明』(아세아문화사, 1992), pp. 240-44.

발언은 이같은 취지에서 음미할 만하다.

> 우리 동방은 산수가 천하에 빼어나서 단군과 기자 이래로 선도(仙道)를 수련하는 사람들이 많았음에 틀림없다. 그것을 숭상하지 않았기 때문에 전해지지 않았고 이 때문에 세상 밖의 사람들이 그것을 대단히 유감스럽게 생각했다.
>
> 我東山水雄於六合, 自檀箕以來, 服氣鍊形吸風飮露之輩必多矣. 不尙故不傳, 是以物外之士甚恨之.[41]

한국 도교의 출발이 『삼국사기(三國史記)』에 기록된 것처럼 당(唐) 고조(高祖)가 천존상(天尊像)을 보내온 고구려 영류왕(榮留王) 때(624)가 아니고 이렇게 '단군과 기자 이래'라고 의식할 때 한국 도교에서의 신화의 전유는 자연스러운 현상이 될 수밖에 없다.

끝으로 우리는 마지막 검토 대상인 『오계일지집(梧溪日誌集)』을 살펴보기로 하자. 이 책에서의 한국 신화의 전유는 앞서의 세 책보다 훨씬 자세하고 철저하다. 우선 단군에 대한 인식을 보자.

> 옛 기록에 의하면, 구월산(九月山)에 팔대(八臺)가 있는데 산꼭대기의 비서갑비(匪西岬妃)가 여기에 와서 노닐 제 상서로운 기운이 무지개와 같았다고 한다. 단제(檀帝)가 비서갑비를 맞아 왕비로 삼고 성자(聖子) 3인을 낳았는데 장자는 부소(扶蘇), 차자는 부루우(扶婁虞), 삼자는 부여(扶餘)라 하였다. 중국의 요(堯) 임금 25년, 무진년(戊辰年)에 왕검(王儉)이 임금이 되어 아사달(阿斯達)을 서울로 삼고 국호를 조선이

41 鄭斗卿, 「海東異蹟序」.

라 하였는데 이 분이 최초의 단군이었다. 재위한 지 93년, 경자년(庚子年)에 신으로 모셔졌고 태자 부루가 임금이 되었다. 아사달산에 들어가 도를 닦다가 은(殷)나라 무정(武丁) 임금 8년, 갑자년(甲子年)에 금린(金獜)을 타고 신선이 되어 사라졌다.

古記九月山八臺, 山頂匪西岬妃來遊于此臺, 瑞氣如虹. 檀帝迎之立妃, 生聖子三人, 長曰扶蘇, 次曰扶婁虞, 三曰扶餘也. 唐堯二十五年戊辰, 以王儉立爲君, 都阿斯達, 國號朝鮮, 始爲檀君. 在位九十三年庚子立神, 太子扶婁爲王. 入阿斯達山修道, 至殷武丁八年甲子, 乘金獜化仙而去.[42]

신화와 역사, 그리고 선화(仙話)가 교차(交叉)하고 있는 서술의 내용 자체는 기존의 단군 관계 기록과 크게 달라진 것은 없지만 마지막 부분의 '도를 닦다가(修道)' 라든가 '금린(金獜)을 타고 신선이 되어 사라졌다(乘金獜化仙而去)' 라는 적극적 표현을 통해 신화를 도교적으로 전유하려는 의도를 분명히 드러내고 있다. 아울러 『오계일지집』에는 기존의 자료에는 없는, 단군 시대 선가 인물들이 지은 도서에 대한 언급이 있어 흥미롭다.

하루는 한휴휴(韓休休) 선생을 따라 백녕산(白寧山)을 지나다가 백학(白鶴) 두 쌍이 봉우리 위를 맴돌고 있는 것을 보았다. 내가 여쭙기를 "이 산에 학이 삽니까?" 라고 하자 선생께서 말씀하시기를 "저것들은 학이 아니라 옥판(玉版)의 정(精)이니라. 저 봉우리 바위 틈에 돌 궤짝을 숨겨 놓았는데 궤짝 속에는 옥판이 4개가 있다. 옥판 위에는 금자(金字)로 글을 써 놓았으니 단군 시절 문박(文朴) · 대왕(大往) · 신지(神

42 李宜白, 『梧溪日誌集』「檀君來歷實記」.

誌) 등의 성인들이 기록한 것으로 모두 변화, 장생의 비결들이다"라고 하셨다.

一日余從韓休休先生, 過白寧山, 見白鶴二雙飛繞峯頭. 余問曰, 此山有鶴棲乎? 休休曰, 彼鶴非鶴, 乃玉版之精也. 彼峯上岩間, 藏置石櫝, 櫝中有玉版四箇. 版上有金字書, 檀君時文朴大往神誌聖人所記也. 皆變化長生之訣也.[43]

백학(白鶴)을 옥판(玉版)의 정(精)으로 간주하는 정괴변화(精怪變化) 관념으로부터 우리는 육조(六朝) 지괴(志怪)의 기미를 느낄 수 있다. 문박(文朴)은 『청학집』에도 등장했던 고선(古仙)이며 신지(神誌)는 고려 때 유행하던 참서(讖書) 『신지비사(神誌秘詞)』의 작자로서 이름이 전해오는 전설적인 인물이다.[44] 이들이 도서를 찬술(撰述)했다는 이야기는 아무런 근거도 없지만 신화의 시대를 선화의 시대로 보다 구체적으로 인식하게 하는 수사적 장치가 될 수 있다. 『오계일지집』에는 이 밖에도 환웅성선(桓雄聖仙)이 창작하고 해모수(解慕漱) 선인이 정리했다는 『현묘결(玄妙訣)』, 고구려의 무골(武骨)과 묵거(默居) 두 선인이 파묻었다는 옥정(玉鼎) 등에 대한 언급이 있어 앞서 고찰한 세 가지 작품들에 비해 야사(野史)적 자료를 더욱 풍부히 확보하고 있음을 알 수 있다.

이상 네 가지 작품을 두고 도교계 소설 · 설화에서의 신화의 전유 문제를 검토해 보았을 때 무엇보다도 드러나는 사실은 중국 신화보다 한국 신화의 수용이 훨씬 더 많이 이루어지고 있으며 그것이 한국 도교

43 앞의 책, 「韓休休先生來歷實記」.
44 大往은 未詳.

의 자의식과 결부되어 있다는 점이다. 그리고 이러한 수용은 주로 고조선 및 삼국 시대 초기의 신화 · 전설을 대상으로 하고 있는데 네 작품 모두 단군을 한국 도교의 조종(祖宗)으로 설정하고 있는 점에서는 일치하나 『청학집』과 『오계일지집』에서는 환인 · 환웅 등, 단군 이전의 신화적 인물들에까지 도교적 윤색을 확대하고 있는 점에서 차이가 있다. 이는 두 책의 작자들이 여타 작자들에 비해 방외적(方外的) 성격이 더 강하여 신화에 대해 적극적 전유가 가능했던 데에 그 원인이 있다 할 것이다.

자생설과 탈중심의 한국 도교 문학

전국(戰國) 시대 무렵 신선설로서 실체를 드러낸 도교가 후일 특유의 종교 체계를 성립시키기까지에는 허다한 상층 혹은 기층 문화적 요소들의 흡수와 융합이 있었다. 이들 중 이 글의 문제 의식과 관련하여 특별히 주목되었던 것은 도교에 의한 신화의 전유라는 수용의 방식이었고 이러한 도교의 자기 확대 방식은 이미 문학 · 인류학 · 종교학 등 여러 방면의 논구에 의해 확인된 바 있다.

그런데 도교는 비록 세계 종교로서 간주되지는 않지만 적어도 동북아 지역에서 중국 주변의 여러 나라들의 전통 문화와 깊은 상관 관계를 맺고 있는 것이 사실이다. 도교의 발생 지역과 인접해 있던 고대 한국의 경우 비교적 이른 시기부터 도교 문화가 존재했을 것으로 상정할 수 있으며 후대의 한국 문화 속에서도 도교가 차지하는 비중은 결코 무시할 수 없다. 고대 한국에서 도교의 정치적 지위는 유교 · 불교에 비해 높다고 할 수 없으나 문학 · 예술 그리고 기층 민속 · 종교 등에 미친 영향은 오히려 크다 할 수 있다. 이러한 현실에서 중국 도교에서의 신화의 전유라는 문제를 한국 도교의 상황에서 고찰해 보는 일은 양국 도교의 공통성 · 개별성을 인식하는 차원에서 의미있는 작업이 아닐 수 없다. 그리하여 이 글에서는 고대 한국 문화에서 도교의 영향이 가장 농후했던 문학 분야를 대상으로 신화의 전유 현상을 살펴보았던 바 다음과 같은 결론에 도달하게 되었다.

한국 도교 문학을 시가와 소설 · 설화 방면으로 나누어 각기 개별 작품들을 분석, 종합하여 보니 양측의 신화 전유의 양상은 크게 다른 것으로 나타났다. 즉 도교계 시가의 경우 중국 신화의 전유가 지배적으로 이루어지고 있는 반면 도교계 소설 · 설화에서는 한국 신화의 전유가 압도적인 것이다. 이 커다란 상위(相違)를 어떻게 설명해야 할 것인가? 필자의 생각으로는 시가의 경우 정통 문학으로서의 규범성이 강하여 형식 방면에서 문학적 관습의 제약이 크기 때문에 전고(典故)의 사용에 있어서 기존의 용례(用例)를 벗어나지 못하고 중국 신화의 전유에 치중할 수밖에 없었다고 본다. 특히 조선조 유선시 작가들은 당시풍(唐詩風)의 절대적인 영향하에 있었으므로 중국 유선시체(遊仙詩體)의 내용 · 형식 · 풍격(風格)으로부터 이탈하기 힘들었다. 이 점은 당시의 유교 보편 이념(普遍理念)에 대해 다소 이단적(異端的)인 자세를 견지하였던 정두경조차 실제 시가 창작에 있어서는 유선시체의 전통을 크게 위반하고 있지 않은 사실로서도 입증된다. 따라서 도교계 시가의 신화 전유에 있어서 중국과 한국은 대체로 동일한 범주에 속해 있다고 보아도 좋을 것이다.

그러나 소설 · 설화의 경우에는 문제가 다르게 된다. 이들 서사 장르는 내용 · 형식 방면에서 전통으로부터의 제약이 시가만큼 크지 않다. 소설은 항상 미완(未完)인 채 끊임없이 변화하는 장르이다. 그것은

소설이 언어, 이념적 세계에 대한 탈중심화를 표현하기 때문이다.[45]

소설적 사유란 결국 정통으로 군림하는 지배, 보편 이념에 대한 불온한 상상의 소산(所産)이다. 도교계 소설 · 설화에서의 불온한 상상의 내용은 무엇인가? 그것은 당시 조선 지식 계층의 의식을 견고히 지배하고 있던 주자학적, 화이론(華夷論)적 세계관에 대한 회의와 갈등 -탈중심화의 심리에 다름 아니다.[46] 도교계 소설 · 설화에서 중국 신화가 아닌, 한국 신화의 전유는 이렇게 해서 자연스럽게 이루어진다. 그러나 이러한 장르 발생론적 논리만으로는 설명이 미흡한 대목이 있다. 다른 계통의 소설이 아니고 왜, 하필 도교계 소설에서인가?

여기에는 이유가 있다. 그것은 한국 도교의 기원, 즉 자생설(自生說)의 문제이다. 도교계 소설 · 설화에서 한국 신화의 전유를 통해 끊임없이 말하고자 하는 것은 결국 한국 도교의 자생설이다. 그것은 마치 아득한 옛날부터 몸으로 전해온 유전 정보처럼 다가와 우리의 설화적 인식체계에 호소한다(도교가 늘 그래왔듯이). 이 지점에서 요청되는 것은 한국 도교 자생설의 당위론과 존재론 양 측면에 대한 변별적인 인식, 그리고 한국 신화와 한국 도교 간의 내부적 연속성에 대한 정밀한 탐구이다. 다시 말해서 한국 신화의 전유가 명조(明朝)의 붕괴 이후 조선 후기의 지식계층사이에 대두한 문화적 자존의식(自尊意識)의 한 표현이었는지, 아니면 중국 도교에서 보여지듯이 한국 신화가 한국 도교의 내용이나 특성을 구현함에 있어 자발적인 전변(轉變) 과정을 거쳐왔는지 구명(究明)할 필요가 있을 것이다.

---

45 Mikhail M. Bakhtin, *The Dialogic Imagination*(Austin: University of Texas Press, 1981), Trans. by Emerson & Michael Holquist, p. 368.

46 조선 후기에 있어서 이러한 심리의 역사 의식상의 반영은 韓永愚, 「17세기의 反尊華的 道家史學의 성장」『韓國의 歷史認識(上)』(창작과비평사, 1984) 참조.

이 글에서는 한국의 도교 문학, 특히 소설 · 설화에서의 신화의 전유 문제에 대한 사유를 통해 상술한 문제 의식 및 과제를 제시하는 정도에서 논의를 매듭짓고자 한다. 이들에 대한 논의는 금후 지속적으로 진행될 것이다. 끝으로 시간과 편폭(篇幅)의 한계로 구비문학 자료들을 다루지 못했고, 한문학 자료 중에서도 비교적 제한된 작품을 대상으로 삼게되어 논지 전개상 비약의 가능성이 없을 수 없음을 시인해야 하겠다. 이 점 역시 이후의 논의에서 보완하고자 한다.

Ⅵ. 고구려 고분벽화에 표현된 도교 도상(圖像)의 의미

고구려 고분벽화 새롭게 읽기

고구려 고분벽화는 한국 도교사에서 중요한 의미를 지닌다. 도교의 한국에로의 전래가 7세기 무렵 영류왕(榮留王) 때에 이루어졌다는 『삼국사기(三國史記)』의 공식적인 기록을 훨씬 소급하는 유력한 실물 자료이기 때문이다. 물론 7세기 이전의 도교 자료로는 이르게는 낙랑(樂浪) 시대의 유물이 있고 백제의 무녕왕릉(武寧王陵) 유물과 금동대향로 등이 있다. 그러나 고구려 고분벽화만큼 풍부하고 다양한 모습을 보여주는 것은 없다.

근년에 고구려 고분벽화에 대한 연구는 여러 방면에서 심도 있게 진행되어 저술과 논문의 질적, 양적 증대를 가져온 것이 현실이다. 아울러 당시 중원으로부터 먼 변방에 이처럼 화려하고 수준 높은 작품이 이룩되었다는 사실은 재외의 학자들에게는 하나의 기적으로 간주될 만큼 세계적으로도 주목받는 문화유산이 되게 하였다. 말하자면 고구려 고분벽화는 마치 중국의 갑골학(甲骨學)이나 돈황학(敦煌學)처럼 이제 스스로 하나의 학문 분야가 될 소지를 갖게 된 것이다.

고구려 고분벽화의 학문적 위상이 이처럼 제고되고 있는 추세 속에서 종교·사상 연구 방면의 한 가지 바람직한 현상은 종래의 불교 중심의 이해에서 신화·도교·민간 신앙 등 그동안 그다지 집중하지 못했던 관점에서의 접근이 증가하고 있다는 점이다. 특히 도교적 관점은 가장 취약했던 분야로서 최근에 와서야 피상적인 접근을 벗어나 조예 깊은 연구가 진행되고 있다. 그중 몇 가지 의미 있는 연구의 예를 든다면 가령 고구려의 천문도(天文圖)에 대한 연구를 통해 칠성 신앙 등 도교 신앙의 존재를 논증한 것[1]이라든가 광개토왕 비문과 고구려 신화에 대한 분석을 통해 고구려 도교와 중국 강남 도교와의 관련성을 탐구한 것[2] 등이 그것이다. 아울러 발해의 도교 문화에 대한 새로운 인식과 자료 발굴[3] 등도 그동안 홀시(忽視)되었던 고구려 도교의 엄연한 실존을 방증하는 근거가 될 것이다. 동아시아의 신화·무속과 발생론적 관계를 맺고 있는 도교는 고구려 나아가 한국 전통 문화의 본질을 규명함에 있어 과거의 어느 때보다도 주목을 받고 있는 것이 사실이다.

필자는 일찍이 고구려 고분벽화의 제재와 동이계(東夷系) 고서(古書)인 『산해경(山海經)』 신화와의 관련성에 주목, 벽화의 세계를 신화-도교적 연속 구조의 문화 체계 속에서 파악할 것을 제안한 바 있다.[4] 이 글에서는 앞서의 서설적인 논의를 이은 보다 개별적인 논의로서 벽화에서 표현된 도교 도상에 대한 의미 분석을 시도함으로써 당시 고구려인이 지녔던 도교 사상의 내용과 특성을 밝혀보고자 한다. 이는 고구려인의 다양한 세계관을 파악하고자 하는 시도의 일환이 될 것이다.

---

1 김일권, 「고구려 고분벽화의 천문 관념 체계 연구」 『震檀學報』(1996), 제82호.
2 안동준, 「고구려계 신화와 도교」 『白山學報』(2000), 제54호.
3 임상선, 「발해의 도교사상에 대한 시론」 『汕雲史學』(1998)
4 정재서, 「고구려 고분벽화의 신화, 도교적 제재에 대한 새로운 인식」 『동양적인 것의 슬픔』(살림출판사, 1996) 참조.

고구려 고분벽화에 표현된 도교 도상의 의미

고분 구조

무덤은 시신(屍身)을 안치한 공간이지만 죽은 자의 재생과 부활을 믿는 고대의 종교 관념에 의하면 역설적으로 그곳은 재탄생의 장소가 된다. 내세적 혹은 계세적(繼世的) 세계관이 지배했던 고구려에서 무덤은 결코 적요(寂寥)한 죽음의 공간이 아니다. 그곳은 현세로부터 분리된 영육이 다시 원초적인 생명력을 획득하는 장소이기 때문에 통합상징(unifying symbol)의 구조를 취하게 된다. 통합상징은 흔히 만다라와 같은 도상으로 표현되는데 도교에서는 그와 같은 상징이 동경(銅鏡)에 자주 표현된다. 방격규구경(方格規矩鏡) 등 동경에 표현된 만다라 도상은 그림에서 보이는 것처럼 원과 사각형이 중첩된 모습이다【그림 30】. 이 도상이 상징하는 것은 모든 대립적이고 이질적인 요소들을 완전한 하나의 본질로 돌아가게 하는 힘이다. 동경의 이 주술적인 힘에 의해 부조화한, 사악한 기운이 물리쳐지고 소유자는 새로운 생명력을 획득하게 된다. 동경으로 요괴의 정체를 밝히고 조복(調伏)시키는 이야기는 중국의 고대 소설에서 자주 등장하는 모티프이다.[5]

〈그림 30〉 TLV 동경(銅鏡)의 문양.

5 동경의 도교적 기능 및 문학적 수용에 대해서는 정재서, 『도교와 문학 그리고 상상력』(푸른숲, 2000), pp. 209-39 참조.

〈그림 31〉 고구려 고분 천장의 구도.

따라서 동경은 도교에서 방사(方士)들이 꼭 휴대해야 할 주술적 도구였다. 흥미로운 것은 고구려 고분 천장의 구도가 동경의 표면 구조와 유사한 모습을 지니고 있다는 점이다. 그림을 보면 고구려 고분 천장은 사각형이 중첩된 모습을 지니고 있다【그림 31】. 사각형은 원과 더불어 완전성 · 합일을 상징한다. 그런데 고분 위의 천공(天空) 자체가 하나의 큰 원형을 그리고 있음을 생각하면 결국 고구려 고분 역시 원과 사각형이 중첩된 동경의 구조와 비슷한 모습을 하고 있음을 알 수 있다. 고구려 고분의 이러한 통합상징적 구조는 피장자를 사악한 기운으로부터 보호하고 그가 신선과 같은 불사의 완전한 존재로 거듭나기를 소망하는 도교적 공간 배치와 관련 있어 보인다. 기존에는 고구려 고분 천장의 특유한 구조를 불교의 내세관을 표현한 말각조정(抹角藻井) 양식의 관점에서 해석하여 왔다.[6] 그러나 위에서 말한 바와 같이 동경과 관련하여 도교적 관점에서도 해석할 여지가 있다 하겠다.

해의 남신과 달의 여신

집안(集安) 오회분(五盔墳) 4호묘에는 해를 머리에 인 남신과 달

6 金秉模, 「抹角藻井의 성격에 대한 재검토」 『역사학보』(1978), 제80집 참조.

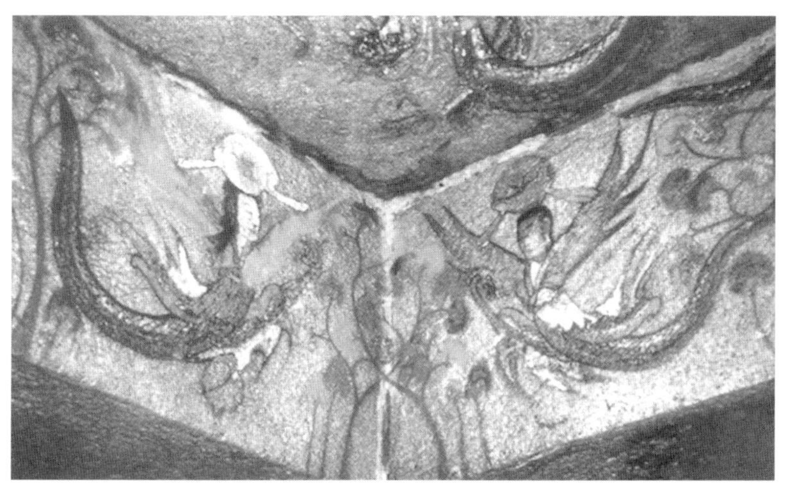

〈그림 32〉 집안(集安) 오회분(五盔墳) 4호묘의 남신과 여신.

을 머리에 인 여신이 등장한다【그림 32】. 이 남녀 두 신은 하반신이 용이나 뱀 등 파충류의 모습을 하고 있어 한대의 화상석(畵像石)에서 보이는 인류의 시조 복희(伏犧)·여와(女媧) 남매의 형상과 비슷하다. 이들 중 남신이 이고 있는 해 속에는 해의 정령인 삼족오(三足烏)가, 여신이 이고 있는 달 속에는 달의 정령인 두꺼비 곧 섬여(蟾蜍)가 그려져 있다. 이것은 주지하듯이 동이계의 영웅이었던 예(羿)와 그의 아내인 항아(姮娥) 신화의 반영으로 이 신화가 고구려에도 유포되었음을 말해준다. 그도 그럴 것이 예 신화와 고구려의 해모수(解慕漱)·주몽(朱蒙) 신화는 동일한 서사 구조를 지니고 있기 때문이다.[7] 그러나 이들은 몸에 날개와 같은 비의(飛衣)를 걸치고 있고 주변에 천공을 떠다니는 비선(飛仙)들이 있어 신화와 도교가 혼재된 이미지를 풍기고 있다. 이러한

---

7 이인택, 「중국 禹王 神話群과 한국 朱蒙 神話群」 『중국어문학논집』(1995), 제7호, pp. 285-86.

〈그림 33〉 서양 중세의 연금술 그림.

이미지는 후대의 도교에 의한 신화의 전유(專有) 현상을 보여주는 것으로서 주로 동이계 신화가 도교로 변천하는 과정에서 많이 발견된다.[8] 이 신화적 도상은 도교의 연단술(鍊丹術)에서 중요한 상징으로 기능한다. 가령 일찍이 한대에 성립된 단경(丹經) 『참동계(參同契)』에는 다음과 같은 언급이 있다.

> 음양이 절도에 맞을 때 혼백이 안정을 찾는다. 양의 신은 해의 혼이고 음의 신은 달의 백이다. 혼과 백의 사이는 서로에게 집이 되는 관계이다.
>
> 陰陽爲度, 魂魄所安. 陽神日魂, 陰神月魄. 魂與之魄, 互爲室宅.[9]

아울러 도교의 속설에 의하면 불사약을 뜻하는 '단(丹)'이란 글자는 '해(日)'와 '달(月)'의 합체자(合體字)이다. 음과 양은 곧 해와 달, 혹은 남성과 여성으로 표현되는데 벽화에서의 해를 이고 있는 남신과 달을 이고 있는 여신의 모습이 바로 그것이다. 서구의 연금술에서는 이

8 정재서, 「고구려 고분 벽화의 신화, 도교적 제재에 대한 새로운 인식」『동양적인 것의 슬픔』(살림출판사, 1996), pp. 136-37.

9 魏伯陽, 『參同契』, 第16章, 「養性立命」.

양자의 바람직한 결합이 양성구유(兩性具有)의 상태를 낳고 이 상태야말로 대극(對極)이 합일된 완전한 경지라고 여긴다. 해를 밟고 있는 남성과 달을 밟고 있는 여성을 그린 연금술의 도상은 벽화의 도상과 기묘한 일치를 보인다【그림 33】. 어쨌든 우리는 벽화에서의 이 남녀 두 신이 주변의 유선적(遊仙的) 분위기를 고려할 때 도교 연단술의 상징으로 그려졌을 가능성을 부인할 수 없다.

남두육성(南斗六星)과 북두칠성(北斗七星)

성수(星宿)에 대한 숭배는 도교 신앙 중에서 중요한 위치를 차지한다. 옥황상제를 비롯한 도교의 주요 신령들이 천상의 별자리에 진좌(鎭坐)하고 있기 때문이다. 별자리 중에서 특히 북두칠성과 관련한 칠성 신앙은 도교 신앙 중에서 가장 오랜 연원을 지니고 있다. 원래 무속에서 북두칠성은 천계의 중앙으로 상상되었는데 무속에서 발전한 도교는 이 관념을 계승하여 칠성 신앙을 성립시켰다. 그런데 고구려 고분벽화에서는 북두칠성과 더불어 남두육성을 병립시키고 있는 경우가 많은 것이 특징으로 인식되고 있다[10]【그림 34】. 오늘날에도 시신을 매장할 때에 칠성판에 눕히듯이 북두칠성은 사자의 혼이 돌아가는 곳으로서 죽음을 주관하는 별자리이다. 이에 반해 남두육성은 삶을 주관하는 별자리이다. 이러한 관념은 모두 도교에서 유래한다. 가령 남두육성에 대해 위진(魏晋) 남북조(南北朝) 시기 강남 도교의 주류였던 상청파(上淸派)에서는 다음과 같은 권능을 부여한다.

> 남두육성의 여섯 부서는 인간의 수명을 늘이는 일을 관장한다. 여

---

10 김일권, 「고구려인들의 별자리 신앙」『종교문화연구』(한신대, 2000), 제2호, p. 15.

〈그림 34〉 북두칠성과 남두육성. 집안의 장천(長川) 1호분 벽화에서.

섯 부서의 책임자의 호칭은 다음과 같다. 첫째, 천부성의 사명성군, 둘째, 천상성의 사록성군, 셋째, 천량성의 연수성군, 넷째, 천동성의 익산성군, 다섯째, 천추성의 도액성군, 여섯째, 천기성의 상생성군 이들이 남두육성의 여섯 부서의 성군들이다.

> 南斗六司, 主延壽, 計六官稱爲, 第一天府, 司命星君. 第二天相, 司祿星君. 第三天梁, 延壽星君. 第四天同, 益算星君. 第五天樞, 度厄星君. 第六天機, 上生星君. 是爲南斗六司星君也.[11]

연수성군(延壽星君)·익산성군(益算星君) 등의 이름에서 짐작할 수 있듯이 남두육성은 인간의 장수를 주관하는 별자리이다. 그런데 여기에서 제기해야 할 것은 고구려 도교와 상청파와의 관련성이다. 상청파는 영매(靈媒)인 위화존(魏華存)을 조사(祖師)로 섬기는 무속적 성격이 농후한 도교 교파로 이 교파의 중요한 인물들이 고구려 지역에서 수련했다는 가설이 최근 제기된 바 있다.[12] 그렇다면 고구려 고분벽화에

11 楊羲, 『上淸經』.
12 안동준, 앞의 논문.

서 특징적으로 나타나는 남두육성에 대한 숭배와 상청파에서의 상술한 언급은 이같은 가설을 지지하는 유력한 증거가 될 것이다.

남두육성과 북두칠성에 대한 숭배는 조선 도교에 이르러서도 여전히 계승된다. 북창(北窓) 정렴(鄭礦)에 관한 도술 설화 중에 이러한 내용이 있다. 북창이 어떤 어린애가 요절하게 될 운명인 것을 알고 불쌍히 여겨 그 아버지에게 살 방도를 일러주었다. 북한산에 가면 흰 옷을 입은 노인과 검은 옷을 입은 노인이 바둑을 두고 있을 터이니 무조건 두 노인에게 빌라는 것이었다. 어린애의 아버지가 시킨 대로 하자 두 노인은 북창의 수명을 떼어서 어린애에게 주었는데 알고 보니 흰 옷의 노인은 남두육성, 검은 옷의 노인은 북두칠성의 화신이었다고 한다.[13] 이러한 설화로 미루어 우리는 고구려 고분벽화상에 표현된 남두육성과 북두칠성에 대한 신앙이 실로 오랜 시기 동안 끈질기게 전해 내려왔음을 알 수 있다.

신선

도교에서 무엇보다도 중심적인 존재는 득도자인 신선이다. 고구려 고분벽화에는 신선으로 간주되는 인물들이 다수 등장한다. 대략 5세기 전반으로 편년되는 평양 감신총(龕神塚) 벽화에 표현된 서왕모(西王母)는 본래 『산해경』의 신화적 인물이었으나 한대에는 도교의 대표적 여선(女仙)으로 화려하게 재등장한다. 이 서왕모는 낙랑 시대에 한으로부터 유입된 도교가 고구려에 미친 영향의 산물일 것이다[14]【그

13 『記聞叢話』·『東稗洛誦』·『溪西野談』·『東野彙輯』 등의 야담집에 이 설화가 전한다.

14 龕神塚 벽화의 西王母에 대해서는 전호태, 『고구려 고분벽화 연구』(사계절, 2000), pp. 110-26 참조.

〈그림 35〉 서왕모(西王母). 평양 감신총(龕神塚) 벽화에서.

림 35】. 서왕모 이외에도 다수의 고분벽화에서 학이나 봉황 혹은 용을 탄 신선들이 출현한다. 이들 중 오회분 4호묘 및 5호묘에서의 백학을 탄 신선은【그림 36】『열선전(列仙傳)』에 실린 신선 왕자교(王子喬)【그림 37】와 일견 비슷하여 눈길을 끈다. 『열선전』에서는 왕자교에 대해 다음과 같이 기록하고 있다.

> 왕자교(王子喬)라는 사람은 주영왕(周靈王)의 태자 진(晋)이다. 생황을 즐겨 불었고 봉황의 울음소리를 낼 줄 알았는데 이천(伊川)과 낙수(洛水) 사이에서 노닐었다. 도사 부구공(浮邱公)이 데리고 숭고산(嵩高山)에 올랐다. 30여 년 후 그를 산 위에서 찾아냈는데 환량(桓良)이라는 사람에게 말하기를, "나의 집에 알려라. 7월 7일날 나를 구씨산(緱氏山)의 정상에서 기다리라고" 하였다. 그 때가 되자 과연 백학을 타고 산꼭대기에 내렸으나 멀리서나 볼 수 있을 뿐 가까이 갈 수는 없었다. (왕자교는) 손을 들어 그 때 모인 사람들에게 인사를 하고 며칠 있다가

〈그림 36〉 집안 오회분 5호묘의 승학신선(乘鶴神仙).

떠나갔다. (사람들은) 구씨산 기슭과 숭고산 꼭대기에 그를 위한 사당을 세웠다.

王子喬者, 周靈王太子晉也. 好吹笙作鳳凰鳴, 遊伊洛之間. 道士浮邱公, 接以上嵩高山. 三十 餘年後, 求之於山上. 見桓良曰, 告我家, 七月七日待我於緱氏山巓. 至時, 果乘白鶴, 駐山頭. 望之不得到, 擧手謝時人, 數日而去. 亦立祀於緱氏山下及嵩高首焉.[15]

〈그림 37〉 신선 왕자교(王子喬). 『열선도(列仙圖)』에서.

『열선전』상의 신선들의 모습을 그린 「열선도(列仙圖)」에서 왕

15 『列仙傳』, 卷上.

〈그림 38〉 약 그릇을 든 신선. 집안 오회분 4호묘 벽화에서.

자교는 백학을 타고 생황을 부는 모습으로 나타난다. 왕자교의 이러한 형상은 고구려 고분벽화상의 백학을 탄 신선과는 일정한 거리가 있다 하지 않을 수 없다. 왕자교 형상의 중요한 특징 중의 하나인 생황이 없고 복식에 있어서도 차이를 보이기 때문이다.

아울러 오회분 4호묘에는 비의(飛衣)를 입고 구름 사이를 나는 신선이 출현하는데 이 신선은 약그릇을 두 손에 받쳐들고 있어 주목된다【그림 38】. 이 약은 단약(丹藥)일 것이고 이것은 고구려 시기에 광물 합성을 통해 불사약을 제조하고자 했던 외단(外丹) 도교가 존재했을 가능성을 시사한다. 앞서 개설 부분에서 언급한 바 있지만 상청파의 대표적 인물 도홍경의 고구려인의 금 처리 기술에 대한 긍정적인 인식은 이같은 고구려 외단 도교의 존재와 관련하여 다시 한번 음미될 필요가 있다.

선금이수(仙禽異獸)

도교적 상상 세계에는 평범한 인간의 수행 과정 혹은 득도한 신선의 도행(道行)을 도와주는 수많은 동물적 조력자가 있다. 고구려 고분벽화에서 특징적으로 나타나고 있는 사신(四神) 즉 청룡·백호·주작·현무 등의 방위신은 도교에서 신성시하는 상상 속의 동물이기도 하지만 음양오행설이라는 동아시아 보편적인 우주론의 산물이기도 하므로 특별히 거론하지 않겠다. 아울러 용이나 기린과 같은 서수(瑞獸)도

〈그림 39〉 인면조(**人面鳥**) 만세(**萬歲**). 덕흥리(**德興里**) 고분벽화에서.

비슷한 이유에서 다루지 않기로 한다.

고구려 고분벽화에는 일각수(一角獸) · 천마(天馬) · 비어(飛魚) · 인면조(人面鳥) 등 수많은 신화적 동물들이 출현한다. 이들은 대부분 『산해경』에 근거를 둔 괴수들인데 이들 중의 일부는 도교의 상상 동물로 변신한다. 가령 덕흥리(德興里) 고분벽화에 표현된 인면조인 천추(千秋)와 만세(萬歲)는 본래 신화에서는 가뭄이나 전쟁 등 재앙을 유발하는 흉조였으나 도교에 이르면 불로장생을 도와주는 길조로 변신한다 【그림 39】. 갈홍(葛洪)의 『포박자(抱朴子)』에서는 이 새들에 대해 이렇게 말한다.

> 천세(千歲)라든가 만세(萬歲)라든가 하는 새들은 모두 사람의 얼굴에 새의 몸을 하고 있는데 수명 또한 그 이름과 같다.
>
> 千歲之鳥, 萬歲之禽, 皆人面而鳥身, 壽亦如其名.[16]

천추 · 만세와 같은 선금(仙禽)들은 피장자를 사악한 기운으로부터 보호해 줄 뿐만 아니라 내세에서 영원한 삶을 누릴 수 있도록 인도하는 역할을 한다. 이외에도 학이나 공작 등 각종의 새들 역시 신선의 탈 것이 되는 등 동물적 조력자로서의 기능을 하고 있다. 『참동계』에서는 도교 수행자가 어떻게 동물적 조력자를 활용하는가에 대해 다음과 같이 말하고 있다.

> 도를 즐기는 자는, …… 백학을 타고 용을 몰아 공중에서 노닐고 높은 신선을 뵙는다.
>
> 樂道者, …… 御白鶴, 駕龍鱗, 遊太虛, 謁仙君.[17]

우리는 예컨대 오회분 4호묘나 5호묘 등의 벽화에서 보듯이 백학이나 용을 탄 신선들이 천상에서 유유자적하는 광경이 상술한 도교 수행자의 상상적 활동을 그대로 재현한 것임을 쉽사리 알 수 있다.

고구려 도교의 연원성과 연속성

지금까지 행한 고구려 고분벽화에 표현된 도교 도상에 대한 분석을 토대로 몇 가지 견해를 제시해 보면 다음과 같다.

첫째, 고구려의 고분은 내부의 벽화 내용뿐만 아니라 그 자체 구성 방식에 있어서도 강한 도교적 지향을 표현하고 있음이 밝혀졌다.

---

16 葛洪, 『抱朴子 · 內篇』, 卷3, 「對俗」.

17 魏伯陽, 『參同契』, 第25章, 「鼎器妙用」.

둘째, 남두육성과 북두칠성의 예에서 보듯이 고구려 도교의 일부 내용은 후대에도 연속성을 지니고 있음이 확인되었다. 이것은 고구려 도교가 후대의 한국 도교에 대해 상당한 연원성을 지니고 있음을 의미한다.

셋째, 고구려 고분벽화는 신화와 도교의 공존 혹은 전변(轉變)의 관계를 보여줌으로써 도교사적으로도 중요한 자료 가치를 지닌다.

이밖에도 고구려 도교의 외단법, 상청파와의 관련성 등은 앞으로 논구를 심화시켜 나갈 때 보다 정확한 내용이 드러나게 될 것이다. 고구려 도교에 대한 연구의 역사는 길지 않고 본격적인 노작도 많지 않다. 그러나 앞으로 이 분야는 많은 해석의 가능성이 남겨져 있어 연구 여하에 따라서는 고구려 고분벽화 연구에 대해 새로운 활력을 부여하는 역할을 하게 될 것으로 기대한다.

VII.『온성세고(溫城世稿)』를 통해 본 조선 단학파(丹學派)의 이념적 성격

온양(溫陽) 정씨(鄭氏)와 한국 도교

『온성세고(溫城世稿)』는 온양(溫陽) 정씨(鄭氏) 저명 인물들의 문집 합본(合本)으로서 용인(龍仁) 이씨계(李氏系)의 『오계일지집(梧溪日誌集)』과 더불어 한국 도교 연구상 중요한 문집 자료이다. 이들에 대해서는 그간 국내의 도교학자들에 의해 부분 혹은 전면적으로 여러 차례 연구가 행해진 바 있는데 『오계일지집』에 대해서는 고 최삼룡(崔三龍) 교수가, 『온성세고』에 대해서는 양은용(梁銀容) · 손찬식(孫燦植) 두 교수가 특히 주목할 만한 논의를 펼친 바 있다.[1] 가령 『온성세고』의 경우 양은용 교수는 서지학적 검토와 아울러 북창(北窓) 정렴(鄭磏)을 중심으로 온양 정씨의 선가(仙家) 학풍 · 계보 등에 대해 상론하였으며, 손찬식 교수는 조선조 단학파의 문학 활동과 관련하여 온양 정씨 제가(諸家)의 시문(詩文)과 생애를 조감, 분석한 바 있었다.

이 글에서의 논의는 이같은 선행 연구의 성과를 딛고 조선조 단학

1 이에 대해서는 최삼룡, 「仙人說話로 본 韓國固有의 仙家에 대한 연구」『道教와 韓國思想』(범양사, 1987). 梁銀容, 「新出 '丹學指南'과 北窓 鄭磏의 養生思想」『道教의 韓國的 受容과 轉移』(아세아문화사, 1994). 孫燦植, 『朝鮮朝 道家의 詩文學 硏究』(국학자료원, 1995) 등 참조.

파의 중요한 성원이었던 온양 정씨 제가의 시문집인 『온성세고』에 대한 재검토를 통하여 그동안의 논구에서 철저히 구명(究明)되지 않았던 조선조 단학파 내지 한국 도교의 고유한 성격을 중국 도교와의 변별적인 견지에서 밝혀내기 위해 시도된 것이다.

『온성세고』의 성립 및 내용

『온성세고』는 온양 정씨 문중에서 개별적으로 전해 내려오던 「북창선생시집(北窓先生詩集)」·「고옥선생시집(古玉先生詩集)」·「금송당유고(琴松堂遺稿)」·「십죽헌유고(十竹軒遺稿)」·「만죽헌유고(萬竹軒遺稿)」·「총계당유고(叢桂堂遺稿)」·「무송당유고(撫松堂遺稿)」·「동명선생집(東溟先生集)」 등 8권의 문집을 1977년 후손 정낙훈(鄭樂勳)[2]이 합본, 영인(影印)한 것이다[3]【그림 40】. 1977년 합본 이전에는 전(前) 7종은 『북창고옥양선생시집(北窓古玉兩先生詩集)』에 모두 포괄되어 「동명선생집」과 나란히 전해내려 왔었다. 『온성세고』에는 산문 작품은 거의 없고 시와 서발문(序跋文) 및 작자들에 대한 전기(傳記), 평문(評文) 등이 주로 수록되어 있다.[4]

8명의 작자는 북창 정렴(1506-1549)을 비롯 고옥(古玉) 정작(鄭碏, 1533-1603)·금송당(琴松堂) 정적(鄭磧, 1537년 전후)·십죽헌(十竹軒) 정담(鄭礑, 1517-1561)·만죽헌(萬竹軒) 정현(鄭礥, 1526-?)·총계당

---

2 鄭樂勳(1895~1989): 자는 允至, 호는 葵圃. 국학자로서 제1공화국 당시 충북도지사·농림부장관 등을 역임했고 『陳語拾遺』·『韓季名賢錄』 등의 저술을 남겼다.

3 출판사는 未詳.

4 최근 日本 大阪 府立도서관 및 姜慶勳 교수 所藏 『東溟先生集』에서 기존의 「동명선생집」에서 누락된 다수의 시문이 발견되어 학계의 관심을 모은 바 있다.

(叢桂堂) 정지승(鄭之升, 1550-1589) · 무송당(撫松堂) 정회(鄭晦, 1568-?) · 동명(東溟) 정두경(鄭斗卿, 1597-1673)으로 이들 중 정렴 · 정작 · 정지승 · 정회 · 정두경 등은 조선조 단학파와의 관련하에 한국 도교 연구에서 자주 거론되는 인물들이다. 양은용 교수는 이들 이외에도 『온성세고』에는 작품이 수록되어 있지 않으나 온양 정씨 출신의 단학파 인물로 계향당(桂香堂) 정초(鄭礎, 1495-1539)와 정돈시(鄭敦始, 1756-1785) 등을 더 거론한다. 정초는 정렴 · 정작과 종형제간(從兄弟間)으로 당시 '일가삼선(一家三仙)'의 칭예(稱譽)가 있었으며 정돈시는 황윤석(黃胤錫)의 『해동이적보(海東異蹟補)』에서 신선으로 열기(列記)되어 있다.

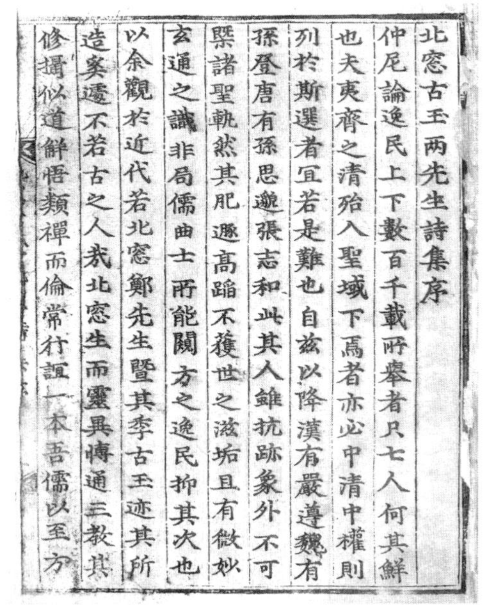
北窓古玉兩先生詩集序
仲尼論逸民上下數百千載所舉者只七人何其鮮
也夫夷齊之清殆入聖域下焉者亦必中清中權則
列於斯選者宜若是難也自玆以降漢有嚴遵魏有
孫登唐有孫思邈張志和此其人雖抗跡象外不可
槩諸聖軌然其肥遯高蹈不獲世之滋垢且有微妙
玄通之識非局儒曲士所能闚方之逸民抑其次也
以余觀於近代若北窓鄭先生暨其季古玉迹其所
造奚遽不若古之人哉北窓生而靈異傳通三教其
修攝似道解悟類禪而倫常行誼一本吾儒以至方

〈그림 40〉 온양(溫陽) 정씨(鄭氏)의 문집 『온성세고(溫城世稿)』.

『온성세고』에 수록된 온양 정씨 일문(一門)의 시의 경향은 양은용 · 손찬식 · 정민(鄭珉) 교수[5] 등의 논구에 의하면 유선(遊仙), 양생적(養生的) 취지가 무엇보다도 두드러지는 것으로 나타나 있다. 그러나 이러한 일반적 경향이 구체적으로 어떠한 지향을 갖게 될지는 더 이상

5 鄭珉, 「16 · 7세기 遊仙詩의 자료개관과 출현동인」 『韓國道敎思想의 理解』(아세아문화사, 1990) 참조.

의 세심한 논구가 뒤따라야 밝혀질 것이다.

『온성세고』의 지향

사상적 지향

정렴·정작 등 온양 정씨의 선가계(仙家系) 인물들이 도교 그중에서도 단학(丹學)에 조예가 깊었으리라는 것은 『해동전도록(海東傳道錄)』 등을 통해 밝혀진 그들의 단학 사승(師承) 관계라든가 정렴의 내단서(內丹書)인 『용호비결(龍虎秘訣)』의 취지, 『동의보감(東醫寶鑑)』에 표현된 정작의 도교 의학 체계 등 학계에서 이미 논의, 구명된 내용들로서도 충분히 입증된다 할 것이다. 실제로 정렴의 수련처는 오늘에도 경기도(京畿道) 양주군(楊州郡) 괘라리(掛羅里) 속칭 정씨골에 그 흔적을 남기고 있으며 전라북도(全羅北道) 진안군(鎭安郡) 주천면(朱川面)에는 정지승이 초제(醮祭)를 지냈던 제천대(祭天臺) 터가 현재까지 잔존(殘存)해 있다.[6] 아울러 『온성세고』에는 정렴·정작 등이 당대의 저명한 도인이었던 수암(守菴) 박지화(朴枝華)·격암(格菴) 남사고(南師古) 등과 교유했던 기록이 많이 보인다. 풍수학(風水學)에도 정통했던 정렴·정작과 역시 풍수대가인 남사고와의 교유는 흥미를 끄는 사항이 아닐 수 없다. 정작의 「배수암박지화격암남사고방이언유(陪守菴朴枝華格菴南師古訪李彦愉)」 시를 예로 들어 본다.

尋君南嶽下,　　그대를 찾아 남산 아래에 이르렀거니,

6 이들 유적은 최근 일부 학자 및 온양 정씨 후손들에 의해 조사, 확인된 바 있다.

地僻斷人蹤. 홀로 외진 곳 사람 자취 없네.
庭靜來山鳥, 고요한 뜨락으로 산새가 내리고,
窓虛引竹風. 텅빈 창안으론 댓바람이 들어오네.
煙嵐栖戶外, 아지랑이 문밖에 서리고,
蒼翠入尊中. 푸른 산기운 술독에 들어오네.
余亦忘機者, 나 또한 세상 시름 잊은 사람이거니,
頻過笑語同. 자주 와서 담소를 함께 하리.

정회 역시 화산진인(華山眞人)의 제자라는 정양진인(正陽眞人) 정자원(鄭紫元)에 대해 노래한 시, 「정양진인가유별정자원(正陽眞人歌留別鄭紫元)」을 남기고 있어 당시 일단(一團)의 방외인물(方外人物)들과의 교유 상황을 엿볼 수 있다. 그러나 정렴 등의 도교가 중국의 전통적인 도교와 다른 사상적 내용 및 취지를 갖고 있음은 정렴이 자손들에게 남긴 「유훈(遺訓)」의 다음과 같은 언급으로부터 알 수 있다.

> 모든 제사는 일체 주문공(朱文公) 가례(家禮)에 의거하고 속례(俗禮)를 참작하되 인정에 합치되도록 힘써야 한다. …… 나의 말이 무엇에 힘입은 것인가? 『근사록(近思錄)』·『소학(小學)』은 초학의 단계이나 세속에서는 이것들을 읽지 않는다.
> 凡祭祀一依朱文公家禮, 參以俗禮, 務合人情, …… 予言何賴焉, 近思錄小學書初學之逕蹊而世俗不之看.[7]

정렴의 이러한 언급은 그가 기본적으로 송대(宋代) 이학(理學)을

7 『溫城世稿』 所收.

치신(治身), 치가(治家)의 바탕으로 삼고 있다는 것을 표명한다. 그에게는 화담(花潭) 서경덕(徐敬德)의 죽음을 애도한 시 「문화담연세(聞花潭捐世)」가 있고 온양 정씨가 도교적 가학에도 불구하고 후대에 소론(少論) 환반(宦班)으로서의 지위를 유지했던 것으로 보아 유학이 기본 소양으로서 자리잡혀 있었던 것은 분명하다.

『온성세고』에는 이밖에도 당대의 저명한 불승(佛僧)들과 창화(唱和)한 시들이 많이 실려 있어 이들이 불교에도 깊은 관심을 갖고 있었음이 규지(窺知)된다. 정렴의 「증금강상인(贈金剛上人)」·「증지현상인(贈智玄上人)」·정작의 「제풍악상인축(題楓嶽上人軸)」·「제상인시축(題上人詩軸)」·정지승의 「제봉은사상인시축(題奉恩寺上人詩軸)」·「신암사증각조(神巖寺贈覺照)」 등의 증답시(贈答詩)와 수많은 사찰을 제재로 한 시들이 그 증좌(證佐)이다. 이는 정렴이 유승(儒僧)이었던 매월당(梅月堂) 김시습(金時習)과 승(僧) 대주(大珠)로부터 도통을 전수받았던 사실과 관련하여 생각할 때 온양 정씨 일문(一門)의 가학이 불학(佛學)과도 깊은 교섭이 있었음을 시사한다. 결국 온양 정씨 일문의 도교학은 유·불·도 삼교가 회통(會通)하는 성격의 도교학이라는 것을 알 수 있다. 해숭위(海嵩尉) 윤신지(尹新之)의 「북창고옥양선생시집서(北窓古玉兩先生詩集序)」에서의 정렴에 대한 다음의 평가가 이러한 가학의 경향을 웅변하고 있다.

> 선생은 나면서 신이하셨다. 삼교에 두루 통하시어 가히 더불어 신선이기도 하고, 부처이기도 하고, 성인이기도 하니 이 분을 진인이라 말함은 잘못된 것이리라.
>
> 先生生而神異. 博通三教, 可與爲仙, 可與爲佛, 可與爲聖人, 是之謂眞人者, 非耶.

이러한 언명은 일찍이 최치원(崔致遠)이 지은 「난랑비서(鸞郎碑序)」의 삼교회통적 취지와 상통하는 바가 있어 자못 흥미롭다. 「난랑비서」의 내용은 다음과 같다.

> 나라에 오묘한 도가 있으니 그것을 풍류(風流)라고 한다. 그 가르침을 마련한 근원은 『선사(仙史)』에 상세히 실려 있으니, 그것은 실로 세가지 가르침〔유 · 불 · 도〕을 다 포함하고 있어 뭇사람을 교화시킨다. 예컨대 들어와 집안에서 효도하고, 나가서 나라에 충성하는 것은 공자의 취지이고, 작위함이 없는 일에 처하고 말하지 않는 가르침을 행하는 것은 노자의 주장이며, 모든 악을 저지르지 않고 모든 선을 받들어 실행하는 것은 석가의 교화이다.
>
> 國有玄妙之道, 曰風流. 設敎之源, 備詳仙史, 實乃包含三敎, 接化群生. 且如入則孝於家, 出則忠於國, 魯司寇之旨也. 處無爲之事, 行不言之敎, 周柱史之宗也. 諸惡莫作, 諸善奉行, 竺乾太子之化也.[8]

고대 한국의 풍류도에서의 삼교회통적 취지와 『온성세고』 등에서 나타나는 조선조 단학파의 그것은 연원적 관계에 있지 않을까? 이 문제는 중국의 전통 도교와 구분되는 한국 도교의 특성 규명을 위해 보다 심도있게 천착(穿鑿)되어야 할 과제가 아닌가 한다.

문예적 지향

『온성세고』에 실린 작품들은 대부분 순수 문학에 속하는 시부(詩賦)이고 정렴 · 정작 · 정지승 · 정두경 등의 작가들은 조선조 한시(漢

---

8 『三國史記』「新羅本紀」眞興王 37年條.

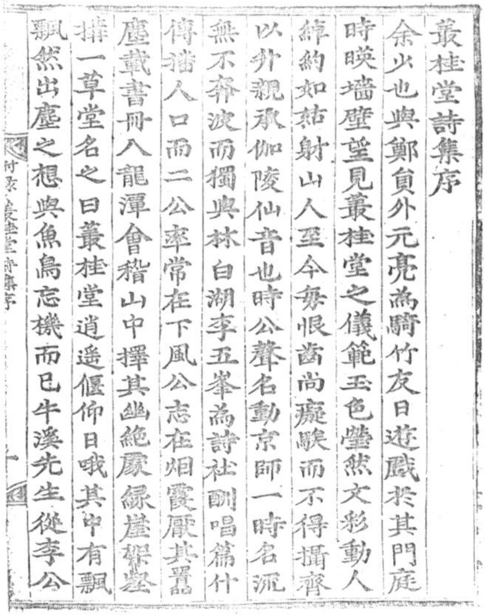

叢桂堂詩集序
余少也與鄭負外元亮為騎竹友日遊戲於其門庭
時睽墻壁望見叢桂堂之儀範玉色瑩然文彩動人
綽約如姑射山人至今無恨齒尚癡騃而不得攝齊
以升親承伽陵仙音也時公聲名動京師一時名流
無不奔波而獨與林白湖李五峯為詩社酬唱篇什
傳播人口而二公率常在下風公志在烟霞厭其囂
塵載書冊入龍潭會稽山中擇其幽絶處緣崖構堂
排一草堂名之曰叢桂堂逍遙偃仰日哦其中有飄
飄然出塵之想與魚鳥忘機而已牛溪先生從李公

〈그림 41〉『온성세고(溫城世稿)』에 실린 「총계당시집(叢桂堂詩集)」.

詩) 문학에서 크게든 작게든 거론되는 시인들이다. 이중 『온성세고』상에 804수에 달하는 최다의 작품을 남기고 있는 정두경은 현종(顯宗) 시대 굴지의 시인으로서 그의 문학에 대해서는 이미 적지 않은 논의가 있다.[9] 특히 그의 호방한 시풍(詩風)은 성당(盛唐) 시인 이백(李白)과 상관이 있는 것으로 알려져 있다. 아울러 정지승은 손곡(蓀谷) 이달(李達)·고죽(孤竹) 최경창(崔慶昌)·옥봉(玉峯) 백광훈(白光勳) 등의 삼당파(三唐派)와 더불어 당시풍(唐詩風)을 진작(振作)시킨 인물로【그림 41】 그의 시 「축천정유별(丑川亭留別)」은 청대(淸代) 격조시파(格調詩派)의 거장 심덕잠(沈德潛)의 『명시별재집(明詩別裁集)』에 선입(選入)되어 호평을 받았다. 그 시는 다음과 같다.

9 정두경 문학에 관한 논문으로는 윤미길, 「정두경 연구」『圓大論文集』(1988), 제22집. 강전섭, 「東溟子 정두경의 詩文拾遺」『鶴山趙鍾業博士華甲紀念論叢』(1990). 김상일, 「동명자 정두경의 시세계」(동국대 석사논문, 1990). 박태성, 「동명 정두경 시 연구」(연세대 석사논문, 1991). 남은경, 「동명 정두경 문학의 연구」(이화여대 국문과 박사논문, 1997). 조병오, 「동명 정두경의 애정 한시 연구」『동양한문학 연구』(1997), 제11집. 권오웅, 「동명시의 의식과 풍격」(성균관대 박사논문, 1997) 등이 있다.

姜克诚

湖堂早起

江月晓欲沉，宿云寒未去。但闻柔橹声，不见舟行处。唐无名氏有「烟昏不见人，隐隐数声橹」句，传写晓景，俱非画笔能到。

李仁老

题杏花鸜鹆图

欲雨未雨春阴垂，杏花一枝复两枝。问谁领得春消息，惟有鸜之与鹆之。

郑之升

留别

帐望溪亭夕照明，绿杨如画罨春城。无人为唱阳关曲，惟有青山送我行。情致缠绵，比唐人作更翻得别。

许景樊 景樊字兰雪，七岁作广寒宫上梁文，长适进士金成立。成立殉国难，许以节见。

塞上

侵云石磴马蹄穿，陟尽重冈若上天。秋晚鱼龙眠巨壑，雨晴虹蜺落飞泉。将军鼓角行边急，公主琵琶说怨偏。日暮为君歌出塞，剑花腾跃匣中莲。

望高台

层台一柱压嵯峨，西北浮云接塞多。铁峡霸图龙已去，穆陵秋色雁初过。山回大陆吞三郡，水割平原纳九河。万里登临日将暮，醉凭青嶂独悲歌。风格意度俱好，钱牧斋因其近七子体，故亦贬之。

李 氏 赵瑗妾。

登楼

红阑六曲压银河，瑞雾霏霏湿翠罗。明月不知沧海暮，九疑山下白云多。

占城贡使

〈그림 42〉 심덕잠(沈德潛)의 『명시별재(明詩別裁)』에 실린 정지승(鄭之升) 시에 대한 논평.

細草閑花水上亭, 잔디풀, 한가로운 꽃, 물위의 정자,
綠楊如畵掩春城. 푸른 버들은 그림같이 봄성을 덮었는데.
無人鮮唱陽關曲, 아무도 이별의 노래 불러 주는 이 없고,
惟有靑山送我行. 오로지 푸른 뫼만이 나의 갈길을 배웅하네.

심덕잠은 이 시에 대해 “정감이 서리서리 얽힌 것이 당인의 작품에 비해 더욱 변화로워 별다른 경지를 이룩했다(情致纏綿, 比唐人作, 更翻得別.)”[10]고 고평(高評)했다【그림 42】. 그런가 하면 심덕잠과 쌍벽을 이루는 신운시파(神韻詩派)의 거장 왕사정(王士禎)의 『지북우담(池北偶談)』에는 정작의 「강상야문적(江上夜聞笛)」 시가 역시 선별되어 실

10 沈德潛, 「外國」 『明詩別裁集』(上海: 上海古籍出版社, 1979), p. 338.

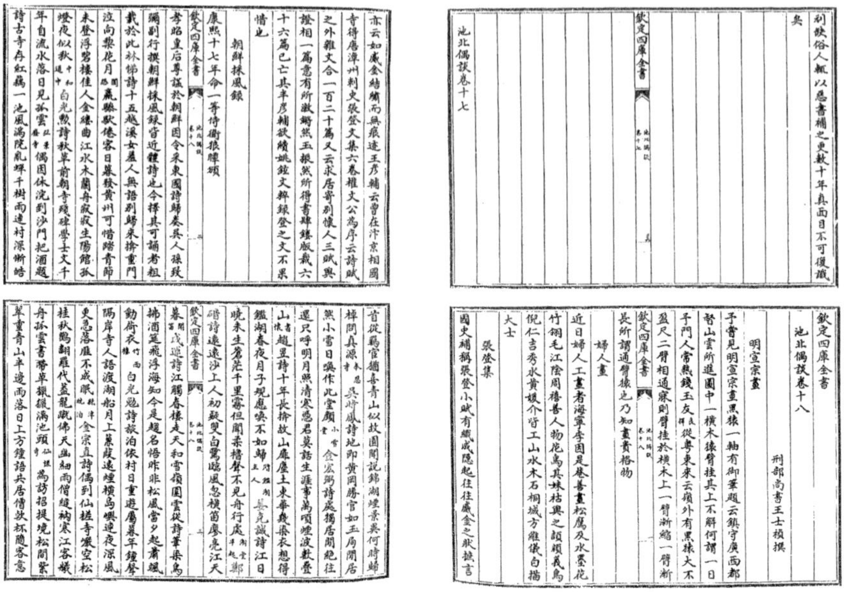

〈그림 43〉『지북우담(池北偶談)』의 「조선채풍록(朝鮮採風錄)」.

려 있다[11]【그림 43】. 그 시는 다음과 같다.

遠遠沙上人,	멀리 멀리 모래 위의 사람이,
初疑雙白鷺.	처음엔 한 쌍의 해오라비인가 했네.
臨風忽橫笛,	바람결에 홀연히 들려오는 피리소리에,
寥亮江天暮.	쓸쓸이 강가의 하늘이 저물어 가네.

일찍이 청음(淸陰) 김상헌(金尙憲)은 「총계당시집서(叢桂堂詩集序)」에서 "세상에서 칭하길 온양 정씨는 시에 능하다고 한다(世稱溫陽

11 王士禛, 「朝鮮採風錄」 『池北偶淡』(上海: 上海古籍出版社, 1993), p. 255.

氏長於詩)" 고 언급하여 온양 정씨 일문의 문예적 재능에 대한 당시의 긍정적 인식을 개괄하였다. 그런데 앞서 열거한 내용으로써 판단할 수 있는 것은 『온성세고』상의 작가들이 결국 당시풍(唐詩風)의 창작에 능했다는 사실이다. 당시풍은 논리적이고 사변적 경향의 송시풍(宋詩風)과는 대조적으로 낭만적이고 감성적 경향을 띠었으며 사실상 중국시가 이상으로 추구하는 경지였다. 당시의 그러한 경향은 도교가 국교로서 풍미하였던 당대의 종교 문화적 현실과 깊이 상관된 것이다. 물론 조선조의 지배적인 시풍이 당시풍이었기에 온양 정씨 작가들 및 단학파의 당시풍이 특별한 의미를 갖는 것은 아니나 어쨌든 그들 나름대로 송시풍보다는 당시풍을 더욱 선호할 수밖에 없는 종교 문화적 요인은 도교적 취향에 있다 할 것이다.

정치적 지향

종래 도교계 인물들에 대한 정치적 관점으로부터의 평가에는 일정한 설명 도식이 있었다. 즉 정치적, 현실적 불우(不遇)가 그들을 도교로 굴절된 삶을 살게 하였고 도교를 통해 그들은 현실을 초극할 길을 찾게 되었다는 식의 설명이 그것이다. 이는 대체로 중국의 전통 도교에 입각한 설명 논리로서 조선조 단학파의 경우에도 일정 정도까지 들어맞는다. 왜냐하면 그들 중의 다수가 정치적으로 불우하였으며 온양 정씨의 경우는 사화(士禍)에 관련되어 한때 집안이 폐족(廢族)의 위기에까지 처해진 적도 있었기 때문이었다.[12] 그러나 앞서의 사상적 지향에서도 밝혀진 바 있듯이 삼교합일적 경향의 조선조 단학파의 정치·현

---

12 정렴의 父 鄭順朋이 乙巳士禍에 적극 관여한 혐의로 후일 李珥 등의 탄핵에 의해 온양 정씨는 선조·광해 연간에 폐족되었다가 인조 반정 이후 복권된다.

실에 대한 인식을 그렇게 소극적 관점에서 도식적으로만 이해하려는 태도는 문제가 있다 하지 않을 수 없다. 이러한 문제 의식은 온양 정씨 나아가 조선조 단학파의 도교학풍이 단순히 개인적 기호로부터 비롯된 것인가, 아니면 보다 깊고 넓은 문화적 연원으로부터 유래한 것인가 하는 논의와도 긴밀히 상관된다. 양은용 교수는 이에 대해 "도가적 인생관이 현실 도피만이 아니라 차원을 달리한 현실 참여라는 의미로" 해석되어야 할 필요가 있음을 역설하고 이에 따라 가령 정렴의 도교 수행을 가세(家勢)의 변동으로 인한 개인적 굴절로 보기보다는 본래부터 있었던 '일가의 학풍'에 바탕한 자연스러운 처신으로 인식한다.[13]

그렇다면 우리는 조선조 단학파를 단순히 소극적, 퇴영적 현실 인식의 차원에서만 규정할 수 없다고 판단할 때 그들이 갖고 있었던 현실 인식은 과연 어떠한 것이었는가 생각해 보지 않을 수 없다.

우선 『온성세고』상의 자료를 통해 볼 때 정두경을 제외한 작가들이 주로 활약했던 임진왜란 전후 시기에 이들의 교유 관계는 전술한 박지화 · 남사고 등의 방외인들에게만 한정되지 않는다. 주목해야 할 것은 정작과 고경명(高敬命) · 고인후(高因厚) 부자, 정지승과 임제(林悌)와의 밀접한 교유 관계이다. 이들 사이의 관계는 단순한 창화(唱和) 관계를 넘어선다. 정작에게는 「휴고이순유북산(携高而順遊北山)」 · 「기고인후(寄高因厚)」 · 「유인시전태사전칠월전몰우금산인후역부사운수용곡수암운이수(有人始傳苔槎前七月戰沒于錦山因厚亦赴死云遂用哭守菴韻二首)」 등의 시편(詩篇)이 있는데 주지하다시피 고경명 · 고인후 부자는 의병장으로서 금산(錦山) 싸움에서 장렬히 전사하였다. 정지승에게도 「송인제봉임소(送人霽峯任所)」 · 「승차제봉운(僧次霽峯韻)」 등

13 양은용, 앞의 논문, p. 383.

고경명과 관련된 작품이 있지만 누구보다도 많은 횟수에 걸쳐 작품을 남긴 대상 인물은 「기임자순(寄林子順)」·「승축차자순운(僧軸次子順韻)」·「우중방자순불우(雨中訪子順不遇)」 등의 작품 예에서 보듯이 임제이다. 임제는 호방불기(豪放不羈)의 재사(才士)로서 그의 민족주의적 기상은 임종시의 일화(逸話)에 잘 나타나 있다. 그는 애통해하는 자식들에게 약소국에서 태어난 불우한 자신의 생애를 오히려 강개(慷慨)히 토로하였다고 한다. 그런데 정지승 역시 단순한 은일지사(隱逸之士)만은 아니었던 것이 일찍이 우계(牛溪) 성혼(成渾)은 그를 두고 이렇게 평하였다.

> 정공이 어찌 시인일 뿐이겠는가? 그의 학술의 정밀함과 역량의 웅대함을 옛날 사람에게서 찾는다면 아마 제갈공명(諸葛孔明)이나 왕경략(王景略)과 같은 부류일 것이다.
>
> 鄭公豈詩人而已哉. 其學術之精微, 力量之雄偉, 求之古人, 蓋諸葛孔明王景略之流亞也.[14]

제갈공명이나 왕경략에 비유할 수 있다는 것은 그가 대단한 정치적, 군사적 식견과 아울러 충의적(忠義的) 성향을 지녔음을 암시하며 결국 이러한 그의 성향이 고경명·임제 등과의 긴밀한 교유를 가능케 하지 않았나 생각된다. 아닌게아니라 선대(先代)의 이러한 현실 인식은 후대의 정두경에게도 계승된다. 정두경은 풍자시나 상소를 통해서도 강개한 현실 의지를 자주 피력한 바 있었지만 「단군사(檀君祠)」·「동명왕사(東明王祠)」 등의 회고적 작품을 통해 민족의 기원과 역사에 대한

---

14 『溫城世稿』 所收.

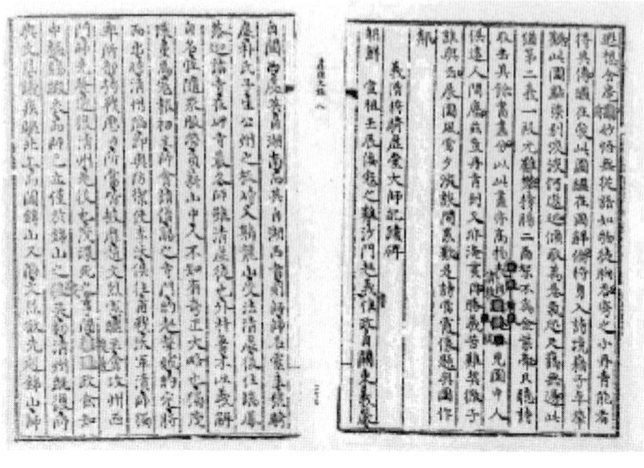

〈그림 44〉 정인보(鄭寅普)의 「의승장기허당대사기적비(義僧將騎虛堂大師記蹟碑)」.

긍지와 자부심을 농후히 표현하였고 이러한 취지는 제자인 홍만종(洪萬宗)에게 계승되어 한국의 신선 전기집인 『해동이적』을 편찬함에 있어 단군을 첫머리에 놓이게끔 하였다.

이제 우리는 조선조 단학파의 성격이 종래의 피상적 소견과는 달리 일정한 정치적 지향을 띠고 있으며 그것의 이념적 내용은 민족주의라든가 자주적 역사의식과 상관됨을 알 수 있다. 그렇다면 『온성세고』의 작자들 및 조선조 단학파가 갖고 있는 이러한 정치적 지향은 어디로부터 유래한 것인가? 이 문제와 관련하여 담원(薝園) 정인보(鄭寅普)의 「의승장기허당대사기적비(義僧將騎虛堂大師紀蹟碑)」의 일부 내용은 상당한 시사를 준다【그림 44】. 정인보는 임진왜란 당시 충청도 갑사(甲寺)에서 의병을 일으켰다가 후일 조헌(趙憲)·고경명 등과 함께 금산 싸움에서 전몰한 승장(僧將) 영규대사(靈圭大師)의 충절을 기리는 비문에서 다음과 같이 말한다.

> 불법은 죽이지 않는 것이 가르침이라. …… 중국 고승들의 경우 등운봉(鄧雲峰)을 제외하고 불법으로써 군사를 도왔다는 예를 들어본

적이 없다. 유독 이 땅의 서산대사(西山大師) 휘하의 뛰어난 제자들만 이 국난에 몸을 던졌다. …… 그 연고를 가만히 추측컨대 실로 까닭이 있으니 대개 신라의 국선(國仙), 고구려의 조의선인(皂衣仙人)은 모두 단군이 남기신 가르침을 따랐던 무리들로, 씩씩함을 숭상하고 의로움을 다져 국가 유사시에는 굳세게 대처하였다.…… (이러한) 국교가 쇠퇴함에 이르러 …… 그 유풍(遺風)이 점차 불문에 스며들었던 것이다.
釋氏之法, 以不殺爲教, …… 震旦古德自鄧雲峰外, 未聞有以法助軍者. 獨此土淸虛之徒, 高足名宿, 馳驅國難, …… 而徐推其故, 諒亦有由. 蓋新羅之國仙, 高句麗之皂衣仙人, 皆桓儉遺教之聚, 尙驍健, 厲志義, 國有事則犀以處之. …… 迨國教浸替, …… 其遺液餘潤, 沁漸叢林.[15]

조선조 단학파가 중국의 전통 도교와는 다른 견지에서 민족 의식 및 자주적 역사 의식을 가지고 있었다는 사실은 정인보가 지적한 바 조선조 불교가 중국 불교와는 달리 국난에 직접 참여, 분투했던 역사적 현실과 동일한 문맥에서 이해되어야 할 것이다. 결국 그 원인을 추구해 보면 단학파든 불교든 그 배후의 이념으로는 신라의 국선, 고구려의 조의선인 등으로 표상되는 민족 고유의 신앙 혹은 정신 체계가 여전히 기능하여 한국 도교, 한국 불교의 특성을 구현해 왔던 것이라고 말하지 않을 수 없다. 이 점은 이 글의 앞에서 단학파의 삼교합일적 사상 경향을 방증하기 위해 예를 들었던 최치원의 「난랑비서」의 취지와 관련하여 이해할 때 더욱 설득력을 얻게 될 것이다.

15 鄭寅普, 『薝園文錄』(연세대학교출판부, 1967), p. 769.

단학파의 민족자존(民族自尊) 의식

이 글에서는 이상과 같이 『온성세고』를 중심으로 조선조 단학파의 이념적 성격을 밝히고자 시도하였다. 그것은 중국 도교와의 변별적인 차원에서 한국 도교의 본질에 대한 이해가 미진하다는 문제 의식에서 비롯된 것이었다. 그리하여 『온성세고』의 지향을 사상 · 문예 · 정치 방면으로 나누어 고찰해 보았을 때 궁극적으로 이들이 한 가지 이념 및 의식으로 귀납되고 있음을 인지(認知)할 수 있었는데, 그것은 다름 아닌 민족 의식 및 자주적 역사 의식이었고 이러한 의식의 근저에는 민족 고유의 신앙 혹은 정신 체계가 유존(猶存)하고 있음을 확인할 수 있었다. 따라서 종래 한국 도교상의 인물에 대한 평가에서 거의 기계적으로 적용되었던 이른바 '현실불우론(現實不遇論)'에 의한 편면적인 개괄은 이제 시정되어야 할 것이다. 다시 말해서 한국 도교의 현실주의는 중국 도교와는 다른 차원에서 적극적으로 의미부여되어야 할 것이다.

끝으로 이 글은 주로 『온성세고』를 대상으로 조선조 단학파의 성격을 규정하고자 하였기 때문에 아무래도 논리 비약의 위험을 무릅쓰지 않을 수 없었다. 이 점에 대해서는 후속(後續)될 논고에서 자료와 논증상 충실한 보완이 뒤따를 것을 기약하면서 논의를 맺고자 한다.

Ⅷ. 총계당(叢桂堂) 정지승(鄭之升)의 도교 유적 탐사 보고[1]

정지승의 도교적 삶

총계당(叢桂堂) 정지승(鄭之升, 1550-1589)은 조선 전기 단학파(丹學派)의 중심 인물인 북창(北窓) 정렴(鄭𥖝)의 조카로 한무외(韓無畏)의 『해동전도록(海東傳道錄)』에 도인으로 등재되어 있고 후대의 문집, 야담집 등에 갖가지 신이(神異)한 일화를 남기고 있다. 총계당은 사실 당시의 저명한 시인으로서 손곡(蓀谷) 이달(李達), 고죽(孤竹) 최경창(崔慶昌)과 더불어 삼당파(三唐派)로 지칭된 바도 있고,[2] 그의 「축천정유별(丑川亭留別)」 시가 청(淸) 심덕잠(沈德潛)의 『명시별재집(明詩別裁集)』에 선록(選錄), 고평(高評)되어[3] 시재(詩才)를 중국에까지 떨치기도 하였다. 그러나 성예(聲譽)에 비해 태무(殆無)한 그의 문학에 대한 연구는 앞으로 별도의 관심이 주어져야 할 것으로 보이나 여기에서 우선 주목하고자 하는 것은 그가 남긴 신이한 일화와 관련된 도교 행적

1 이 글에서는 조사보다 주로 '탐사(探査)'라는 말을 사용하고 있다. 이는 이미 알려진 지역을 답사하는 것이 아니고 처음 탐색해 밝혀 나가는 작업임을 고려하여 선택된 표현이다.

2 撰人未詳, 「靑野談藪」 『朝鮮朝文獻說話輯要(Ⅱ)』(집문당, 1992), 서대석 편, p. 644. 삼당파에 대한 통설은 총계당 대신 玉峯 白光勳을 포함시키는 것이다.

3 沈德潛, 『明詩別裁集』 「外國」 鄭之升條: "情致纏綿, 比唐人作, 更饒得別."

및 그것이 갖는 한국 도교사적 의의이다.

총계당은 온양(溫陽) 정씨(鄭氏)의 이른바 '일가삼선(一家三仙)'인 계향당(桂香堂) 정초(鄭礎)·북창(北窓) 정렴(鄭磏)·고옥(古玉) 정작(鄭碏) 등이 이루어낸 도교 가풍 속에서 성장하면서 특히 고옥(古玉) 재세시(在世時)의 도행(道行)을 친견(親見)하면서 누구보다도 도교를 수용하기에 용이한 여건에 있었다. 아울러 조부 성재(省齋) 정순붕(鄭順朋)이 을사사화(乙巳士禍)의 주동 인물로 탄핵 대상이 되면서 가문에 불어닥친 폐족(廢族)의 위기 상황은 총계당으로 하여금 더욱 세사(世事)를 잊고 시작(詩作)과 수련에만 전념케 하는 현실적 동기가 되었을 것이다.

과업(科業)에 마음을 두지 않고 산수간(山水間)을 오유(遨遊)하며 음풍영월(吟風詠月)과 기행(奇行)으로 시종(始終)한 그의 일생은, 가풍 그리고 가세의 정황으로 볼 때 그가 선택할 수 있는 최선의 삶이었는지 모른다. 그는 한때 은둔적인 삶을 결심한 듯 전 가족과 함께 남하하여 전라도 용담현(龍潭縣)에 정거(定居)한 적이 있었다. 마치 동진(東晋)의 갈홍(葛洪, 283-343)이 일가를 이끌고 나부산(羅浮山)으로 간 것처럼. 그의 용담에서의 유유자적(悠悠自適)했던 생활은 이후 그의 일화를 다룬 기록물들 속에서 집중적으로 묘사되어 그의 도선적(道仙的) 풍모를 형성하는 데에 결정적인 기여를 한다. 그가 신령스러운 큰 거북이를 타고 다녔으며 산에 올라 제천(祭天)을 행했다는 일 같은 것들이 모두 용담에서의 행적이다. 총계당에 대해서는 그의 문학적 재능, 기행 등과 관련한 많은 일화들이 있지만 우리들이 조선 도교와 관련하여 특별히 주목하는 부분이 바로 이 용담 은둔 시기의 행적인 것이다.

총계당의 용담 생활에 대해 처음 언급한 사람은 동시대인으로서 지기(知己)이자 시우(詩友)였던 백호(白湖) 임제(林悌, 1549-1587)였다. 임제의 「송정자신(送鄭子愼)」이라는 시를 보자.

靑霞奇氣會溪翁,	푸른 노을 기이한 기운 회계의 늙은이,
賣藥還山只一筇.	약 팔고 돌아가는 걸음 막대 하나 짚고서.
香縷桂堂書滿架,	향기어린 총계당 서가에는 책이 가득,
雪晴巖逕鹿留蹤.	눈 개인 산길에는 사슴의 발자국.
天壇月冷生靈籟,	천단에 달이 차니 신령한 소리 울려나고,
雲碓氷深閣夜舂.	운대에 얼음 깊어 방아 찧기 멈추었네.
應念故人羈宦久,	벼슬살이 묶여 있는 옛 친구들 생각해보오,
十年猶聽禁城鐘.	궁궐의 종소리를 10년이나 듣고 있다오.[4]

시제(詩題)에서 '자신(子愼)'은 총계당의 자(字)이고 내용 중 '회계(會溪)'는 곧 '회계(會稽)'로서 총계당이 은거했던 용담의 회계곡(會稽谷)을 말한다. 총계당은 그리하여 스스로를 회계산인(會稽山人)으로 부르기도 했다. 별호인 총계당 역시 용담에 지었던 정사(精舍) 이름에서 유래하였다. 우리는 이 시를 통해 당시 총계당의 은거 풍경을 대략 엿볼 수 있다.

임제는 낯익은 곳처럼 총계당의 거소를 잘 그려내었다. 평소 밀접했던 교유 관계로 보아 아마 그는 총계당의 거소를 방문한 적이 있었을 것이다. 여기에서 음미해야 할 단어는 '천단(天壇)'이다. 하늘에 제사를 드리는 장소로 산봉(山峰)을 의미할 터인데 총계당이 도교 의식을 거행했던 장소로 여겨지기 때문이다. 임제에게는 이 밖에도 용담 은거시의 총계당을 두고 읊은 「기회계(寄會溪)」·「차정자신운(次鄭子愼韻)」·「회정군자신(懷鄭君子愼)」 등의 시편이 있다.

4 번역은 신호열·임형택 공역, 『白湖全集(上)』(창작과비평사, 1993), p. 521을 따름. 주석에 따르면 '雲碓'는 계곡에 물이 떨어져 형성된 확 모양의 곳을 지칭하는 말. 閣夜舂은 얼어서 물이 떨어지지 않는 상태를 표현한 말이다.

임제에 이어 총계당의 용담 은거와 관련한 일화를 기록한 이는 어우(於于) 유몽인(柳夢寅, 1559-1623)이다. 유몽인 역시 총계당과 동시대인이라 할 수 있지만 총계당 몰후(沒後)의 기록인 탓인지 일화는 이미 전설화되어 있다.

> 시인 정지승은 일생 동안 산수를 사랑하였다. 용담 회계동에 살아 스스로 회계산인이라 불렀다. 시냇가 경치 좋은 곳에 정사(精舍)를 지어 살며 그 집을 총계당이라 이름짓고 독서를 즐겼다. 홀연히 큰 거북이가 집앞에 와 묵었는데 높이와 너비가 모두 네댓 자나 하였다. 그의 아들 회(晦)와 시(時)가 항상 거북이를 타고 다녔으니 왕래를 마음대로 하였으나 집 밖을 떠나지는 않았다. 언젠가 숲 속 깊은 골짜기에서 흰 기운이 떠돌았다. 지승이 말하기를 "우리집 늙은 것이 저기에 숨어 있구만"이라고 하였다. 아이들이 가서 찾더니 과연 거북이를 타고 돌아왔다. 이와 같이 몇 해를 지낸 후 지승이 온양으로 이사해 살게 되었다. 후에 회계의 노인에게 거북이의 소식을 물으니 종적이 없어졌다 한다.
>
> 詩人鄭之升, 一生愛山水. 居龍潭會稽洞, 自號會稽山人. 結精舍溪邊佳絶處居焉, 名其堂曰叢桂堂, 讀書自誤. 忽有大龜來居堂前, 高廣俱四五尺. 其子晦時輩, 常騎而行, 或往或來任而自在, 而不離園籬間. 有時, 林谷深壑, 白氣浮動. 之升曰吾家老物遁跡于彼乎. 童往尋之, 果抱負而歸. 如是者數年後, 之升移居溫陽. 因會稽父老問龜消息無形影云.[5]

사령(四靈) 중의 하나인 거북이, 더구나 비상히 큰 거북이가 총계당의 거소에 출현하였다는 이야기는 신선 설화에서 늘상 신선과 동반

5 柳夢寅, 『於于野譚』, 卷5, 「鱗介」.

하는 학 · 용 등 신성한 동물적 조력자의 이미지를 떠올리게 한다.

총계당과 동시대인인 임제와 유몽인의 글에 투영된 용담 은거의 정경은 100여 년 후 그곳을 찾은 문인 삼연(三淵) 김창흡(金昌翕, 1653-1722)에 의해 다시 다음과 같이 묘사된다.

> 11일, 비가 내리다. 현령과 함께 반일암(半日岩)으로 갔다. 바위 계곡이 험상궂어 오래 머물고 싶지 않았다. 주자천(朱子川)으로 되돌아와 와룡암(臥龍岩)을 구경하니 물과 돌이 자못 아름다웠다. 강가의 서당에 잠깐 들르니 훈장이 총계당의 옛 집터를 손으로 가리켰는데 주춧돌이 남아 있었다. 그 곁으로 제천대(祭天臺)가 아스라 하니 허공 중에 솟아 있었다. 말을 채찍질하고 힘겹게 걸어 그 위로 올라갔다. 돌이켜 바라보니 눈앞이 탁 트이고 옛 집터를 내려다보니 거북이를 타고 다니던 길이 가뭇해서 감회가 일었다.
>
> 十一日. 雨. 與衙胤同往半日巖. 巖洞險獰, 不欲久留. 回至朱子川, 觀臥龍巖, 水石頗佳. 乍歷其川上書堂, 有一學究指示叢桂堂舊垈, 堦礎依然. 傍有祭天臺, 縹緲半空. 策馬艱步以上. 回望豁然, 俯視舊垈, 依俙騎龜行逕, 令人興慨.[6]

1717년 봄, 65세의 김창흡은 남쪽으로의 여행길에 올라 경기 · 충청도를 거쳐 3월 11일 전라도 용담현에 당도하였다. 용담현 일대의 명승지를 편력할 때 그가 관심있게 찾아본 곳은 왕년의 유명한 시인 총계당의 유적이었다. 그때까지 총계당의 집터, 하늘에 제사지내던 산봉우리, 거북이 전설은 여전히 모습을 남기고 있었던 것이다. 그런데 온양 정씨

6 金昌翕, 『三淵集』, 卷28, 「南遊日記」.

문집인 『온성세고(溫城世稿)』에는 김창흡의 『삼연집(三淵集)』에서 전재(轉載)했다는 용담 탐방에 대한 또 다른 글이 실려 있다. 이 글은 위에 인용한 「남유일기(南遊日記)」보다 좀더 자세한 내용을 전하고 있다.

> 총계당 정지승은 곧 동명(東溟)의 할아버지이고 북창의 조카이다. 용담(龍潭)에 살 때 항시 한 마리 큰 거북이를 타고 다녔는데 쉴 때는 거북이를 바위틈에 숨겨 두었다. 구름 같은 기운이 배후에 서려 종이 그 자취를 찾아 끌고 왔다 하니 이로써 그가 범상한 사람이 아님을 알겠다. 내가 용담에 이르러 주자천을 찾아 와룡암에 당도했는데 인근의 마을 사람이 아직도 남아 있는 총계당의 집터를 손으로 가리켰다. 집에서 남쪽으로 수백 보 되는 곳에 높은 봉우리가 있으니 이름을 제천대라 하였다. 아득하니 솟아 있고 정상에는 소나무 한 그루가 자라고 있는데 전하는 말에 의하면 여기가 총계당이 초제(醮祭)를 올렸던 곳이라 한다. 비를 무릅쓰고 올라가 내려다보니 물안개가 강물 위에 자욱히 깔려 시상(詩想)이 솟구쳤다. 홍겹게 두 수의 절구(絶句)를 읊어 심회(心懷)를 표현하였다.
>
> 은자 총계당은 홀로 뛰어난 인물이었거니,
> 제천대는 자색 기운 속에 솟아 있네.
> 시골 늙은이 그가 신선되었을 때를 기억 못하고,
> 호수 위의 봄바람에 벽도(碧桃)는 늙어가네.
>
> 무너진 집터 아직 자취 남겼는데,
> 떠나간 신선은 언제나 돌아올까.
> 신령한 거북이를 찾아 소식을 묻자 하나,

와룡암 주위엔 물안개만 자욱하네.

叢桂堂鄭之升則東溟之祖而北窓之侄也. 居在龍潭, 常騎一大龜而行, 休則置龜巖間. 雲氣蓋其背, 奴輒跡而牽來, 以此知非俗士也. 余到龍潭訪朱子川, 迤至臥龍庵, 近處村人有指示其遺基者. 宅南數百步有臺曰祭天. 縹緲孤峙, 頂戴一松, 傳是叢桂子設醮步星之所. 冒雨登臨, 煙水微茫, 尤覺有徘徊之思. 漫咏兩絶以志之. 叢桂幽人自逸豪, 祭天臺與紫霞高. 村翁不記飛昇歲, 潭上春風老碧桃. 頹階圮楚尙依俙, 去逐喬松幾日歸. 欲覓玄龜問消息, 臥龍巖畔暗煙霏.[7]

행정(行程)에 따라 간략하게 기록한 「남유일기」에 비해 내용과 묘사가 상세한 것으로 보아 『온성세고』에 실린 이 글은 아마 김창흡이 후일 「남유일기」의 기초 위에 다시 사작(寫作)한 단편 문장인 듯싶다. 그러나 오늘의 『삼연집』에는 이 글이 보이질 않는다. 이본(異本)에 있는 글일까? 더 확인해 보아야 할 일이다. 어쨌든 김창흡 시대에 이르러 총계당에 관한 일화는 더욱 신비스러운 색채를 띠게 된다. 『어우야담』에서 총계당의 아들들과 함께 놀던 거북이는 총계당이 타고 다니는 신령한 거북이가 되었고 불우한 선비 총계당은 초월자인 신선으로 변모하였다. 그러나 신비화된 총계당의 이미지의 이면에서 여전히 전설을 이끌어 가는 두 개의 큰 이야기 요소는 거북이와 제천대이다.

이 두 개의 요소는 김창흡으로부터 다시 2백여 년 후 담원(薝園) 정인보(鄭寅普)가 총계당을 위해 지은 묘비문 속에서도 강하게 반향(反響)한다.

---

7 『溫城世稿』「叢桂堂遺稿 · 附錄」.

공은 산에 살며 거북이를 타고 다녔는데 거북이가 있는 곳에는 항상 구름의 기운이 있었다고 한다. 어떤 이는 공이 신선·불사의 술법을 지닌 것이 아닌가 여기기도 하나 이는 공의 행적이 세속과 몹시 달라 전해지는 과정에서 점차 기이해진 것일 뿐이다. 공이 살았던 용담의 주자천에는 제천대가 있어 마을 사람들은 공이 별에 초제를 지내던 곳이라고 전한다. 그 옛날 이 땅에 있었던 난랑(鸞郎)·영랑(永郎)·술랑(述郎) 등의 맥락을 생각건대 공이야말로 그들을 계승한 것이다. 공은 깊은 산속에서 고고히 살며 음악에 뛰어나고 산수를 좋아했으니 이는 또한 그들의 유풍(遺風)인 것이다.

又云公山居騎龜而行, 龜所在常有雲氣. 或疑其有度紀飛昇之術, 是則徒以跡與世遐, 故傳之漸奇然. 所居龍潭朱子川有祭天臺, 村人傳爲公設醮步星處. 意玆土往昔原鸞永述之緖, 公實得其傳. 湠崖絶谷, 孤虔對越, 善音樂, 好山水, 亦其遺也.[8]

정인보는 거북이에 관한 일화가 시대를 내려오면서 신비화된 것으로 파악, 합리적인 이해에 도달한다. 그런데 제천대와 관련하여 그는 주목할 만한 발언을 한다. 앞에서도 정인보는 총계당의 신선가적인 성향에 대해 회의하였지만 그는 총계당의 제천 행사를 중국의 도교와 연결짓지 않고 영랑·술랑 등 사선(四仙)에 의해 수행된 이 땅 고유의 선풍(仙風)의 계승으로 파악한 것이다. 정인보 역시 거북이와 제천대라는 두 개의 이야기 요소를 총계당의 인물 형상을 빚어냄에 있어 빼놓을 수 없는 재료로 취급하고 있으나 그들을 인식하는 관점은 전대의 작자들과 사뭇 다르다.

---

8 鄭寅普, 『薝園文錄(7)』「叢桂堂鄭公墓表」.

이상에서 살펴본 바 총계당의 길지 않은 생애 중 용담 은거의 기간 중에 남긴 신이한 행적들은 한국 도교사의 견지에서 풍부한 연구 가치를 지닐 것으로 사료되며 무엇보다도 이들이 용담이라는 한 특정한 지역, 실재 공간에서 생성된 전설 자료라는 사실에서 우리는 이야기의 현장을 확인하고픈 욕구를 느끼게 된다. 아닌게아니라 필자는 소시에 선조고(先祖考)[9]로부터 총계당 전설 및 용담에 잔존하고 있는 유적에 대해 누차 득문(得聞)한 바 있으며 최근 접한 전라북도 진안군(鎭安郡) 일대의 마을 신앙에 대한 조사 보고서[10]에서 거북 신앙의 존재를 발견하고 현지 탐사의 필요성을 더욱 절감하게 되었다. 그러던 중 용담 지역이 대규모 댐 건설로 인해 조만간 수몰될 것이라는 소식을 전해 듣고 총계당 유적 탐사가 더 이상 미룰 수 없는 과제임을 깨닫게 되어 1997년 7월 13일~14일 마침내 1차 현지 탐사를 결행(決行)하게 되었다.

1차 탐사에는 인하대 사학과 서영대(徐永大) 교수, 전북 전통문화연구소 송화섭(宋華燮) 소장, 진안 제일고등학교 이상훈(李相勳) 교사 등이 함께 참여하여 제천대의 위치 탐색, 용담면 일대의 거북 신앙 확인, 풍수·무속 등 기타 마을 신앙에 대한 조사, 마이산(馬耳山) 탐방 등 광범위한 조사를 행하였다. 당시에는 총계당 유적 탐사만을 목표로 한 것이 아니어서 집중적인 조사가 이루어진 것은 아니었으나 현지인의 증언에 의해 제천대의 위치를 추정하게 된 것은 큰 성과였고 진안 일대

9 鄭樂勳(1895-1989), 字는 允至, 號는 葵圃. 자세한 약력은 앞 章의 註 2 참조.

10 송화섭·이상훈, 『鎭安의 마을신앙』(진안문화원, 1996). 이 책은 필자의 문제 의식을 평소부터 알고 있던 인하대 서영대 교수가 소개하여 전북 전통문화연구소 송화섭 소장으로부터 직접 贈送받아 읽어 보게 되었다. 후술할 바이지만 두 분은 필자의 1차 탐사에 동참하면서 물심양면으로 도움을 아끼지 않았다. 두 분의 적극적인 협조가 없었더라면 아마 순조로운 탐사가 불가능했으리라는 점을 미리 부언하고 싶다.

의 민속 신앙 전반을 분위기로나마 감지할 수 있게 된 것은 총계당 전설의 성립 기반에 대한 이해를 위하여 유익한 일이었다. 무엇보다도 다행스러운 일은 총계당 유적이 잔존해 있으리라고 추정되는 주천면(朱川面) 신양리(新陽里) 일대가 수몰 구역에 포함되지 않은 사실을 확인한 것이었다. 그리하여 위기 의식에서 벗어나 후일의 재탐사를 기약하며 1차 탐사를 마쳤다.

2차 현지 탐사는 여러 가지 사정 때문에 차일피일 미루어 오다가 1차 탐사로부터 무려 3년 가까운 세월이 흐른 2000년 4월 10일에야 이루어졌다. 이번 탐사에서는 총계당 유적만을 집중적으로 조사하여 지난번 탐사 때의 미진했던 부분을 확인하기로 목표를 세우고 출발하였다. 2차 탐사에는 전술한 송화섭 소장, 향토사학자 이용엽(李容燁) 선생, 필자의 동생인 동국대 연극영화과 정재형(鄭在亨) 교수 등이 함께 참여하였다. 이하 본 보고서의 내용은 이번 2차 현지 탐사의 결과를 토대로 작성된 것임을 밝혀 둔다.

제천대(祭天臺)를 찾아서

탐사 일자 : 2000년 4월 10일

탐사 지역 : 전북 진안군 주천면 일대

탐사 인원 : 정재서(이화여대 중문과 교수)

송화섭(전북 전통문화연구소 소장)

이용엽(향토사학자)

정재형(동국대 연극영화과 교수)

오전 5시 45분 미명의 어둠 속에서 집을 나섰다. 가는 비가 내리고 있었다. 어젯밤 뉴스 기상예보에 오늘 황사(黃砂)를 포함한 큰 비가 전국적으로 내릴 것이라고 하였다. 더구나 황사는 시야를 가릴 정도의 짙은 것이라고 해서 오늘 일정을 걱정하느라 전전반측 잠을 이루지 못하였다. 전철을 타고 고속터미널 호남선 대합실에 이르니 동생 정재형 교수가 미리 와서 기다리고 있었다. 7시 전주행 고속버스에 몸을 실었다. 어젯밤 잠을 전혀 못 잤는데도 이상하게 졸음이 오질 않는다. 긴장한 탓이리라. 8시 30분쯤 고속도로 휴게소에서 전주 송화섭 선생께 전화를 했다. 그곳 날씨가 걱정되어 물었더니 비가 오지 않는다고 해서 안도하였다. 10시에 전주 터미널에 도착해 보니 하늘은 서울과는 달리 청명하였다. 약속대로 송선생이 차를 가지고 나왔는데 향토사학자 이용엽 선생을 대동하였다. 진안 출신으로 그곳 사정을 소상히 알아 이번 탐사에 큰 도움이 될 것이라며 소개를 하였다. 정말 고마운 일이다. 두 분 다 개인 연구로 바쁠 터인데 남의 일을 위해 이렇게 차량까지 동원해서 하루를 할애한다는 것이 쉬운 일인가? 특히 송선생은 3년전 1차 탐사때에도 수고를 한 바 있어 감사하고 미안한 마음을 형용하기 어려웠다. 아울러 이렇게 좋은 분들을 알게 되도록 1차 탐사때 처음 인연을 맺어준 서영대 교수께도 절로 감사하는 마음이 일었다. 아쉽게도 서교수는 다른 일 때문에 이번 탐사에는 참여하지 못하였다.

송선생의 차를 타고 곧장 진안으로 향하면서 우리는 각자 가지고 온 자료를 펴놓고 오늘의 일정을 의논하였다. 우선 3년 전 총계당의 제천대(祭天臺)로 추정하였던 주천면(朱川面) 신양리(新陽里)의 제천봉(祭天峯)을 현장 확인하기로 뜻을 모았는데 이용엽 선생이 좀 다른 견해를 제시하였다. 즉 주천면 대불리(大佛里) 화양봉(華陽峯, 600m) 정상의 황단(皇壇) 터가 아무래도 총계당의 제천대일 가능성이 있다는 것이었다. 황단에 대해서는 지난 1차 탐사때 알게 되었는데 진안 지역에서는 고종황제 승하(昇遐) 이후부터 이곳 유림(儒林) 인물인 수당(守堂) 이덕응(李德應)의 발의(發議)에 따라 여러 곳 높은 산의 정상에서 고종황제에 대한 추모 제사를 봉행해오고 있었다. 1차 탐사 때 제천대로 추정되었던 제천봉도 사실 황단의 거행 장소였다. 송화섭 선생이 가지고 온 자료 중에서 황단에 대한 내력을 찾아보니 당시 전라도 진안과 금산 일대의 7개 산에서 황단제(皇壇祭)를 거행하였는데 총계당이 거주했던 주자천(朱子川) 근처와 관련된 주천면(朱川面)에만 대불리의 화양봉, 무릉리(武陵里)의 선암봉(仙岩峯), 신양리의 제천봉 등의 세 곳에 황단이 있었다. 이중 화양봉의 황단이 가장 규모가 큰, 중심적인 장소였다. 이용엽 선생은 총계당의 제천이 신양리의 제천봉보다 더 높은 이곳 화양봉에서 행해졌거나 두 곳 모두에서 행해졌을 가능성을 제시한 것이었다.

그러나 필자는 여전히 신양리의 제천봉 쪽에 확신을 두고 있었다. 왜냐하면 출발 며칠 전 『온성세고(溫城世稿)』에 인용된 김창흡(金昌翕)의 글을 『삼연집(三淵集)』에서 확인해 보았더니 해당 부분과 동일한 글귀는 찾지 못하였으나 「남유일기(南遊日記)」라는 항목에서 주천면 일대를 하루 동안에 걸쳐 답사한 기록을 발견하였기 때문이다. 그 기록은 김창흡의 여정(旅程)에 따라 견문을 적은 것이어서 제천대를 비롯한 총계당의 유적을 찾아간 경로가 분명하였다. 「남유일기」에 의하면 김창흡은 운일암(雲日岩)·반일암(半日岩) 계곡으로부터 나와 주자천변을 따라가다 와룡암(臥龍岩)에 당도하였고 다시 그 건너편에 있는 총계당의 집터에서 머지 않은 제천봉에 올랐던 것이다. 이렇게 본다면 제천대는 아무래도 와룡암이 위치하고 있는 현재의 신양리 지역내에 있어야 할 것이었다. 아울러 주천면 일대의 산봉(山峰)들 중에서 제천이라는 이름을 지닌 곳은 유독 신양리 제천봉뿐이지 않은가? 이는 필시 총계당의 제천대로부터 유래한 산명(山名)일 것이다. 간혹 읍지(邑誌)나 고지도(古地圖) 중에는 제천봉(祭天峯)의 제천(祭天)을 제천(梯天)이나 제천(霽天)으로 표기한 경우도 있긴 한데 이는 와사(訛寫)일 것이다. 결국 다른 분들도 필자의 견해에 동조하여 우리는 김창흡의 「남유일기」에 기록된 행정(行程)대로 제천대를 탐사해 보기로 의견 일치를 보았다.

우리가 탄 차는 이윽고 진안군 주천면 경내로 접어들어 구암교(九岩橋)를 건너고 구봉산(九峯山)을 지나 운봉리(雲峯里) 구암(九岩)마을에 들어섰다. 그런데 이곳 지명의 구(九) 자는 본래 거북 구(龜)자였던 것이 일제 때 쉬운 한자로 바뀐 것이라고 한다. 필자는 이미 송화섭 · 이상훈 두 분 선생이 지은 『진안의 마을 신앙』이라는 책을 통해 진안 일대에 거북 신앙이 성행했다는 사실을 알고 있었고 지난 1차 탐사때에도 이 점에 유의하여 진안 도처의 돌거북을 눈으로 확인한 바 있었다. 구암마을의 동구에도 어김없이 돌거북 한 마리가 머리를 마을 밖으로 향한 채 놓여 있었다【그림 45】. 본래 거북이 형상의 자연석에 약간 손질을 가하여 거북이로 의제(擬制), 신앙했던 것이다. 총계당의 용담 은거 설화 중 가장 주목을 끄는 신비한 대목이 신령스런 거북이가 나타나 총계당 혹은 그 아들들의 탈 것이 되었다는 내용이다. 총계당의 신구(神龜) 설화와 진안의 거북 신앙과는 어떤 관계가 있을까? 필시 관계가 있을 터인데 어느 쪽이 먼저일까? 총계당이라는 기인으로부터 생겨난 설화가 진안 일대에 신앙으로 정착, 확산된 것일까? 아니면 마을의 토착 신앙이 총계당을 전설화하는 데에 영향을 준 것일까? 그러나 총계당의 신구 설화는 고문헌에만 남아 있을 뿐 『진안의 마을 신앙』에 의하면 현재 진안 어느 곳에서도 찾아볼 수 없다. 어쨌든 신구 설화와 거북 신앙과의 관계 문제는 앞으로 더 정밀한 조사를 통해 밝혀질 일이고 지

〈그림 45〉 진안군(鎭安郡) 주천면(朱川面) 구암(九岩)마을 회관 앞에 세워져 있는 돌거북.

금으로서는 단정하기 어렵다.

구암마을을 지나 우리는 마침내 「남유일기」에서의 용담현 기행의 출발점인 운일암 · 반일암 계곡에 이르렀다. 그러나 계곡 초입부터 탄식이 절로 나오기 시작한 것은 양안(兩岸)의 자연스러운 풍경을 발라버린 시멘트 때문이었다. 군사정권 때 자행되어 지금도 살벌한 모습으로 생태계에 악영향을 미치고 있는 한강 둔치의 시멘트 안벽(岸壁)이 한심하게도 시골에서는 모범 사례로 답습되고 있다고 이용엽 선생이 귀띔하였다. 운일암 · 반일암 계곡에서 우리는 김창흡의 여정처럼 바로 와룡암으로 향하지 않고 아까 얘기가 나왔던 화양봉 황단을 한번 보기 위해 차를 대불리로 꺾었다. 화양봉에 오르니 과연 정상에는 땅의 형체를 본뜬 방형(方形)의 제단이 설치되어 있었다. 한눈에 보아도 근대 시기에 만들어진 것이 분명했다. 이곳의 황단을 삼극단(三極壇)이라고 부르는데 하늘의 옥황상제와 땅의 공자, 사람의 고종황제, 이와 같이 천지인(天地人) 삼재(三才)의 대표 신명(神明)을 모셔 섬기기 때문이라 한다.

화양봉 황단을 보고 우리는 다시 운일암 · 반일암으로 향하는 길에 무릉리(武陵里)에 잠깐 들렀다. 무릉리는 정말 도연명(陶淵明)의 「도화원기(桃花源記)」의 무릉도원처럼 밖에서 보면 마을이 없는 것처럼 산으로 가려져 있는데 안으로 들어가니 탁 트인 벌판이 펼쳐져 있었다. 마을 입구에는 수구(水口)맥이라고 하는 돌무더기가 있었다. 마을의 기운이 흩어지는 것을 막기 위한 풍수적인 조치였다. 마을은 속세와 절연한 듯 조용하고 평화로웠다. 이용엽 선생에 의하면 마을의 분교가 얼마 전 폐교되었는데 분교터와 뒷동산까지 포함해서 7천 평인가를 1억 5천만 원에 내놓았다 한다. 여기에 대안학교나 세우고 순창의 김용택 시인을 불러다가 교장을 시키면 좋은 텐데 하는 생각이 문득 들어 혼자 웃었다. 무릉리를 나와 다시 운일암 · 반일암 계곡을 지나노라니 주위의 허다한 가든, 여관의 간판들이 섬찟하게 다가왔다 사라지곤 한다. 그 중에 에로스산장이라는 이름도 보인다. 고색창연(古色蒼然)해야 할 이 동네에 웬 에로스? 그야말로 살풍경의 극치이다. 그러나 우리는 간판에 관심이 없지만 간판은 우리에게 관심이 많다. 그래서 우리는 피로하다. 아닌게아니라 점심때가 되어 모두 허기졌기 때문에 먹을 만한 곳을 찾기 위해 우리는 간판에 관심을 가져야만 했다. 마땅한 곳을 찾다가 못 찾고 결국 예정대로 주자천을 따라 주천면 소재지까지 와서 중화(中火)를 하게 되었다. 진안이 토종 흑돼지로 유명하다기에 점심으로 막걸리와 흑돼지 불고기를 먹고 다음 여정을 상의하였다.

김창흡의 여정대로라면 이제 인근의 와룡암으로 향해야 할 터였다. 그리고 와룡암에서 제천봉으로 가는 것인데, 그에 앞서 3년 전 제천봉에 대해 인터뷰했던 당시 주천서원장(朱川書院長) 김우형(金雨衡,

〈그림 46〉 주자천(朱子川) 옆의 와룡암(臥龍庵).

82세) 옹으로부터 다시 한번 얘기를 듣고 녹취(錄取)를 했으면 싶었다. 그래서 댁으로 전화를 드렸더니 아무도 받질 않았다. 우리는 일단 지근거리에 있는 와룡암으로 갔다. 와룡암(臥龍庵)은 주자천변의 와룡암(臥龍岩)이라는 풍치 좋은 큰 바위 위에 세워진 서사(書舍)로서 인조 15년(1637) 문신 긍구당(肯構堂) 김중정(金重鼎)이 이 지역에 은퇴하여 건조(建造)하였다【그림 46】. 그런데 김창흡의 「남유일기」에 의하면 바로 이 와룡암 자리에서 어떤 훈장이 총계당의 옛 집터를 손으로 가리켰다고 하였다. 와룡암 앞은 주자천 물이고 그렇다면 훈장이 가리킨 곳은 와룡암 건너편일 수밖에 없는데 과연 물 건너로는 야산 아래 몇 채의 집이 있는 작은 마을이 보였다. 우리는 곧 그리로 이동하여 일대를 조사하여 보았다. 와룡암에서 훈장이 손으로 가리킨 방향을 따라 산기슭 아래 가장 지세가 좋음직한 곳에는 주천사(朱川祠)라는 사당이 있고

〈그림 47〉 정지승(鄭之升)의 집터로 추정되는 주천사(朱川祠).

【그림 47】 그 옆으로 몇 채의 폐가가 있었다. 추측컨대 이 주천사 자리가 총계당의 옛 집터일 것 같았다. 이용엽 선생의 말에 의하면 주천사의 사우(祠宇)는 1920년대에 이루어졌다 하니 아마 예전의 좋은 집터를 좇아 사당을 세웠을 가능성이 있기 때문이다. 그러나 이는 순간적으로 떠오른 생각일 뿐 이를 확인하기 위해서는 사당 대지(垈地) 및 그 주변에 대한 상세한 지표 조사가 추후 행해져야 할 것이다.[11]

11 탐사를 끝낸 지 1년쯤 후 이용엽 선생이 총계당의 집터에 대한 중요한 정보를 전해 왔다. 현지 주민의 말에 의하면 근대에 들어와 와룡암 방향의 들판에서 오래된 총계당 기념비가 발견되었는데 그 古碑는 방치되어 두 동강이가 난 후 행방이 묘연해졌다고 한다. 비석이 발견된 곳이 와룡암 방향이라면 집터도 그곳에 있었을 것으로 추정된다. 그렇다면 2차 탐사 때 比定했던 위치와는 상당히 달라지게 된다. 두 동강이가 난 비석은 어디로 갔을까? 그것을 찾을 수만 있다면 총계당의 수련처에 대한 훨씬 더 많은 정보를 얻게 될 수 있으련만.

〈그림 48〉 정지승이 제천 의식을 거행했던 제천봉(祭天峯).

다시 김창흡은 「남유일기」에서 총계당의 옛 집터 옆에 제천대가 솟아 있어 올라갔노라고 말하고 있다. 우리가 총계당의 옛 집터로 상정한 지점에서 좌우를 살폈을 때 우측으로 주자천을 끼고 봉우리가 우뚝 솟아 있는 것이 보였는데 그것은 바로 1차 탐사때 간 적이 있는 제천봉이었다【그림 48】. 이로써 제천대의 위치는 마침내 2차 탐사에서 문헌 기록의 재현에 의해 확증된 셈이다. 이제 우리가 할 일은 제천봉에 오르는 일만 남았다. 그리하여 제천봉 쪽으로 발길을 옮기고 있을 때 뜻밖에도 아까 연락이 안 되었던 김우형 옹을 행길에서 만나게 되었다. 이 무슨 신령의 도움인가? 우리는 곧바로 김옹을 신양리 경로당으로 모시고 가 제천봉의 내력에 대한 말씀을 듣기로 했다. 김옹에 의하면 30년 전까지만 해도 제천봉 정상에서 황단제를 봉행하였는데 그때 고종황제께 제사를 지낸 후 제단 옆에 따로 설(設)한 '총계선생'의 신위(神

位)를 향해 술을 따르고 배례(拜禮)를 올렸다는 것이다. 이로 보아 원래 총계당이 제천을 행했던 장소가 구한말에 이르러 고종황제를 숭모하는 터전이 되었고 그럼에도 원래의 터주인 총계당을 기억하여 술을 올려 예를 표했던 것임을 알 수 있다. 종교적으로 신성한 공간은 시간이 흘러도 그 의미가 손상되지 않고 전유(專有)된다. 우리는 그 실례를 제천봉에서 볼 수 있다.

김옹의 증언을 녹취한 후 우리는 제천봉에 올랐다. 제천봉은 가파르긴 했으나 높은 산은 아니었기에 얼마 안 되어 정상에 도달하였다. 정상에는 좁은 평지 위에 과연 돌로 다져놓은 제단의 흔적이 있었다. 그러나 예비군 참호를 파놓아 원래의 제단은 손상되었고 흙에 묻혀 외관도 드러나 있지 않은 상태였다. 흙을 조금 걷어내니 제관들이 디디기 위해 깔아 놓았음직한 사각형의 넓직한 바닥돌들이 나타났다. 그리고 정상 주위로는 인위적으로 석축(石築)한 흔적이 있어 제천봉 정상이 분명히 의식을 거행하기 위해 조성된 성별(聖別)된 공간이었음을 알 수 있었다. 그러나 아쉽게도 석축한 흔적이 총계당이 제천하던 시기의 것인지는 확인할 수 없었다. 오히려 드러난 돌의 상태로 보아서는 근대 무렵 축조된 황단의 흔적일 가능성이 높았다. 그렇다 하더라도 과거의 의례 장소에 덧씌워 조성한 것이기 때문에 어딘가 정상 깊숙한 곳에 총계당 당시의 흔적이 남아 있을지 모른다는 실낱 같은 희망을 저버릴 수 없었다. 정상에서 아래를 내려다보니 굽이쳐 흘러가는 주자천과 와룡암 및 일대 전경(全景)이 한눈에 들어와 이 산이 강가에 돌올(突兀)한 그 특이한 지형으로 인해 선별되었구나 하는 느낌이 들었다. 다시 정상의 제단터에 서서 그 옛날 총계당이 바로 이 자리에서 하늘에 제사를 드렸거니 생각하니 만감이 교차하면서 무언가 신비스러운 분위기에 휩싸이는 듯했다.

오후 4시 조금 넘어 우리는 아쉬움을 간직한 채 제천봉을 내려왔다. 주천면을 떠나기 전에 우리는 저잣거리에서 술과 돼지고기를 조금 사서 신양리 경로당에 들러 녹취에 응해 주었던 김우형 옹 등 노인들께 감사의 표시를 하였다. 주천면 경계를 빠져나가는데 난데없이 군인들이 바리케이트를 쳐놓고 검문을 하길래 웬일인가 했더니 차량에 구제역(口蹄疫) 소독을 한다 했다. 나주(羅州) 임씨(林氏)가 많이 산다는 정천면(程川面)을 거쳐 진안읍에 도착한 것이 5시 30분쯤. 읍내 너머로 누가 봐도 기이한 형상을 한 마이산(馬耳山) 쌍봉이 슬며시 보였다. 마침내 오늘의 여정을 시작했던 전주로 다시 돌아온 것이 6시. 바야흐로 전주 시내는 아침에 불어닥쳤던 서울쪽의 황사비가 이제야 남하해 온 듯 점차 담황색 먼지구름에 잠겨가고 있었다.

한국 도교 현지 조사의 의의

조선 시대의 전라도 용담현, 현재의 전라북도 진안군 주천면에 위치한 총계당 정지승의 도교 유적에 대한 탐사는 1997년 7월 13일~14일과 2000년 4월 10일 이렇게 두 차례에 걸쳐 이루어졌다. 이제 탐사 결과를 종합하여 결론을 내리면 다음과 같다.

첫째, 총계당이 제천 의식을 거행했던 제천대의 위치가 주천면 신양리 소재 제천봉으로 확인되었다. 앞으로 총계당이 행했던 제천의 성격이 어떠한 것인지에 대해 제단 발굴 등의 후속적인 조사가 필요할 것이다. 순수하게 도교적인 것인지 아니면 토착 종교적인 것인지, 양자의 절충인지, 조사의 결과는 한국 도교 혹은 토착 종교의 특질을 구명함에 있어 매우 중요한 의미를 지니게 될 것이다.

둘째, 총계당의 신구(神龜) 설화와 진안 일대의 거북 신앙 사이에 상관 관계가 있을 가능성이 제기되었다. 현재까지 상관 관계를 입증할 구체적인 자료는 발견되지 않고 있지만 앞으로 상관 관계가 입증된다면 그 내용 여하에 따라 전라도 지역에서 특유하게 성행한 바 있는 진안 거북 신앙의 형성 요인을 밝혀 내는 데에 큰 도움이 될 수도 있을 것이다.

셋째, 총계당의 은거지 곧 수련 장소의 위치를 대강 비정(比定)할 수 있게 되었다. 이의 검증을 위해서는 제천봉의 경우와 마찬가지로 앞으로 집터로 추정되는 장소에 대한 발굴 작업이 요청된다.

두 차례에 걸친 총계당의 도교 유적에 대한 탐사는 한국 도교 연구상 조선 시대의 수련적 삶의 터전에 대한 현지 조사라는 측면에서 사실상 초유의 일이 아닌가 한다. 아울러 제천이라는 조선 전기 도교 의례의 거행 장소를 직접 확인한 것도 큰 수확이라 할 것이다. 특히 이번 탐사의 경우 문헌 독해와 현지 탐사가 상호 인증의 관계 속에 병행되어 기대 이상의 성과를 거둘 수 있었던 것은 향후 한국 도교 연구의 방법상 시사하는 바가 적지 않다 할 것이다. 끝으로 이 탐사를 위해 직접 참여하며 다대한 도움을 주신 송화섭 · 서영대 · 이용엽 · 이상훈 선생 제위께 깊은 감사를 다시 한번 드리고 인터뷰와 녹취에 협조해 주신 김우형 옹께도 강녕하시길 기원 드린다.

Ⅸ. 삼동윤리(三同倫理)의 사상적 연원과 신세기적 의의

정산(鼎山) 송규(宋奎)의 학술적 위상

정산(鼎山) 송규(宋奎, 1900-1962)의 학술 사상에 대한 근래의 연구는 그가 유·불·도 3교 및 근대 학문에 박통(博通)했을 뿐만 아니라 그 위에 탁월한 현실 인식을 겸비하여 신·구 제 학문을 회통(會通), 이념성이 높고 시의성(時宜性)이 풍부한 사상 체계를 수립하였음을 논증하고 있다. 이러한 그의 학술 역량은 안으로는 교조(敎祖) 소태산(少太山)의 개창(開創) 이념을 체계화, 조직화하고 밖으로는 전환기의 새로운 국면에 대응하는 비전을 제시함에 부족함이 없었다. 정산(鼎山)의 '삼동윤리(三同倫理)'는 그의 만년의 원숙한 사상 경지에서 이룩된 것으로 이는 원불교 교리의 확대 내지 세계화의 차원에서는 물론 임박한 21세기 사유의 범형(範型, paradigm)과 관련하여 심각히 검토될 필요가 있는 담론이라 할 것이다.

아닌게아니라 이미 여러 학자들이 삼동윤리의 이러한 선구적 의미에 주목하여 본격적인 논의를 펼친 바 있고 정산의 사상 일반을 다룬 연구에서도 삼동윤리는 거개가 한 번쯤은 섭급(涉及)하는 중요한 항목으로 되어 있다. 우선 그간 이루어진 삼동윤리에 대한 전론(專論)의 정황을 살펴보면 유병덕(柳炳德), 「삼동윤리의 해석학적 조명」『정산종사(鼎

山宗師)의 사상』(원불교출판사, 1992)에서는 삼동윤리 이념을 원불교 사상 전개를 위한 해석학으로 정착시키고자 원불교 교리 및 현대의 종교적 맥락 속에서의 삼동윤리의 위상 · 의미 · 실천적 과제 등을 검토, 제시하였으며 김순임(金順任), 「삼동윤리의 철학적 조명」(위의 책)에서는 삼동윤리의 세계주의를 고대 유교의 대동(大同) 사상과 왕양명(王陽明)의 친민설(親民說)의 입장에서 조명하였고, 서경전(徐慶田), 「교화전략(教化戰略)으로서 삼동윤리」『정산사상(鼎山思想)의 현대적 조명』(원불교출판사, 1999)에서는 21세기 지구촌의 종교 · 인종 · 기술 · 정치 · 경제상의 갈등을 초월한 보편 문명 수립과 관련하여 삼동윤리의 교화 전략적 의의를 탐구하였다. 이 밖에도 백준흠(白俊欽)이 종교 다원주의, 김홍철(金洪喆)이 기독교 교리와의 회통, 안관수가 대안교육 등의 측면에서[1] 삼동윤리의 의미와 가치를 고찰하는 등 삼동윤리에 대한 해석의 지평은 앞으로 더욱 넓어질 전망이다. 이 글에서는 상술한 선행 연구의 성과에 바탕하여 삼동윤리의 사상적 연원에 대해 고찰한 다음 삼동윤리가 신세기의 이념적 대안으로서 지니는 적극적 의의를 검토해 보고자 한다.

삼동윤리의 사상적 연원

정산은 1961년 4월 삼동윤리를 발표할 때에 구체적 내용 제시에 앞서 다음과 같은 기본 취지를 천명하였다.

---

1 白俊欽, 「三同倫理에서 본 宗教多元主義」『圓佛教學(1)』(1996). 金洪喆, 「同源道理의 연구: 기독교 사상과의 만남을 중심으로」『圓佛教思想(10 · 11)』(1997). 안관수, 「송정산의 삼동윤리와 대안교육」『鼎山思想의 현대적 조명』(원불교출판사, 1999) 등 참조.

삼동윤리는 곧 앞으로 세계 인류가 크게 화합할 세 가지 대동(大同)의 관계를 밝힌 원리니, 장차 우리 인류가 모든 편견과 편착의 울 안에서 벗어나 한 큰 집안과 한 큰 권속과 한 큰 살림을 이루고, 평화 안락한 하나의 세계에서 함께 일하고 함께 즐길 기본 강령이니라. 지금 시대의 대운을 살펴보면 인지가 더욱 열리고 국권이 점차 넓어져서 바야흐로 대동 통일의 기운이 천하를 지배할 때에 당하였나니, 이것은 곧 천하의 만국 만민이 하나의 세계 건설에 함께 일어설 큰 기회라. 오래지 아니하여 세계 사람들이 다 같이 이 삼동윤리의 정신을 즐겨 받들며, 힘써 체득하며, 이 정신을 함께 실현할 기구를 이룩하여 다 같이 이 정신을 세상에 널리 베풀어서 이 세상에 일대 낙원을 이룩하고야 말 것이니라. 그러므로 이러한 좋은 시운에 이러한 회상을 먼저 만난 우리 대중들은 날로 달로 그 마음을 새로이 하고, 이 공부 이 사업에 더욱 정진하여 다 같이 이 좋은 세상 건설에 선도자가 되어 주기를 간절히 부탁하노라.[2]

담화의 내용을 살펴보면 3가지 부분으로 구성되어 있음을 알 수 있다. 첫 번째 부분은 삼동윤리의 의의에 관한 것으로 삼동윤리가 미래의 이상 세계의 큰 이념적 틀이 될 것임을 분명히 하였고, 두 번째 부분은 당대 및 미래 세계의 정황을 말한 것으로 세계가 하나로 통일되어 낙원을 이룩하는 대운을 맞고 있다고 인식하였으며, 세 번째 부분은 신도들이 사명감을 갖고 정진할 것을 촉구하는 내용으로 되어 있다. 그런데 이 글 전반을 통하여 뚜렷이 흐르고 있는 취지는 대동 · 한 큰 집안 · 하나의 세계 · 낙원 · 좋은 세상 등의 표현에서 보이듯이 이상 사회에 대한 강렬한 소망 및 실현 의지이다. 이러한 취지는 결국 '대동'이라

2 『정산종사법어』「도운편」, 제34장.

는 한 단어로 귀착되는데 주지하듯이 대동은 『예기(禮記)』「예운(禮運)」편에 실려 있는 유교의 이상 사회에 대한 표현이다. 원불교는 일찍이 경전 형성 과정에서 유교를 적지아니 수용하였고 이는 특히 『예전(禮典)』 및 『세전(世典)』의 내용 구성에서 표명된다. 『예전』의 경우 『주자가례(朱子家禮)』에서, 『세전』의 경우 『소학(小學)』 및 사서(四書)에서 많은 내용을 취하고 있는 것이 확인되고 있다.[3] 따라서 정산이 대동을 언급하는 것도 기존의 유교 수용의 취지에 비추어 자연스러운 일이다. 김순임은 여기에서 정산의 대동 개념이 주자학(朱子學)보다 양명학(陽明學) 계통의 유교와 상관이 있음을 논증하고 있다. 「예운」편에서 제기되었던 공자의 대동설이 장횡거(張橫渠)의 「서명(西銘)」에서의 만물일체 사상을 거쳐 왕양명의 양지(良知) 사상에 이르러 우주일가(宇宙一家)의 대동윤리로 크게 발전하는데, 정산의 대동 즉 삼동윤리는 이와 맥을 같이하고 있다고 보는 것이다.[4] 고대 중국의 유토피아 사상에는 노자(老子)의 소국과민설(小國寡民說)과 공자의 대동설의 두 가지 경향이 존재하였다. 정산의 삼동윤리는 확실히 유교의 유토피아 사상을 계승하였으며 그 중에서도 불학(佛學)과 친연성이 있는 양명학의 입장을 선호한 것으로 보인다. 그러나 정산의 삼동윤리는 이념적인 면에서 양명학의 취지와 상관되지만 실천적인 면에서는 청말(淸末)의 거유(巨儒) 강유위(康有爲)가 그의 『대동서(大同書)』에서 제시한 미래의 세계 사회와 여러 모로 구상을 같이한다. 세계 인류의 화합과 평화 안락한 하나의 세계에 대한 낙관적인 기대는 바야흐로 대동 통일의 기

3 鄭舜日, 「圓佛敎의 三敎圓融思想(Ⅰ)」『圓佛敎思想』(1994), 第17 · 18合輯, pp. 557-58.

4 金順任, 「三同倫理의 哲學的 照明」『鼎山宗師의 思想』(원불교출판사, 1992), pp. 491-500.

운이 천하를 지배할 때에 당하였다는 인식에서 온 것인데 이러한 시대 인식은 강유위의 이른바 대동세(大同世)에 대한 인식과 상응하며 삼동윤리의 정신을 실현할 기구는 강유위의 공정부(公政府)[5]와 개념적으로 상응한다. 따라서 위의 담화를 비롯 삼동윤리에 담겨진 대동 사상의 연원을 고찰함에 있어서는 고대 유교뿐만 아니라 근대 초기에 출현한 강유위의 『대동서』까지 염두에 둘 필요가 있다.

기본 취지를 천명한 담화에 이어 정산은 '동원도리(同源道理)'에 대해 다음과 같이 교시(敎示)한다.

> 이어 말씀하시기를 "삼동윤리의 첫째 강령은 동원도리니, 곧 모든 종교와 교회가 그 근본은 다 같은 한 근원의 도리인 것을 알아서, 서로 대동 화합하자는 것이니라. 이 세상에는 이른 바 세계의 삼대 종교라 하는 불교와 기독교와 회교가 있고, 유교와 도교 등 수많은 기성 종교가 있으며, 근세 이래 이 나라를 비롯하여 세계 각처에 신흥 종교의 수도 또한 적지 아니하여, 이 모든 종교들이 서로 문호를 따로 세우고, 각자의 주장과 방편을 따라 교화를 펴고 있으며, 그 종지에 있어서도 이름과 형식은 각각 달리 표현되고 있으나, 그 근본을 추구해 본다면 근원되는 도리는 다 같이 일원의 진리에 벗어남이 없나니라. 그러므로, 모든 종교가 대체에 있어서는 본래 하나인 것이며, 천하의 종교인들이 다 같이 이 관계를 깨달아 크게 화합하는 때에는 세계의 모든 교회가 다 한 집안을 이루어 서로 넘나들고 융통하게 될 것이니, 먼저 우리는 모든 종교의 근본이 되는 일원대도의 정신을 투철히 체득하여, 우리의 마음 가운데

---

5 강유위는 대동의 시작을 據亂世, 대동의 진행을 升平世, 대동의 성취를 太平世로 표현하며 세계 각국의 합체인 公國의 정부를 公政府라 불렀다. 康有爲, 『大同書』(鄭州: 中州古籍出版社, 1998), pp. 127-28의 「大同合國三世表」 참조.

모든 종교를 하나로 보는 큰 정신을 확립하며, 나아가 이 정신으로써 세계의 모든 종교를 일원으로 통일하는 데 앞장서야 할 것이니라."[6]

정산의 이러한 견해는 직접적으로는 소태산의 삼교합일론적 입장의 계승이지만 사상사적인 측면에서 멀리 소급하면 중국의 위진(魏晉)·남북조(南北朝) 시기의 삼교합일 사조에까지 이르고 고대 한국의 경우, 신라말 최치원(崔致遠)의 「난랑비서(鸞郎碑序)」에 담긴 취지에까지 이른다.

주지하듯이 최치원은 「난랑비서」에서 신라 고유의 풍류도(風流道)가 유·불·도 삼교의 정신을 모두 포괄하고 있다고 주장하였는데 우리는 이러한 인식으로부터 고대 한국에 이미 삼교를 대립적인 견지에서 벗어나 조화로운 합일의 관점에서 파악하고자 하는 정신적인 전통이 있었음을 알 수 있다. 이러한 전통은 풍류도를 계승한 한국 선도(仙道)[7]의 맥을 따라 강하게 유전된다. 그리하여 조선조 단학파(丹學派)의 태두(泰斗)인 정렴(鄭𥖝)은 이렇게 단언한다.

> 맑고 밝은 기운이 위로 니환궁(泥丸宮)에서 맺히면 선가에서 말하는 현주(玄珠)이기도 하고 불가에서 말하는 사리이기도 하다.
> 清明之氣, 上結於泥丸宮, 仙家所謂玄珠, 佛家所謂舍利.[8]

수련하여 증득(證得)한 경지를 궁극적으로 도·불이 함께한다는 이러한 인식 즉 전통적인 삼교합일론이 정산의 동원도리론에 많은 영

6 『정산종사법어』「도운편」, 제35장.
7 풍류도의 내력이 『仙史』에 실려 있다는 「난랑비서」의 내용을 상기할 필요가 있다.
8 鄭𥖝, 『龍虎秘訣』.

향을 미쳤음이 분명하다.

다음으로 정산은 '동기연계(同氣連契)'에 대해 이렇게 교시한다.

> 삼동윤리의 둘째 강령은 동기연계니, 곧 모든 인종과 생령이 근본은 다 같은 한 기운으로 연계된 동포인 것을 알아서, 서로 대동 화합하자는 것이니라. 이 세상에는 이른바 사색 인종이라고 하는 인종이 여러 지역에 살고 있으며, 같은 인종 중에도 여러 민족이 있고, 같은 민족 중에도 여러 씨족이 여러 지역에 각각 살고 있으나, 그 근본을 추구해 본다면 근본되는 기운은 다 한 기운으로 연하여 있는 것이므로, 천지를 부모 삼고 우주를 한 집 삼는 자리에서는 모든 사람이 다 같은 동포 형제인 것이며, 인류뿐 아니라 금수 곤충까지라도 본래 한 큰 기운으로 연결되어 있나니라. 그러므로, 천하의 사람들이 다 같이 이 관계를 깨달아 크게 화합하는 때에는 세계의 모든 인종과 민족들이 다 한 권속을 이루어 서로 친선하고 화목하게 될 것이며, 모든 생령들에게도 그 덕화가 두루 미칠 것이니, 우리는 먼저 모든 인류와 생령이 그 근본은 다 한 기운으로 연결된 원리를 체득하여 우리의 마음 가운데 일체의 인류와 생령을 하나로 보는 큰 정신을 확립하며, 나아가서는 이 정신으로써 세계의 인류를 평등으로 통일하는 데 앞장서야 할 것이니라.[9]

아무래도 불교적 생명관의 반영으로 보여지는 정산의 이러한 사해 동포주의는 역시 가까이로는 소태산의 사은(四恩)사상에서 유래하지만 우리는 보다 근원적으로 동아시아 특유의 기화우주론(氣化宇宙論), 천인합일론(天人合一論)적 사고가 송정산의 동기연계론에 영향

---

9 『정산종사법어』「도운편」, 제36장.

을 미쳤을 것으로 생각해 볼 수 있다. 장자(莊子)는 일찍이 기가 만물에 내재한 생명력임을 이같이 말했다.

> 사람이 살아 있는 것은 기가 모임에 의해서이다. 기가 모이면 살고 흩어지면 죽는다. …… 따라서 천하를 통하는 것은 오로지 한 가지 기운뿐이라고 말할 수 있다.
>
> 人之生, 氣之聚也. 聚則爲生, 散則爲死, …… 故曰通天下一氣耳.[10]

만물에 내재한 생명력, 그것은 존재 상호간의 소통을 가능하게 하여 카시러(E. Cassirer)의 이른바 '생명의 연대성(Solidarity of Life)'[11]을 느끼게 하는 힘인데 그것이 작동하는 원리는 레비 브률(Levi Brühl)의 이른바 '참여의 법칙(Law of Participation)[12]으로서 존재와 존재는 스며들 듯이 공감에 의해 서로를 확인한다. 기가 이와 같이 작동하면서 우주를 움직여 나갈 때 인간과 인간, 인간과 만물은 사실상 기 앞에서 모두 평등한 관계, 소통 합일되어야 할 관계에 놓인다. 인간과 자연의 합일을 도모하는 천인합일론은 그리하여 기화우주론과는 표리 관계에 있다고 말할 수 있다. 주로 도교와 상관된 이러한 생명관은 수행론 등을 통해 본 정산의 기왕의 도교 수용 태도를 고려할 때 동기연계론의 형성 배경으로 충분히 기능하였을 것이다.

끝으로 정산은 '동척사업(同拓事業)'에 대해 이렇게 교시한다.

---

10 『莊子』「知北遊」.

11 Ernst Cassirer, *An Essay on Man*(New Haven: Yale University Press, 1947), p. 82.

12 Stanely Jeyaraja Tambiah, *Magic, Science, Religion, and the Scope of Rationality* (Cambridge University Press, 1990), p. 86.

삼동윤리의 셋째 강령은 동척사업이니 곧 모든 사업과 주장이 다 같이 세상을 개척하는 데에 힘이 되는 것을 알아서, 서로 대동 화합하자는 것이니라. 지금 세계에는 이른바 두 가지 큰 세력이 그 주의와 체제를 따로 세우고 여러 가지 사업을 각각 벌이고 있으며, 또한 중간에 선 세력과 그 밖에 여러 사업가들이 각각 자기의 전문 분야와 사업 범위에 따라 여러 가지 사업들을 이 세상에 벌이고 있어서, 혹은 그 주장과 방편이 서로 반대되는 처지에 있기도 하고 혹은 서로 어울리는 처지에 있기도 하나, 그 근본을 추구하여 본다면 근원되는 목적은 다 같이 이 세상을 더 좋은 세상으로 개척하자는 데 벗어남이 없는 것이며, 악한 것까지라도 선을 각성하게 하는 힘이 되나니라. 그러므로, 모든 사업이 그 대체에 있어서는 본래 동업인 것이며, 천하의 사업가들이 다 같이 이 관계를 깨달아 서로 이해하고 크게 화합하는 때에는 세계의 모든 사업이 다 한 살림을 이루어 서로 편달하고 병진하다가 마침내 중정(中正)의 길로 귀일하게 될 것이니, 우리는 먼저 이 중정의 정신을 투철히 체득하여 우리의 마음 가운데 모든 사업을 하나로 보는 큰 정신을 확립하며, 나아가서는 이 정신으로써 세계의 모든 사업을 중정으로 통일하는 데 앞장서야 할 것이니라.[13]

동척사업론의 궁극적 지향은 세계의 모든 사업을 중정(中正)의 길로 귀일시킴에 있다. 정산은 이를 위해 우리 모두 중정의 정신을 투철히 체득하는 것이 필요하다고 역설한다. 그렇다면 여기에서 누차 언급되고 있는 중정이란 무엇인가? 중정이라는 말은 일찍이 『예기(禮記)』「악기(樂記)」에 보인다. "중정하여 사곡됨이 없다(中正無邪)"라는 표현이

13 『정산종사법어』「도운편」, 제37장.

그것이다. 이에 대한 주석은 "내심이 중정하여 사곡되고 편벽됨이 조금도 없음을 말한다(謂內心中正, 無有邪僻)"로 되어 있으니 중정의 대체적인 고의(古意)는 공평하고 조화로운 마음 상태임을 알 수 있다. 이 뜻은 곧 중용(中庸)의 도와도 상통한다 할 것인데 한무외(韓無畏)의 『해동전도록(海東傳道錄)』에 부재(附載)된 「단서구결(丹書口訣)」을 보면 "음양의 조화와 만물의 생성이 중정에서 나오지 않음이 없다(陰陽之造化, 萬物之生成, 莫不自中正出來.)"고 강조하고 있다. 다시 이러한 취지는 원시 도교 방면으로 소급하여 볼 때 후한(後漢) 무렵에 성립된 『태평경(太平經)』에서 말하고 있는 음 · 양 두 기운의 조화로운 섞임인 중화지기(中和之氣)의 개념과도 멀리 맥락이 닿아 있음을 알 수 있다.

삼동윤리의 신세기적 의의

정산은 동원도리론에 대해 "모든 종교와 교회가 그 근본은 다 같은 한 근원의 도리인 것을 알아서 서로 대동화합하자는 것이니라"[14]고 정의한 다음 3대 종교인 불교 · 기독교 · 회교를 비롯한 수많은 종교가 각자의 교리에 따라 선교를 하고 있으나 근본 도리는 한 가지 진리에서 벗어남이 없다고 말한다. 그리하여 세계의 종교인들이 모든 종교가 본래 하나인 것을 깨달아 일가로 화합해야 할 것을 촉구하였다. 여기에서 중요한 것은 정산이 전통적인 삼교합일론을 환골탈태시켜 21세기의 바람직한 종교관을 새롭게 제시했다는 데에 있다. 주지하는 바 헌팅턴(S. Huntington)은 그의 '문명충돌론'에서 향후의 세계가 8개의 문명권으

14 『정산종사법어』「도운편」, 제35장.

로 나뉘어 각축할 것으로 예견하였는데[15] 이 8개의 문명권은 기독교·회교·유교·힌두교의 종교 문화를 바탕으로 전개되고 있다. 다시 말해서 그는 미래의 세계에 종교간의 분쟁이 오히려 더 극심해질 것으로 내다본 것이다. 헌팅턴의 이러한 가설은 서구 기독교 문명의 패권적 지위를 기정화하고 다른 종교 문명의 등장을 적대적인 도전으로 간주하는 입장을 암암리에 전제할 때 성립될 수 있는 것이다. 따라서 그는 일찌감치 '충돌'을 선언했던 것이다. 바로 이 점에서 정산의 동원도리론이 21세기에 요청되는 진정한 화해의 종교관과 관련하여 시대를 뛰어넘는 선견(先見)으로 평가될 여지를 지니게 된다. 아울러 천주교가 제2바티칸공의회(1962-1965)에서 타종교에 대한 포용론적 입장을 결정, 교황의 교서(敎書)로 공표하게 되는 것이 1962년 이후의 일임[16]을 생각할 때 정산의 동원도리론의 제창은 종교사상 주목할 만한 사안으로 기억되어야 할 것이다.

정산은 동기연계론에 대해 "모든 인종과 생령이 근원은 다 같은 한 기운으로 연계된 동포인 것을 알아서 서로 대동화합하자는 것이니라"[17]고 정의를 내린다. 이어서 그는 세상의 인종과 민족·씨족이 다 근본되는 한 기운으로 연결되어 있으므로 모두가 동포 형제나 다름없으니 천하의 모든 사람이 이 관계를 깨달아 한 권속처럼 친선하고 화목해야 한다고 역설하였다. 그리고 금수 곤충까지도 본래 큰 한 기운으로 연결되어 있는 것이니 일체의 인류와 생명을 하나로 보는 큰 정신을 확립할 것을 요구하였다.

---

15 새뮤얼 헌팅턴, 이휘재 옮김, 『문명의 충돌』(김영사, 1997), pp. 52-57.

16 이에 대해서는 『제2 바티칸공의회 문헌』(한국 천주교중앙협의회, 1969), pp. 608-10 참조.

17 『정산종사법어』「도운편」, 제36장.

종족주의는 선철(先哲)조차 좀체로 극복하지 못했던 인류의 고질적 병폐로 성별(gender)·계급(class)과 더불어 다음 세기로 이월될 우리의 대표적 난제이다. 최근 이데올로기가 퇴조하면서 종족간의 갈등이 더욱 증폭되고 있는 이 때 동기연계론은 상당한 시의성을 지닌다. 그러나 앞으로 우리는 동기연계론의 의의를 종족주의의 극복보다 더 큰 생태학적 세계관의 정립에서 찾게 될 가능성이 있다. 과학주의의 오만과 횡포가 빚은 환경 위기에 대한 자성(自省)은 이제 우리의 시선을 인간 중심으로부터 주변의 식물과 동물, 즉 자연계로 향하게 하고 있다. 바야흐로 존재성에 있어서 인간과 일반 생물과의 간극이 철폐되고 공감을 회복하고자 하는 재신화화(remythlogization)의 기운이 무르익고 있는 이즈음 동기연계론이 당대의 현안에 대해 얼마만큼의 지도적 의미를 지니는가는 불문가지일 것이다.

정산은 동척사업론에 대해 "모든 사업과 주장이 다 같이 세상을 개척하는 데 힘이 되는 것을 알아서 서로 대동화합하자는 것이니라"[18]고 정의하고 자본주의와 사회주의를 비롯 수많은 이념과 노선의 대립, 수많은 분야의 병립이 결국은 이 세상을 저마다 살기 좋게 만들겠다는 근본 목적에서 비롯된 것이니만큼 모든 일이 동업 관계에 있다는 이치를 자각해야 할 필요성을 역설하였다. 그리하여 중정의 정신을 체득하여 모든 사업을 하나로 보는 큰 정신을 확립할 것을 촉구하였다. 이러한 내용으로 미루어 동척사업론은 사상간의 대립, 종교와 과학 등 각 분야간의 대립을 지양하고 상보적 관계 속에서 협력할 것을 요구하는 듯하다.[19] 그러나 다른 한편 동척사업론은 동원도리론과 동기연계론의 이념적 지향

18 『정산종사법어』「도운편」, 제37장.

19 金基圓, 「鼎山宗師의 生涯와 思想」『圓佛敎思想』, 제15집, p. 312.

에 비해 실천적 성격이 강한 언설로 앞서의 이념들을 보다 세간적(世間的)인 차원에서 궁행(窮行)하고자 하는 취지가 엿보인다. 동척사업론이 다가올 세기의 현안에 대해 지니는 시의성은 앞서의 이념들과는 다른 차원에서 풍부하다 할 것인데, 우선 포스트모더니즘이 도래한 이후 거대담론이 붕괴하면서 작은 주체들이 군립(群立)하고 있는 다원적인 목전의 상황은 동척사업론이 실현되기에 알맞은 토양이라 할 수 있다. 현실적으로 동척사업론과 관련하여 고려해야 할 오늘의 첨예한 상황은 이데올로기의 붕괴와 다국적 기업의 확대로 인한 전지구화(globalization) 현상이다. 이제 근대 무렵 '상상의 공동체(imagined community)'[20]로 성립되었던 독점적, 배타적 성격의 국민국가(nation state)는 점차 그 지배력을 상실하고 공동의 목적을 추구하는 지역 연합, 나아가서는 세계 공동체로의 길을 걷고 있다. 여기에 전자 매체에 의해 창안된 사이버 공간은 국경·인종·성별·계급 등을 초월하여 인류 모두의 표현의 장이 되어 전지구화를 더욱 가속시키고 있다. 아울러 신과학의 흥기는 앞서와는 다른 차원에서 과학과 종교, 학문과 학문 간의 경계를 넘어 인류의 인식의 벽을 무너뜨리고 있다. 이와 같이 모든 욕망과 개성이 저마다의 당위성을 갖고 분출되는 이러한 대전환의 시점에서 "모든 사업과 주장이 다 같이 세상을 개척하는 데 힘이 되는 것을 알아서 서로 대동화합하자"는 동척사업론의 이념은 전지구화 시대 인류의 새로운 삶의 원리로서 의미 깊게 검토될 필요가 있을 것이다.

---

20 근대 국가의 '상상의 공동체'로서의 성격에 대해서는 앤더슨, 『민족주의의 기원과 전파』(사회비평사, 1996), 윤형숙 옮김, pp. 15-23 참조.

신종교를 넘어 세계 윤리로

정산은 소태산의 법통을 계승, 일원세계(一圓世界)의 구현을 위해 구세(救世)의 방안으로서 삼동윤리를 제창하였는데 이들은 각기 심후한 사상적 연원에서 유래하고 있다. 즉 동원도리론은 고대 중국의 삼교합일 사조 및 한국 선도의 포함삼교(包含三教)의 정신을, 동기연계론은 기화우주론 · 천인합일론 및 불교적 생명관을, 동척사업론은 중용의 취지 및 원시 도교의 중화지기의 개념을 계승, 발전시킨 것으로 사료된다. 그러나 중요한 것은 이들 내용이 어디까지나 소태산의 일원(一圓) 진리 체계 내에서 융합, 수용된 후 다시금 정산에 의해 실천 윤리로 가다듬어져 반포되었다는 사실이다. 따라서 정산의 삼동윤리는 단순히 과거의 사상 유산을 종합, 정리함에 그치지 않고 시대를 뛰어넘는 놀라운 통찰을 보여준다.

삼동윤리가 갖는 신세기적 범형(範型)으로서의 의미는 이렇게 요약될 수 있을 것이다. 동원도리론에서 정산은 모든 종교가 갈등과 반목을 해소하고 화합, 공존해야 할 당위성을 역설하였는데 포스트모던 시대의 다원주의적 종교관을 예시한 선견이 돋보인다. 동기연계론에서 그는 사해동포주의 내지 만물평등의 입장을 개진하였다. 그의 입론은 평등의 대상이 인간뿐만 아니라 생물계 전반에 미치고 있어 오늘날 현안이 되고 있는 환경론 · 생태주의와 조우하고 있다. 동척사업론에서 그는 이념 대 이념, 종교 대 과학 간의 대립을 지양하고 인류의 공동선(共同善)을 향하여 모든 분야가 협동할 것을 촉구하였는데 최근의 거대담론의 붕괴, 전지구화, 신과학의 흥기 등의 현상은 이러한 제창과 상응하는 징후로 보아도 좋을 것이다.

결론적으로 정산의 삼동윤리는 종교 · 인종 · 이념 · 과학 · 생태 등 다가올 21세기의 인류적 현안의 해결과 긴밀히 상관된 사유의 범형으로서 큰 의미를 지닌다 할 것이다. 무엇보다도 우리는 이항대립적 사고가 미만(彌滿)해 있던 냉전 시대에 이러한 상생(相生)·원융(圓融)의 도리를 설파하였던 그의 선구적 예지를 높이 평가해야 할 것이다.

X. 한국 도교 주요 인물 열전(列傳)

한국 도교의 비조(鼻祖) 최치원(崔致遠)

최치원(857-?)은 신라 말의 대학자이자 문호(文豪)로서 저명하지만 한국 도교의 비조(鼻祖)로 칭해지는 인물이기도 한다. 공식 역사에서 그는 유학자나 관료로서의 면모를 더 많이 보여준다. 그러나 야사나 사적 글쓰기의 세계에서 그는 득도한 대신선으로 자주 묘사된다. 그리고 그의 이러한 이미지는 후세 도인들의 마음속에 하나의 전범(典範)으로 각인되어 한국 도교사상 불멸의 존재로 자리잡게 되었다【그림 49】.

〈그림 49〉 고운(孤雲) 최치원(崔致遠).

그의 공적 생애를 살펴보면 그는 신라의 국운이 기울어져 가던 헌안왕(憲安王) 1년, 육두품(六頭品) 귀족 가문에서 태어났다. 그의 출신은 비록 귀족이긴 해도 진골(眞骨)과 같은 왕계(王系) 혈족이 아니었기 때문에 생래적으로 그의 벼슬길은 한계지워져 있었다. 이러한 한계를 극복하기 위해서였는지 그는 12세의 어린 나이에 당(唐)으로 유학을 떠나 마침내 외국인을 위한 과거인 빈공과(賓貢科)에 합격하였고 율수(溧水)의 현위(縣尉)로 임명되었다. 그는 잠시 지방관으로 근무하다가 큰 포부를 이루기 위해 이를 사직하고 당시의 세력가였던 절도사(節度使) 고변(高駢, 821-887)의 막하로 들어가 그의 종사관(從事官)이 되었다. 마침 황소(黃巢)의 반란이 일어났을 때 그가 「토황소격문(討黃巢檄文)」을 지어 황소의 간담을 서늘하게 하고 문명(文名)을 천하에 떨쳤다는 것은 잘 알려진 이야기이다. 그러나 고변의 막부(幕府)에서도 이민족이었던 그의 출세길은 순조롭지 않았다. 외로움과 좌절감 속에서 그는 모국으로의 귀환을 생각하게 된다. 다음의 「추야우중(秋夜雨中)」 시는 아마도 당시 그의 착잡한 심정을 대변하는 듯하다.

秋風惟苦吟,	가을 바람 쓸쓸하고 애처로운데
世路少知音.	세상에는 날 알아주는 이 적다네.
窓外三更雨,	창밖에는 한밤중의 비가 내리고,
燈前萬里心.	등불 앞의 마음은 만리 고향으로.

결국 그는 29세 되던 해 즉 헌강왕(憲康王) 11년(885), 오랜 객지 생활을 청산하고 귀국하게 된다. 귀국 후 그는 헌강왕으로부터 한림학사(翰林學士) 등의 관직을 수여받고 모국에서 정치적 이상을 펼쳐 볼 꿈에 젖는다. 그의 꿈은 헌강왕이 곧 승하하고 진성여왕(眞聖女王)의 난정(亂政)이 시작되면서 깨지고 만다. 견훤이 후백제를 세우고 양길(楊吉)·궁예(弓裔) 등 반란 세력이 창궐하는 상황에서 그는 난국을 바로잡기 위해 시무책(施務策)을 임금께 올리나 시행되지 못하고 다시금

실의에 잠긴다. 그의 재주를 시기하는 무리들, 신분상의 한계 등으로 인하여 그는 모국에서도 뜻을 펴지 못하게 된 것이다. 그는 마침내 현실에의 모든 집착을 버리고 벼슬길에서 은퇴한다. 이후 그는 경치 좋은 곳을 유람하고 문학과 예술을 즐기다가 만년에는 합천(陜川)의 가야산(伽倻山) 해인사(海印寺)에 은거하여 삶을 마쳤다【그림 50】. 그가 언제 세상을 떠났는지는 알려지지 않았다. 그는 고려 현종(顯宗) 때에 문창후(文昌侯)로 추증(追贈)되어 문묘(文廟)에 배향(配享)되었다. 그의 문집으로는 중국의 사부총간(四部叢刊)에 편입된 『계원필경집(桂苑筆耕集)』이 지금까지 전해오고 있다【그림 51】.

최치원의 자(字)인 고운(孤雲)은 그의 인생의 쓸

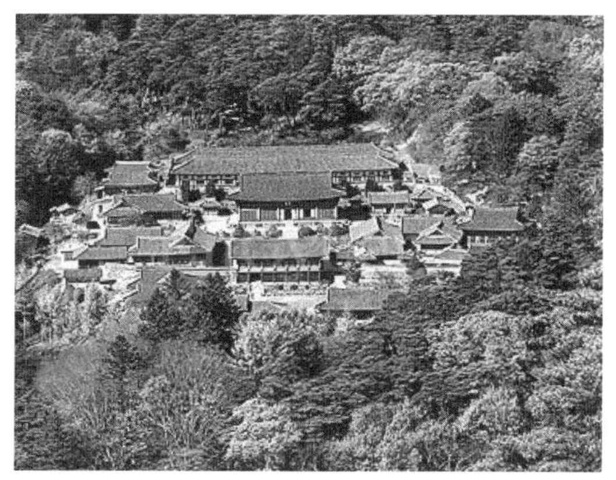

〈그림 50〉 최치원이 만년(晩年)을 보냈던 가야산(伽倻山) 해인사(海印寺).

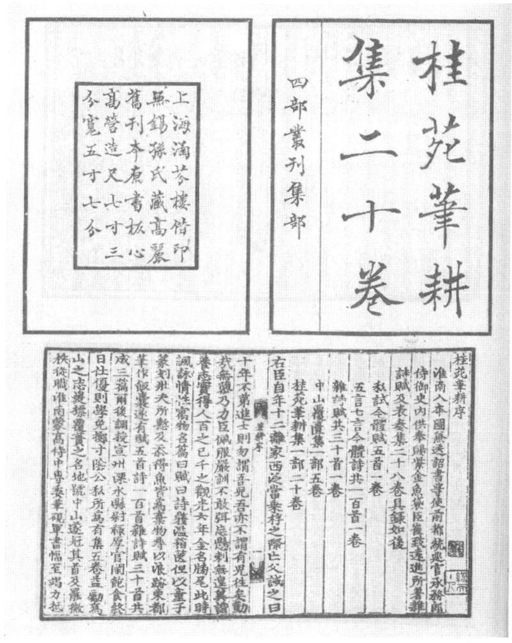

桂苑筆耕集二十卷

四部叢刊集部

上海涵芬樓借印無錫孫氏藏高麗舊刊本原書板心高營造尺七寸三分寬五寸七分

桂苑筆耕序

淮南入本國兼送詔書等使前都統巡官承務郎侍御史內供奉賜紫金魚袋臣崔致遠進所著雜詩賦及表奏集二十八卷具錄如後

私試今體賦五首一卷

五言七言今體詩共一百首一卷

雜詩賦共三十首一卷

中山覆簣集一部五卷

桂苑筆耕集一部二十卷

右臣自年十二離家西泛當乘桴之際亡父誡之曰十年不第進士則勿謂吾兒吾亦不謂有兒往矣勤哉無隳乃力臣佩服嚴訓不敢弭忘懸刺無遑冀諧養志實得人百之己千之觀光六年金名榜尾此時諷詠情性寓物名篇曰賦曰詩幾溢箱篋但以童子篆刻壯夫所慚及忝得魚皆爲棄物尋以浪跡東都筆作飯囊遂有賦五首詩一百首雜詩賦三十首共成三篇爾後調授宣州溧水縣尉祿厚官閑飽食終日仕優則學免擲寸陰公私所爲有集五卷益勵爲山之志爰標覆簣之名地號中山遂冠其首及罷微秩從職淮南蒙高侍中專委筆硯軍書輻至竭力抵

〈그림 51〉 사부총간본(四部叢刊本) 『계원필경집(桂苑筆耕集)』.

쓸한 한 단면을 보여주듯 어딘지 우리에게 적막한 느낌을 전해 준다. 아닌게아니라 그의 공적인 인생은 앞에서 살펴보았듯이 결코 만족스럽지 못한, 실의와 불우 끝에 침잠해 버린 서글픈 삶이기도 했던 것이다. 그런데 고운이라는 글자는 또 한편 우리에게 초월자, 은둔자의 신비한 이미지를 전해 주기도 한다. 바로 이러한 이미지와 관련하여 살펴보아야 할 것이 그의 도인으로서의, 전설적 존재로서의 삶인 것이다.

민간에 유포되어 있는 최치원의 탄생 설화는 영웅들의 비범한 출생처럼 신비화되어 있다. 그의 어머니가 금돼지에게 납치되어 갔다가 집으로 돌아와 최치원을 낳았다는 내용이 그것인데 당대(唐代) 전기(傳奇) 소설인 『보강총백원전(補江總白猿傳)』에서의, 신령스러운 흰 원숭이에게 납치되었던 한 부인이 구출되어 후일 명필 구양순(歐陽詢)을 낳았다는 이야기와 비슷한 구조이다. 아무튼 최치원은 유년 시절에 중국으로 들어가 그곳에서 도교를 배우게 되는데 여기에는 두 가지 경로가 있었던 것으로 추정되고 있다. 그 한 가지는 최치원이 율수의 현위를 그만두고 고변의 막하로 들어가기 전까지 2년 정도 종남산(終南山)에 은거했던 시절, 유학생 선배인 최승우(崔承祐)로부터 내단(內丹) 도교를 전수받았을 가능성이다. 『해동전도록(海東傳道錄)』에 의하면 당시 김가기(金可記)·최승우 등 신라 유학생들이 신선 종리권(鍾離權)으로부터 도법을 배웠고 최승우가 다시 이를 최치원에게 전수했다는 것이다. 종남산은 최승우 등 유학생들의 수련 장소이기도 하고 후일 김가기가 이 산의 자오곡(子午谷)이라는 곳에서 승천하였으니 최치원 역시 자신의 은둔처였던 이 산에서 도교를 수련하였을 가능성이 크다 할 것이다. 다른 한 가지는 최치원이 고변의 막부에서 근무할 때 도교를 배웠을 가능성이다. 고변은 도교를 돈독히 믿어 휘하에 방사(方士) 여용지(呂用之)·제갈은(諸葛殷) 등을 두고 수련과 도교적 행사에 열중하였는데 이같은 막부의 분위기 속에서 최치원도 자연스럽게 도교를 받아들이지 않았나 싶다. 실제로 최치원은 고변의 종사관으로서 막부에서 행했던 도교 의례의 제문 즉 청사(靑詞)를 짓기도 하였다. 한 가지 흥미로운 일은 당시의 저명한 소설가인 배형(裵鉶)이 최치원과 함께 종사관으로서 근무했다는 사실이다. 배형의 『전기(傳奇)』라는 작품을 보면 신선·도술에 관한 내용이 중심을 이루고 있어 도교의 강한 영향을 짐작케 하는데 이로 미루어 최치원까지 포함된 고변 막부 문인들의 도교적 소양을 짐작해 볼 수 있을 것이다. 이상과 같은 최치원의 두 가지 도교 학습 경로를 모두 긍정한다고 할 때 한 가지 통합적인 이해가 가능하다. 즉 종남산에서 최승우로부터 사적으로 도교를 전수받은 후 도교 신자인 고변에게 발탁되어 막부의 도교 집단 속에서 다시 새롭고 다양한 체험을 한 것으로 이해한다면 두 가지 경로가 자연스럽게 하나의 과정으로 통합될 수 있을 것이다.

최치원이 중국으로부터 귀환한 후 신라 말의 정치적 현실에 좌절했음은 전술한 바와 같다. 그리하여 그는 속세에의 욕망을 단념하고 산수간을 방랑하며 자연 속에 마음을 맡겼다. 지금까지도 국토의 곳곳에는 그의 발자취가 전설로서 남아 있다. 『삼국사기』에 의하면 그는 만년에 전 가족을 이끌고 가야산 해인사(海印寺)에 들어갔다고 한다. 최치원은 그 곳에서 친형인 중 현준(玄俊)과 더불어 유유자적하는 생활을 즐김과 동시에 수련에도 열중하였는데 그가 주로 익힌 수련법은 시해법(尸解法)이었다. 그러나 최치원은 완전히 세속 정치에의 관심을 끊지는 않은 듯 태조 왕건(王建)이 등장했을 때 그가 영웅임을 알고 참언(讖言)을 보내 격려했다고 한다.

참언은 "계림은 누런 잎이고 곡령은 푸른 솔이네(鷄林黃葉, 鵠嶺靑松)"라는 구절로 왕건이 천명을 받아 삼국 통일의 대업을 완수하게 될 것을 암시한 것이다. 최치원의 이러한 행위는 중국의 저명한 도인들이 개국 영웅들에게, 천자가 되리라는 신탁(神託) 즉 부명(符命)을 전했던 경우와 동일한 것이다. 중국에는 일찍이 도홍경(陶弘景)이 양무제(梁武帝)에게, 왕원지(王遠知)가 당고조(唐高祖)에게 부명을 전했던 사례가 있었다. 최치원은 이렇게 은밀히 왕건의 창업을 도왔다는 공로로 인해 현종 때에 문창후의 봉작(封爵)을 추증받게 되는 것이다.

최치원의 최후에 대해서는 『삼국사기』에 별다른 언급이 없다. 다만 야사에 의하면 어느 날 그가 일찍 집을 나가 갓을 나뭇가지에 걸어 놓고 신발을 풀숲에 버려둔 채 사라져 버렸고, 해인사의 중들은 그가 신선이 된 것으로 여겼다고 한다. 최치원의 마지막 종적이 이처럼 묘연하기 때문에 이후 조선 시대에까지도 최치원이 가야산 홍류동(紅流洞), 지리산 청학동(靑鶴洞) 등 산속에서 신선으로 살고 있다는 설화가 끊임없이 떠돌았다. 『지봉유설(芝峯類說)』·『오계일지집(梧溪日誌集)』 등의 책을 보면 최치원이 산속에서 노승과 바둑을 두고 있다던가 여러 신선들과 술을 마시고 있다던가 하는 장면에 대한 목격담이 나온다. 이러한 설화들은 모두 최치원을 시해선(尸解仙)이나 지선(地仙)으로 간주하고 있는 일반의 인식을 반영한 것이다.

끝으로 최치원 도교학의 성격과 그 역사적 의의에 대해 살펴보기로 하자. 『해동전도록』에서는 최치원이 종리권 계통의 도교를 전수받은 것으로 얘기하고 있는데 그 실체는 종리권으로부터 여동빈(呂洞賓)으로 이어지는 종려금단도(鍾呂金丹道)의 내단학이다【그림 52】. 당대(唐代)에는 아직 외단(外丹)이 성행했기 때문에 최치원은 당시 신경향의 도교를 전수해온 것으로 볼 수 있다. 그렇다면 이 계통 도교의 실제 내용은 무엇인가? 최치원은 가야산에서 중 현준과 더불어 가야보인법(伽倻步引法)을 연마하고 이에 관한 책을 저술하였다고 한다. 가야보인법은 곧 시해법과 같은 것으로서 최치원이 갓과 신발을 남기고 사라졌다는 설화는 그가 이 도법을 수련하였음을 암시한다. 시해법에서는 흔히 도인이 의복이나 소지품을 남기고 선거(仙去)하기 때문이다.

〈그림 52〉 여동빈(呂洞賓).

그러나 무엇보다도 최치원 도교학의 훌륭한 점은 그가 중국으로부터 귀국한 후 신라에 자생하고 있는 민족의 선도를 재인식하고 그 지위를 중국 도교보다 우위에 둔 점이다. 그는 「난랑비서(鸞郞碑序)」에서 "나라에 오묘한 도가 있으니 그것을 풍류(風流)라 한다. 그 가르침을 마련한 근원은 『선사(仙史)』에 상세히 실려 있으니 그것을 실로 세 가지 가르침[유 · 불 · 도]을 다 포함하고 있어 뭇사람을 교화시킨다(國有玄妙之道, 曰風流. 設敎之源, 備詳仙史. 實乃包含三敎, 接化群生.)" 고 언급하여 고유의 선도에 대한 주체적 인식을 표명하였다. 결국 최치원은 중국의 내단수련법을 체득하고 이를 다시 풍류도의 삼교합일 체계 안에 수용함으로써 한국 수련 도교의 독특한 경지를 이룩해낸 것이다. 최치원 도교학의 이러한 경지는 이후 이자현(李資玄) · 이명(李茗) · 김시습(金時習) · 정렴(鄭磏) 등에 의해 계승되어 고려 · 조선 시기 문인 · 사대부 수련 도교의 큰 줄기를 형성하게 된다. 최치원을 한국 도교의 비조라고 일컫는 까닭이 실로 여기에 있는 것이다.

최치원의 저작으로는 시문과 청사가 수록되어 있는 『계원필경집』 이외에도 귀국 후 지은 「사산비명(四山碑銘)」·「난랑비서」 등 단편 문장들이 있고 후일 이들을 집성한 『최문창후전집(崔文昌侯全集)』이 있다. 그리고 그의 자전적 전기체(傳奇體) 소설인 「쌍녀분기(雙女墳記)」가 실려 있는 『신라수이전(新羅殊異傳)』도 그의 작품으로 추정되고 있다. 아울러 조선시기에는 그에 관한 설화들을 바탕으로 『최고운전』과 같은 국문 소설도 창작되었음을 기억해야 하겠다.

조선 도교의 개조(開祖) 김시습(金時習)

김시습(1435-1493)은 충절로 이름난 생육신(生六臣)의 대표적 인물로서, 그리고 한국 고소설의 효시인 『금오신화(金鰲新話)』의 작자로서 많이 알려져 왔다【그림 53】. 그러나 그가 뛰어난 도인으로서, 그것도 조선 도교의 문호를 여는 개창자로서 주목받기 시작한 것은 비교적 근래의 일이다.

〈그림 53〉 매월당(梅月堂) 김시습(金時習).

우선 그의 공적인 생애를 살펴보자. 그는 세종(世宗) 17년(1435) 강릉(江陵) 김씨(金氏) 집안에서 태어났다. 그의 자(字)는 열경(悅卿), 별호는 매월당 이외에도 청한자(淸寒子)·동봉(東峰)·벽산청은(碧山淸隱) 등이 있으며 후일 불문에 귀의했을 때에는 설잠(雪岑)이라는 법명을 사용하기도 하였다. 그는 어렸을 때부터 총명하고 문학적 재능이 뛰어나 세종과 당시 명사들의 신뢰와 기대를 한 몸에 모았다. 어린 그에게 따라다녔던 김신동(金神童)이라든가 김오세(金五歲)라든가 하는 별명은 그가 얼마나 출중한 재능으로 사람들의 이목을 집중시켰던가 하는 점을 짐작케 한다. 그리하여 그는 김반(金泮)·윤상(尹祥) 등 당대의 명유(名儒)들로부터 사사를 받으며 보장된 미래에의 꿈을 키워가고 있었다. 그러나 전도가 양양했던 청년 김시습의 삶은 역사적인 한 사건으로 인해 크게 굴절되고 만다. 수양대군(首陽大君)의 조카 단종(端宗)에 대한 왕위 찬탈 사건이 그것으로 이후 그는 입신양명의 꿈을 버리고 중이 되어 반항적인 인생을 살게 되는 것이다. 무도한 현실 역사에 대한 저항의 표시로 그는 미친 체하고 방랑하며 기발한 행동과 글로써 위정자들을 질책하였다.

〈그림 54〉 어부와 대화를 나누고 있는 굴원(屈原). 『이소도(離騷圖)』에서.

그의 이러한 행위는 전국시대 초나라의 충신 굴원(屈原)이 강남지방을 배회하면서 자신의 충정과 격분을 시로써 쏟아내었던 일과 비슷한 점이 있다【그림 54】. 아닌게아니라 김시습은 달 밝은 밤이면 굴원의 「이소(離騷)」를 읊고 통곡하였다는 일화가 전한다. 그는 일정한 거

〈그림 55〉 무량사(無量寺)의 극락전(極樂殿).

처가 없이 전국을 방랑하였으나 수락산(水落山)·춘천·설악산·경주 남산 등에 주로 머물러 정양을 하거나 저술 활동을 하였다. 『금오신화』는 금오산이라고도 부르는 경주 남산에서 집필된 것으로 잘 알려져 있다. 성종(成宗) 24년(1493) 김시습은 오랜 방외인(方外人)으로서의 삶을 마감하고 충청도 홍산(鴻山) 무량사(無量寺)에서 적멸의 길로 들어서게 되니 향년 59세였다【그림 55】. 죽기 전에 그는 화장하지 말라고 당부하여 중들이 절 곁에 잠시 묻었다가 3년 후에 이장하려고 관을 여니 얼굴빛이 생시와 다름없어 부처가 된 줄로 여겼다고 한다. 마지막의 후일담은 다소 신비스러운 색채가 감돌지만 표면적으로 드러난 그의 삶 자체는 대의명분과 절의(節義)를 생명보다 소중히 여기는 근엄한 유학자의 모습을 떠올리게 한다. 아울러 현실에 절망한 그가 몸을 의탁할 수밖에 없었던 불문의 생활이 그의 삶의 또 한 부분을 점유하고 있다고 할 때 도교 수련가로서의 이미지는 과연 어디쯤에 자리하고 있는 것일까? 이제 우리는 그의 도인으로서의 삶을 살펴볼 시점에 이르렀다.

김시습이 도교를 받아들이게 된 것은 아무래도 수양대군의 찬탈이 기정화되어 그의 현실 정치에 대한 참여 의지가 체념으로 바뀌게 된 시점에서가 아닌가 한다. 『해동전도록(海東傳道錄)』에 의하면 김시습은 설도인(偰道人)으로부터 도를 전수받았다고 한다. 설도인은 곧 설현(偰賢)으로 본래 원(元)나라 사람인데 고려 때 귀화하여 무주(茂朱) 적상산(赤裳山)의 권청(權淸)이라는 도인으로부터 도를 배웠다. 이 권청은 권진인(權眞人)이라고도 하며 후일 허균(許筠)과 동시대의 도인 남궁두(南宮斗)에게도 도를 전해 주었다 하니 그는 고려 · 조선 두 왕조에 걸쳐 수백년간 생존한 셈이 된다. 어쨌든 다시 『해동전도록』에 의하면 설현은 처음 김시습을 춘천에서 만나 그가 선도를 닦을 자질이 있음을 알고 수도를 권유해 보았으나 김시습은 여전히 현실에의 뜻을 버리지 않고 있어 관심을 보이지 않았다고 한다. 수년 후 단종 복위의 꿈이 사라지고 세상에 나갈 희망이 없어진 상황에서 김시습은 산수간을 방랑하다가 한계령(寒溪嶺)에서 다시 설현을 만나게 된다. 결국 현실 변혁의 꿈이 좌절된 김시습은 내면의 혁명을 추구하는 수련으로 방향을 바꾸게 되고 설현으로부터 선도의 요체를 전수받게 되는 것이다. 아마 이때의 일을 두고 읊은 것일까? 다음은 그의 「학이황정(學餌黃精)」이라는 시의 일부이다.

西菴有一老,	서쪽 암자에 한 노인이 있어,
話我長生道.	내게 장생의 도를 말하였네.
教我服黃精,	내게 둥굴레 먹는 법을 가르쳐 주니,
辟粒可爲粮.	벽곡으로 식사를 대신한다네.
非唯能久視,	다만 오래 살 뿐만 아니라,

絶貪身無累. 　　탐욕 끊어 몸에 해됨이 없다네.

…… 　　……

子既世外人, 　　그대는 이미 세상 밖의 사람이 되었으니,

須行世外事. 　　모름지기 세상 밖의 일을 행하게나.

……

마지막 두 구절은 노인이 김시습에게 당부한 말이다. 이제 수양대군에 대한 분노, 단종 복위에 대한 열망은 세상 밖 사람이 된 김시습에게 있어서 모두가 부질없는 일일 뿐이다. 그가 해야 할 의미있는 일이란 '세상 밖의 일' 즉 수련을 하여 신선의 경지에 도달하는 일이다. 그리하여 그는 수련에 몰두하여 신선의 계제를 밟아가는 삶의 즐거움을 「화정절귀전원시(和靖節歸田園詩)」라는 시에서 이렇게 노래한다.

晩居城東陲, 　　노년에 동쪽 성 모퉁이에 사는데,

水石勝廬山. 　　경치는 여산보다 낫다네.

卜築依寒巖, 　　차가운 바위 곁에 집을 짓고,

窮居逾數年. 　　몇 해를 어렵사리 살아왔네.

玄豹隱南山, 　　검은 표범은 남산에 숨어 있고,

神龍襲九淵. 　　신령스런 용은 깊은 못에 잠겨 있는데,

修我玄牝門, 　　나에게 현빈의 문을 닦게 하고,

鋤我絳宮田. 　　강궁의 밭을 김매게 하네.

足以保殘生, 　　이로써 여생을 보내기에 족하니,

豈戀浮沈間. 　　어찌 세상일에 연연하겠는가?

…… 　　……

尋芳東澗涯, 　　동쪽 시냇가에서 꽃을 찾고,

採藥南山巓.	남산 마루에서 약초를 캐네.
一抛利名場,	한번 명리를 던져 버리니
萬事多閑閑.	만사가 한가롭기 그지 없다네.
……	

정절(靖節)은 동진(東晋)의 저명한 전원시인 도연명(陶淵明)을 가리킨다. 그는 당시 군벌 통치의 작태에 절망, 벼슬살이를 포기하고 낙향하여 전원 생활의 여유로움을 노래한 여러 편의 시를 남겼다【그림 56】. 김시습은 도연명의 이같은 심경에 공감하듯 화답하는 시를 지으며 구체적으로 수련하는 상황도 읊었다. "나에게 현빈의 문을 닦게 하고 강궁의 밭을 갈게 하네"라는 구절이 그것인데 현빈문(玄牝門)은 좌현신문(左玄腎門)과 우빈명문(右牝命門)의 합자로 콩팥과 명치 부분을, 강궁(絳宮)은 가슴 부분의 중단전(中丹田)을 가리킨다. 결국 이 구절은 내단 수련을 은유적으로 표현한 것이다.

〈그림 56〉 술에 취해 귀가하는 도연명(陶淵明). 명(明) 장붕(張鵬)의 「연명취귀도(淵明醉歸圖)」.

순수한 유학자에서 불자로 변신하고 다시 그 위에 도교 수련을 겸하여 김시습의 사상적 폭은 더욱 넓어졌다. 그러나 이러한 유·불·도 3교합일의 성향은 김시습 개인 학문의 특성이 아니라 상고 시대부터 전해 내려오는 한국 고선도(古仙道)의 전통이다. 누차 말했듯이 최치원은 일찍이 「난랑비서(鸞郎碑序)」에서 민족 고유의 풍류도(風流道)가 유·불·도 3교의 취지를 다 포괄하고 있다고 말한 적이 있는데 이러한 전통이 김시습에게도 면면히 계승되고 있음을 알 수 있다. 한국 고선도 즉 풍류도의 또 하나의 중요한 취지는 사대주의를 배격하는 자주적 역사 의식이다. 고구려의 조의선인(皂衣仙人), 신라의 화랑 등의 활동에서 보이는 상무적(尙武的), 진취적 기상은 상술한 의식의 표현이다. 마찬가지로 김시습의 도교 사상이 계승하고 있는 자주적 역사 의식은 그의 소설 『금오신화』에서 매우 선명하게 표현되고 있다.

예컨대 「취유부벽정기(醉遊浮碧亭記)」는 홍생(洪生)이라는 개성 상인이 평양 부벽루에서 신녀(神女)를 만나 고조선 멸망의 역사를 듣고 슬퍼하다가 헤어졌는데 후일 신녀를 그리워하다가 꿈속에서 그녀의 부름을 받고 죽어 시해선(屍解仙)이 되었다는 내용이다. 이 소설에서 신녀는 고조선의 왕녀로서 나라가 망해 절망에 처해 있을 때 신선이 된 단군에 의해 구원을 받는다. 단군이 선도를 달성한 존재로 신비화되어 있고 소설의 대립 구도가 은(殷)과 고조선에 대해서 이들을 멸망시킨 주(周)와 위만(衛滿)으로 설정되어 있는 것으로 보아 한국 고선도의 자주적 역사 의식을 표출하고 있음을 알 수 있다. 이 밖에 고구려 동명왕 주몽을 '성제(聖帝)'로 표현한 것도 주목할 만하다.

김시습의 학문에 대해서는 종래 유교와 불교 그리고 문학 방면으로는 연구된 바가 많았으나 도교 쪽으로는 그다지 다루어지지 않았었다. 근래에 이르러 국문학자들에 의해 그의 문학 사상에서 차지하는 도교의 비중이 특히 부각되었다. 김시습의 수련 행적 및 도교 사상은 『매월당시집(梅月堂詩集)』, 권(卷)3 「선도(仙道)」와 『매월당문집(梅月堂文集)』, 권(卷)17 「잡저(雜著)」에 주로 담겨 있다. 「잡저」 중에서도 「수진(修眞)」·「복기(服氣)」·「용호(龍虎)」편에 그의 도교 사상이 집약되어 있다.

그는 우선 「수진」편에서 "무릇 신선이란 본성을 기르고 기를 들이마시며 용호를 단련하여 늙음을 물리치는 것이다(夫神仙者, 養性服氣鍊龍虎, 以却老者也.)"라고 정의하여 그의 도교가 내단학을 지향하고 있음을 분명히 하고 있다. 여기에서의 용호란 외단에서는 납과 수은을 가리켰으나 내단에서는 심화(心火)와 신수(腎水) 즉 체내의 불과 물 두 가지 기운을 가리키게 된다. 『해동전도록』에 의거할 때 그는 대체로 종리권(鍾離權)·여동빈(呂洞賓)으로부터 시작되는 전진교(全眞敎) 내단학을 계승하고 있는 것처럼 보인다. 이외에도 그는 당(唐)의 도사이자 명의인 손사막(孫思邈)의 『천금요방(千金要方)』「양성편(養性篇)」에서 전개된 호흡법 및 양생법으로부터 많은 영향을 받았고 내단학 계통의 기본 경전인 『참동계(參同契)』·『황정경(黃庭經)』 등을 두루 섭렵하였다. 죽은 지 3년 후에도 그의 안색이 변하지 않았다는 신비한 후일담은 그가 시해선이 되었음을 암시한다.

한국 도교 사상 그의 불멸의 공적은 그가 고려 중엽 이후 조선 초기까지의 공백기를 깨고 선도의 맥을 다시 이었을 뿐만 아니라 그것을 후학들에게 계승시켜 조선 중기 단학파의 발흥(勃興)을 가져오게 했다는 사실에 있다. 그는 홍유손(洪裕孫)에게 「천둔검법연마결(天遁劍法鍊魔訣)」을, 정희량(鄭希良)에게 「옥함기내단법(玉函記內丹法)」을, 윤군평(尹君平)에게 「참동용호비지(參同龍虎秘旨)」 등을 각기 전수하였는데 이러한 기초 위에서 후일 정렴(鄭磏)의 『용호비결(龍虎秘訣)』, 허준(許浚)의 『동의보감(東醫寶鑑)』 등이 성립된 것이다.

김시습은 비록 유교로써 입신양명하지는 못하였으나 불승(佛僧)으로서, 혹은 도인으로서 누구보다도 광활한 정신 세계를 노닐다 간 한 시대의 기인이었다. 그는 사회적으로는 공동체에 대해 신의 있는 존재가 되고자 했고, 개인적으로는 삶의 본질에 대한 자각과 더불어 스스로를 완성하는 독선기신(獨善其身)의 길을 외롭게 걸어갔다. 그러나 그 길이 결코 외롭지 않았던 것은 앞서 말했듯이 그의 고결한 삶을 본받고자 하는 뛰어난 후학들이 뒤를 이었기 때문이었다. 우리가 그를 조선 단학파를 개창한 위대한 도인으로 추앙하는 것은 바로 이러한 이유에서이다. 다행히 그는 적지 않은 시문을 남겼고 오늘날 우리는 『매월당전집』을 통해 그의 심오하고 드넓은 문학 · 사상의 세계를 엿볼 수 있다.[1]

조선 단학파의 태두(泰斗) 정렴(鄭磏)

정렴은 조선 시기의 선도 인물 중에서 가장 대중적으로 잘 알려져 있으며 기이한 행적과 일화가 많기로 유명하다【그림 57】. 그뿐만 아니라 조선 도교사에서 학술적으로 차지하는 비중도 크기 때문에 조선의 선도를 얘기하게 되면 우선 떠올리게 되는 인물이 바로 정렴인 것이다. 정렴은 본명이 렴(磏), 별호가 북창(北窓)으로 중종(中宗) 원년(1506) 온양(溫陽) 정씨(鄭氏) 집안에서 태어났다. 후일 부친인 정순붕(鄭順朋)이 우의정, 중부(仲父)인 정백붕(鄭百朋)이 형조판서의 지위에까지 올랐으니 전형적인 환반(宦班) 출신인 셈이다. 그러나 그는 벼슬길에

1 김시습의 전기 구성을 위하여 안동준, 「김시습 문학사상 연구」(한국정신문화연구원 박사학위 논문, 1994)가 주로 참고되었음을 밝혀둔다.

는 본래부터 관심이 없어서 대과(大科)에도 응시하지 아니하였고 주위의 추천에 의해 마지못해 관상감(觀象監)·혜민서(惠民署)·장악원(掌樂院) 등의 관리를 지냈는데 이는 그가 천문(天文)·의약(醫藥)·음률(音律) 등에 정통했기 때문이었다. 그는 포천(抱川) 현감을 끝으로 더 이상 관직에 있지 않고 양주(楊州) 괘라리(掛羅里)에 은거, 수련에 전념하다가 세상을 뜨니 향년 44세, 때는 명종(明宗) 4년(1549)이었다. 짧은 생애에 높지 않은 벼슬, 그의 공적인 삶은 결코 화려하다 할 수 없지만 그의 내면의 삶, 도인으로서의 삶은 그가 후세 사람들에게 미친 영향을 생각할 때 너무나도 깊고 풍성한 의미의 일생이었다고 하지 않을 수 없다.

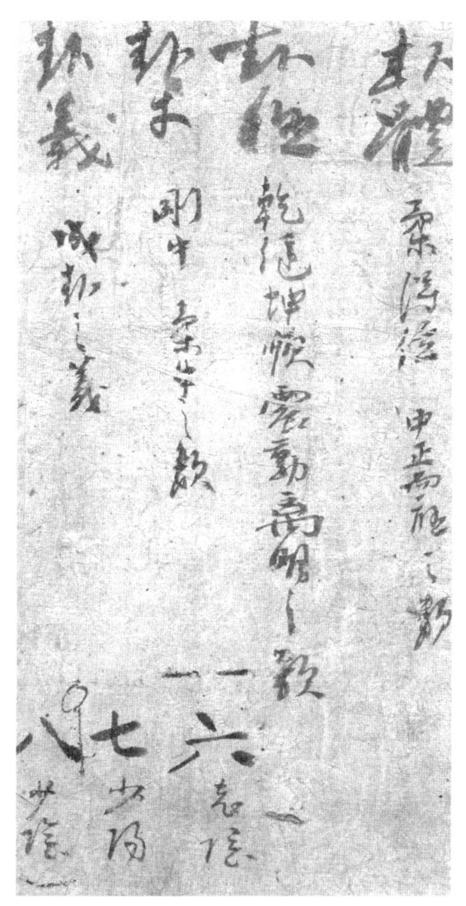

〈그림 57〉 북창(北窓) 정렴(鄭𥖝)의 필적.

전설에 의하면 정렴은 "나면서 말을 할 줄 알았다(生而能言)"고 하니 어렸을 때부터 뛰어난 자질의 소유자였던 것 같다. 그가 선도를 공부하게 된 과정은 『해동전도록(海東傳道錄)』에 의하면 김시습(金時習)에서 중 대주(大珠)로 이어진 조선 도교의 도맥을 계승함으로써라고 한다. 그가 산사(山寺)의 고승들과 교유(交遊)하기를 즐겨했던 것을 보면 그의 선도 수행에는 불문(佛門)과의 관계가 적지 않았음이 엿보인다. 그러나 무엇보다도 그가 소시부터 수련에 마음을 두게 된 것은 온양 정씨의 가학(家學) 배경 때문이었을 것이다. 당시 온양 정씨 문중에서는 정렴뿐만 아니라 그보다 9세 연장인 종형 계향당(桂香堂) 정초(鄭礎) 역시 선도 인물로서 높은 명망을 지니고 있어서 선도 수행은 정렴 개인의 취향이 아니라 가학의 한 경향이었음을 알 수 있다.

어린 시절부터 총명한 자질로 수련에 몰두했던 정렴이 일찍이 그 신통력으로 도계(道界)에서 두각을 나타냈을 것임은 쉽사리 추측할 수 있다. 한때 그는 산사에 들어가 선가(禪家)의 육통법(六通法)을 연마, 사흘 만에 산 아래 백리 바깥의 일을 가만히 앉아서 모두 아는 경지에 이르렀다고 한다. 이와 관련된 일화 중의 하나로 다음과 같은 이야기가 있다. 정씨 집안에서 종을 시골로 심부름 보냈는데 귀가할 때가 훨씬 지났는데도 오지 않아 걱정하다 못해 정렴에게 어찌된 일인지 알아보라고 했다 한다. 그 때 정렴이 잠시 명상에 잠겼다가 말하기를, 그 종이 아무 고개를 넘어오다가 양반 행차에 불경한 짓을 해서 붙들려 맞고 있는 중이라고 하였다. 한참 후 종이 도착하여 사실을 확인한즉 과연 정렴이 말한 바와 같아서 온 집안이 탄복했다는 이야기이다. 정렴은 또한 새·짐승의 말을 알아듣기로 유명하였다. 어느 날 잔칫집엘 갔다가 새 소리를 듣고 그 집 술이 무덤가에서 거둔 밀로 빚은 것임을 간파한 일, 그리고 이로 인해 고을 원님에게 붙들려 갔다가 고을 원님이 사생아라는 내력을 역시 새 소리에 의해 알아낸 일 등은 민간에 널리 유행하였던 설화이다.

정렴은 예언 능력도 뛰어났다. 그는 6형제 중 장남이었는데 유독 셋째인 십죽헌(十竹軒) 정담(鄭礵)의 부인인 구씨(具氏)를 존중함이 유별났다. 사람들이 그 이유를 물으니 "우리 집안은 모두 제수씨의 자손이 될 것이니 내가 어찌 존중하지 않을 수 있겠는가?" 라고 대답하였다. 과연 손자 대에 이르러 형제들이 무후(無後)하게 되자 십죽헌의 자손이 출계(出系)하여 대를 이었다. 정렴은 음률에도 조예가 깊었는데 특히 휘파람 불기 즉 소법(嘯法)에 뛰어났다. 소법은 선도 수행에서 깊은 내단(內丹)의 공력을 바탕으로 발휘될 수 있는 것으로 중국의 경우 일찍이 위진(魏晉) 시기의 선인 손등(孫登)이 이 방면의 대가로 손꼽혔었다. 언젠가 정렴의 부친인 정순붕(鄭順朋)이 강원감사로 있을 때 금강산에 놀러갔었는데 갑자기 계곡을 진동하는 큰 휘파람소리가 들려 시중들던 산사의 중들이 놀라 용의 울음소리인가 여겼는데 알고 보니 정렴이 낸 소성(嘯聲)이었다는 일화가 있다.

정렴의 이런 신이한 행적은 당시 조선 국내에서뿐만 아니라 국외에서도 주목의 대상이 되었다. 일찍이 부친 정순붕이 명나라에 사신으로 갔을 때 그가 어린 나이로 수행하였다. 북경에 도착하자 유구국(琉球國)의 사신이 찾아와 "고국에서 점을 치니 진인(眞人)을 만나리라 했는데 당신이 바로 그 분" 이라며 가르침을 청하였다. 이 때 소문을 듣고 사신으로 왔던 각 국 사람들이 객관(客館)으로 찾아왔는데 정렴이 각 나라의 말로 응대하니 모두들 경탄하고 천인(天人)이라 칭하였다고 한다.

정렴은 짧은 생애 동안 그의 도력(道力)과 관련한 수많은 일화를 남겼지만 만년에는 세상에 조금도 뜻을 두지 않고 고고한 은일군자(隱逸君子)로서의 삶을 지켰다. 그의 풍채는 마치 구름을 탄 학처럼 탈속한 모습이었고 대낮에도 그림자가 없었다고 한다. 아울러 그의 고결한 인품, 심오한 학문에 대해서는 당시에도 칭송이 자자하여 인종(仁宗)이 세자 때에 그의 명성을 듣고, 즉위하면 화담(花潭) 서경덕(徐敬德)과 더불어 정승을 시켜야 할 인물로 손꼽았다고 한다. 그러나 인종이 즉위 후 급서(急逝)하는 바람에 성사되지 않았다는 일화가 전한다. 그는 44

세 되던 해 세상에 오래 있지 않을 뜻을 굳힌 듯 주위에 미리 이승을 떠날 날짜를 말하고 스스로 만사(輓詞)를 지었다. 그 내용은 다음과 같다.

一生讀破萬卷書,	평생에 만권의 책을 읽었고,
一日飮盡千鍾酒.	하루에 천 잔의 술을 마셨다네.
高談伏羲以上事,	복희씨 이전의 일만 말하고,
俗說從來不掛口.	속된 얘기는 입에 담지도 않았지.
顔回三十稱亞聖,	안회는 삼십에도 성인에 버금갔거늘,
先生之壽何其久.	선생의 삶은 어찌 그리 길었던고.

이 시는 그의 도인으로서의 삶의 요약이라고 해도 과언이 아니다. 44세의 수명을 어찌 그리 길었느냐고 자문(自問)하는 그의 마음 계제는 이미 삶과 죽음의 경계를 초월하여 절대의 시공간을 노닐고 있는 경지인 것이다. 그가 조용히 좌화(坐化)한 날 부근의 주민들이 그가 구름을 타고 승천하는 모습을 목격하였다는 백일비승(白日飛昇)의 설화가 후일담처럼 전한다.

지금까지 길게 서술한 정렴을 둘러싼 갖가지 설화들은 그를 신통력을 지닌 선인으로서 장식하고도 남음이 있다. 그러나 정렴은 분명히 역사적으로 실존했던 인물이었고 따라서 그가 남긴 저작물을 통해 객관적, 학문적으로 분석, 평가되어야 하는 도교 학자로서의 면모도 지니고 있다. 이제 그의 학문 세계, 그리고 그것에 대한 후세인들의 평가에 관해 알아보기로 하자.

정렴이 계승하고 있는 선도의 맥에 대해서는 앞에서 잠깐 얘기한 바 있다. 『해동전도록』에 의하면 그는 최치원(崔致遠)으로부터 이어지는 내단학(內丹學)을 조선에 들어와 크게 성취시킨 인물인 것이다. 그러나 그의 학문 세계는 도교만으로 이루어진 것이 아니다. 사대부 집안에서 태어났기 때문에 그에게 있어 유교는 기본적인 소양이라고 할 수 있다. 그가 남긴 「가훈(家訓)」에서 초학자는 『소학(小學)』과 『근사록(近思錄)』을 반드시 학습해야 한다고 역설한 것은 그가 유교를 생활 원리로서 중시했기 때문이다. 그는 유교와 더불어 불교도 멀리하지 않았는데 자주 산사에 가서 수련을 하거나 불승(佛僧)들과 교유한 사실이 그의 시문(詩文)에 나타난다. 그는 유학자로서는 그보다 선배인 화담(花潭) 서경덕(徐敬德)을 존경하였고 도인으로서는 수암(守庵) 박지화(朴枝華)와 친하게 사귀었다. 박지화 역시 당시 도계(道界)의 저명한 인물로 후일 수선(水仙)으로 추앙받았다. 그는 정렴 사후 정렴의 막내동생 고옥(古玉) 정작(鄭碏)의 사상 형성에 많은 영향을 미치게 된다. 결국 학문 내용, 교유 관계 등을 종합해 볼 때 정렴은 유 · 불 · 도 삼교합일(三敎合一)의 입장에 섰던 도인이었음을 알 수 있다. 후세인들의 정렴의 학문에 대한 평가는 대체로 이 점에 주목하여 그를 삼교에 널리 통달한 인물로 자주 표현하는데 한학(漢學) 사대가(四大家) 중의 한 사람이었던 계곡(谿谷) 장유(張維)의 다음과 같은 언급을 들어보자.

> 북창은 태어날 때부터 신령스러워 널리 삼교에 통달하였는데 수련은 도교와 비슷하고 깨달음은 불교와 흡사하나 윤리는 우리 유교를 근본으로 하였다.
>
> 北窓生而靈異, 博通三教, 其修攝似道, 解悟類禪, 而倫常行誼一本吾儒.

그러나 정렴은 삼교에 널리 통달하였지만 궁극적으로는 진인의 경지를 추구하였던 수련인이었다. 그의 선도 이론은 그가 남긴 저작 『용호비결(龍虎秘訣)』을 통해 파악해 볼 수 있다. 『용호비결』은 당시 수련인들이 중국 도서(道書)에만 의존해 어렵게 공부하던 실정에서 탈피하여 한국 선도의 입장에서 새롭고 쉽게 쓰여진 도서로서 정렴의 한국 선도에 대한 자부심의 표명이라 할 수 있다. 정렴이 소시에 중국에 갔을 때 한 중국 도사를 만났는데 그가 조선의 선도를 깔보자 청산유수로 선도 이론을 설파하여 그를 굴복시켰다는 일화 역시 정렴이 평소 한국 선도에 대해 주체적인 의식을 지니고 있었다는 사실을 뒷받침한다. 아무튼 『용호비결』은 현존하는 한국 최초의 도서이자 중국 이외의 지역에서 창작된 최초의 도서로서 큰 의미를 지닌다. 정렴은 이 책의 첫머리에서 우선 '단경(丹經)의 왕'이라 칭하는 『참동계(參同契)』의 난삽함을 비판하고 초학자를 위하여 쉽게 선도에 입문할 수 있는 수련법을 제시한다. 그리고 이어서 폐기(閉氣)·태식(胎息)·주천화후(周天火候) 등 각 수련 법식에 따른 수련의 효과, 즉 신체적 징후 및 정신적 경지에 대해 명쾌히 해설하고 있다.

이러한 『용호비결』이 한국 도교사에서 차지하는 지위는 매우 높다. 우선 『용호비결』은 정렴 당대뿐만 아니라 후세의 선도 수행자들의 기본 텍스트가 되었다. 이능화(李能和)는 『조선도교사(朝鮮道教史)』에서 정렴을 비롯한 조선의 선도 수행자들을 단학파(丹學派)라고 불렀는데 『용호비결』은 바로 이 조선 단학파의 교과서였던 것이다. 다음으로 『용호비결』은 조선의 의학사상 특히 허준(許浚)의 『동의보감(東醫寶鑑)』의 원리 형성에 큰 영향을 미쳤다. 『동의보감』은 우리가 흔히 알고 있듯이 허준만의 독창적인 작품이 아니다. 『동의보감』의 기획에는 당대의 여러 학자들이 관계했는데 정렴의 막내 아우 정작이 유의(儒醫)로서 참여하여 결정적인 이론을 제공하였다. 『용호비결』에서 전개된 정기신론(精氣神論)이 『동의보감』의 독특한 도교 의학 체계를 구성한 것이다.

이 밖에도 정렴은 각 방면에 걸친 탁월한 도력으로 인하여 후대에 이르러 점술·풍수학(風水學)의 대가, 의술의 달인(達人) 등으로 평가되기도 하며 근세에는 신종교 측에 의해 말세를 예언한 도통자로서 추앙되기도 한다.[2] 아울러 온양 정씨 일문에서는 정렴과 그의 종형 정초(鄭礎) 이후에도 정작(鄭碏)·정지승(鄭之升)·정회(鄭晦)·정돈시(鄭敦始)·정두경(鄭斗卿) 등 조선 도교사상 저명한 인물들이 연속 배출되어 나름의 선가 계보를 형성하였는데 이는 사실상 정렴이 그의 일문에 미친 영향으로 보아도 좋을 것이다.

오늘날 전해지는 정렴의 대표적 저작으로는 이능화의 『조선도교사』에 부록된 『용호비결』을 비롯, 온양 정씨 문집인 『온성세고(溫城世稿)』에 실린 45수(首)의 시와 「가훈」이 있다. 그의 묘소는 생시에 그가 집안의 장지로 친히 잡아두었던 경기도 양주군 사정동(砂井洞) 산록에 있는데 이 산은 온양 정씨의 선영(先塋)으로 현재까지 6백여 년간 잘 관리되어 오고 있다. 그리고 양주군에는 그가 은거, 수련했던 장소가 지금도 정씨골이라는 명칭으로 흔적을 남기고 있다.

조선 내단학의 대가(大家) 권극중(權克中)

후한(後漢)의 위백양(魏伯陽)이 지은 『참동계(參同契)』는 『주역참동계(周易參同契)』라고도 부르는데 역(易)의 원리에 의해 단약(丹藥)을 합성하는 방법을 설명한 책이다. 도교 수련의 기본 원리와 철학을 담은 이 책은 조선 시기의 단학과 도인들에게도 중요한 학습 대상이 되

2 특히 증산교에서 그러하다.

었다. 권극중은 바로 이 『참동계』에 대해 독자적인 해석을 시도하고 나름의 내단(內丹) 이론 체계를 구축한 조선 참동계학의 대가이다. 조선의 도교는 김시습(金時習)에 의해 문호가 열리고 정렴(鄭磏)에 이르러 수련의 꽃을 피웠는데 그 후 권극중에 이르러 이론의 결실을 이루었다고 말할 수 있다.

권극중(1585~1659)은 자가 정지(正之), 별호는 청하(青霞)로 선조(宣祖) 18년(1585) 전북 고부(古阜)에서 태어났다. 그는 진사시(進士試)에만 합격했을 뿐 일체 벼슬길에 나가지 않았으며 학문 탐구와 저술 그리고 수련에만 몰두하다가 효종(孝宗) 10년(1659), 75세를 일기로 세상을 떠났다. 어렸을 때 그는 일반 사족(士族) 출신이 그러하듯이 유교 교육을 받았다. 그는 당대의 저명한 유학자인 사계(沙溪) 김장생(金長生) 계통의 학자 최명룡(崔命龍)으로부터 성리학을 수학하였고 짧은 기간 직접 김장생으로부터 배운 적도 있었다. 김장생의 유학은 예학(禮學)을 중심으로 하였는데 그 영향은 권극중에게도 깊이 미쳐 광해군(光海君)이 인목대비(仁穆大妃)를 폐한 이른바 '폐모(廢母)' 사건이 일어나자 그로 하여금 현실에 절망하여 은둔하게 한 외면적 동기가 되었다. 아울러 스승인 최명룡은 성리학뿐만 아니라 당시 이단시되었던 불교와 도교에 대해서도 해박한 지식을 지니고 있었다. 스승의 이러한 폭넓은 사상 취향 또한 후일 권극중이 유교의 제약을 벗어나 도교에 심취할 수 있는 한 요인이 되었을 것이다.

권극중은 최명룡으로부터 사상 교육을 받았을 뿐만 아니라 당시의 유명한 문인인 현주(玄洲) 조찬한(趙纘韓, 1572-1632)으로부터 문학 교육을 받았고, 실제로 그는 시문(詩文) 창작에서 뛰어난 자질을 발휘하기도 하였다. 그가 어지러운 정치에 실망을 느껴 은둔하게 되었을 때 학문 탐구와 문학 작업은 생애를 통하여 몰두할 수 있는 가치있는 일이 되었다. 그가 문학 세계에서 특별히 흠모했거나 친밀히 교유했던 문인들로는 석주(石洲) 권필(權韠), 택당(澤堂) 이식(李植), 동명(東溟) 정두경(鄭斗卿) 등이 있는데 이들은 모두 도교적 기질이 농후한 인물들로 그들의 작품도 낭만적, 유선적(遊仙的) 성향이 강하였다. 이중 정두경은 북창 정렴의 후손으로서 권극중의 시집에 서문을 쓴 바 있으며 권극중 역시 당시에 편찬된 정렴의 시집에 서문을 써주었으니 두 사람의 도교로 맺은 인연을 짐작하기 어렵지 않다.

권극중은 비록 관직에 나아가지 않고 고고(孤高)한 은자(隱者)의 생활을 하였지만 현실에 대한 문제 의식마저 포기한 것은 아니었다. 그의 문집인 『청하집(青霞集)』에는 예리한 현실 인식을 엿보게 하는 시편들이 여럿 있다. 그의 생애를 통해 겪은 네 차례의 전란(임진왜란 · 정유재란 · 병자호란 · 정묘호란)과 잦은 정치적 변란(폐모사건 · 인조반정 · 이괄의 난 등), 그리고 그것들로 인한 백성들의 피폐한 생활에 대해 그는 깊은 동정과 슬픔을 표시하며 이러한 상황을 가중시키는 관리들의 부패, 정치의 타락에 대해 절망과 분노를 표출하였다. 특히 농민의 비참한 현실을 노래한 시가 많은 것은 초야(草野)에 묻혀 살면서 누구보다도 심각하게 그들의 어려움을 목도했기 때문일 것이다. 「공촌(空村)」이라는 제목을 붙인, 다음 두 수의 시를 보자.

1.

民戶日凋瘵,	백성들은 날로 곤궁해지는데,
公家賦斂饒.	관가는 세금을 거두어 풍족해지네.
翁歸阻河役,	노인은 강둑 쌓는 작업에 나갔고,
子赴築城搖.	자식은 성 쌓는 부역에 불려갔네.
破宅牛羊露,	폐가에는 소와 양이 밖에 버려 있고,

空村吏卒驕.	텅 빈 마을엔 아전들만 뽐내며 다니네.
稅車何以渡,	조세 실은 수레는 어떻게 건널까?
秋雨浸溪橋.	가을비에 다리가 물에 잠겨 버렸는데.

2.

空村翳桑柘,	텅 빈 마을엔 뽕나무만 우거졌고,
落日見煙稀.	지는 해에 희미한 연기가 보이는데.
少婦河橋哭,	젊은 아낙 다릿가에서 슬피 우나니,
征人旅棺歸.	출정했던 남편이 시체로 돌아왔다네.
簿書頒稅令,	세금을 재촉하는 공문서가 날라왔고,
霜露助秋威.	찬 서리는 가을 위세를 더욱 떨치네.
卒歲無長計,	해가 다 가도 좋은 방도가 없어,
晨炊燃織機.	새벽 밥 지을 때 베틀을 태워 불피우네.

〈그림 58〉 중당(中唐)의 대시인 백거이(白居易).

전란과 착취로 도탄에 빠진 농민, 그리고 이에 아랑곳 않는 관가의 횡포가 여실하게 묘사되어 있다. 이러한 현실 고발의 사실주의적 시체(詩體)는 후한 말 혼란기의 문인들에 의해 '악부시(樂府詩)'라는 형식으로 처음 지어졌는데, 후일 당대(唐代)에 백거이(白居易)가 『신악부(新樂府)』를 지어 크게 유행시켰고

【그림 58】 다시 한참 후 조선의 시인들에게도 큰 영향을 미쳐 권극중에까지 이르렀다. 앞의 두 수는 그의 『신악부풍유시(新樂府風諭詩)』 22수 중에서 뽑은 것이다.

권극중의 시에 반영된 짙은 현실 의식을 보면 우리는 수련하는 도인이 완전히 세상과 담을 쌓고 살아야만 한다는 생각이 어떤 면에서 편협한 견해임을 알 수 있다. 물론 도인이 권력이나 물욕에 눈이 어두워 기회만 주어지면 현실에 뛰어들고자 하는 것에는 문제가 있다. 즉 개인적 욕망에서 비롯한 현실에 대한 관심은 도와는 거리가 먼 행위일 것이다. 그러나 도인일지라도 국가나 민족이 처한 위험과 불행에 대해서는 문제 의식을 느낄 수 있다. 그것 역시 이타심(利他心)의 발로일 수 있기 때문이다. 도인이 그러한 치열한 현실 의식을 자신의 내면에서 승화시킬 때 그는 더 큰 자기 완성의 길을 걸을 수 있을 것이다. 일찍이 동진(東晋)의 도인 갈홍(葛洪)은 그의 『포박자(抱朴子)』에서 전설과 역사상의 저명한 신선들의 예를 들면서 이러한 입장을 옹호하고 있다. 그에 의하면 황제(黃帝) · 강태공(姜太公) 등은 현실 참여와 수도를 병행하여 득도한 바람직한 인물들이다. 따라서 그는 수도자도 충(忠) · 효(孝) · 인(仁) · 신(信) 등의 덕행을 행하지 않으면 신선이 되지 못하거나 득도가 늦어질 수 있다고 경고하기까지 한다. 한국 도교에서도 최치원은 망해가는 신라의 국운을 회복하고자 노력하였고 김시습은 세조의 찬탈에 분노하여 생육신(生六臣)으로서의 절의(節義)를 지킨 바 있다. 권극중의 현실에 대한 깊은 관심은 편협한 의미의 은거, 수도의 차원에서 이해할 일은 아닌 것이다. 그러나 수도인이 현실에 대해 문제 의식을 느낀다면 그 정도가 어디까지이며 참여 방식이 어떠해야 할 것인지에 대해서는 간단히 규정할 수 없고 많은 토론의 여지가 있다 할 것이다.

지금까지 설명한 바 권극중의 도덕적, 경세적(經世的) 의식 세계를 지배해 온 것이 그가 유년기부터 학습해 온 성리학이었다면 그의 내면 세계를 차지하여 사실상 수련가로서의 삶을 이끌어 간 도교 사상은 과연 어떠한 것일까? 그의 도교 사상은 한마디로 내단학(內丹學)이라고 말할 수 있는데 현재까지의 자료로는 그가 누구로부터 전수받았는지, 이른바 사승(師承) 관계를 확인할 수가 없다. 다만 『청하집』에는 「만남궁진사(挽南宮進士)」라는 제목의, 도인 남궁두(南宮斗)의 죽음을 애도하는 시가 실려 있다. 주지하다시피 남궁두는 허균(許筠)의 「남궁선생전(南宮先生傳)」의 실제 모델로서 무주(茂州) 적상산(赤裳山)의 신선 권진인(權眞人)으로부터 선도를 배워 수련의 상당한 경지를 이룩한 인물이었다. 그런데 권극중의 「행장(行狀」에 따르면 그의 외가가 함열(咸悅)의 남궁씨 집안이었다고 한다. 남궁두 역시 함열 사람이었으므로 그가 권극중의 외가 인물이었을 가능성을 배제할 수 없는 바 그렇다면 권극중이 남궁두 혹은 외가 계통을 통하여 내단학을 전수받았을 수도 있을 것이다.

내단학의 주저인 『참동계주해(參同契註解)』는 권극중의 나이 55세 때인 인조(仁祖) 17년(1639)에 이루어졌다. 유학자이자 수련가이기도 한 그는 이 책에서 김시습 · 정렴 등 선배 단학파의 입장뿐만 아니라 중국의 종리권(鍾離權) · 여동빈(呂洞賓) 및 남파(南派) · 북파(北派) · 선종(禪宗) 불교 등의 여러 경향을 넓게 수용하여 유 · 불 · 도 삼교합일(三敎合一)의 체계화된 내단사상을 수립하고자 하였다. 그리하여 그는 역리(易理)에 근거하여 내단의 기초를 확립한다는 단역참동론(丹易參同論), 선종과 내단이 하나로 귀착된다는 선불동원론(仙佛同源論), 선종에서의 심성 수련과 내단에서의 기 수련을 함께 실행한다는 선단호수론(禪丹互修論) 등의 관점에서 내단 이론을 전개하였는데, 그의 내단학은 독자성을 견지하면서 본체론 · 인성론 · 실천론 등 정비된 이론적 틀을 갖추었기 때문에 한국의 도교 이론사상 획기적인 의의가 있는 것으로 평가된다. 무엇보다도 그의 커다란 공적은 김시습 · 정렴 등 조선 초 · 중기 단학파의 학구적, 수련적인 경향을 계승하여 내단 이론을 집대성하였고 그에 이르러 심화된 『참동계』 연구가 후일 민이승(閔以升) · 서명응(徐命膺) 등에 의해 조선 참동계학으로 성립, 발전함에 있어 기틀이 되었다는 점이다. 그리하여 황윤석(黃胤錫)은 『해동이적보(海東異蹟補)』에서 권극중을 두고 "조선 최초의 단학저술가(在東方丹家文字, 當爲開山祖也.)"라고 극찬하게 된 것이다. 오늘날 전해지는 그의 저술로는 『참동계주해』 5권과 『청하집』 7권이 있으며 「중흥십조(中興十條)」 · 「경연의대(經筵疑對)」 등 정론(政論)과 경학(經學)에 관한 글도 있다. 아울러 근래에 발견된 도교 관계 자료인 『직지경(直指鏡)』과 『중묘문(衆妙門)』도 그의 영향하에 편집된 것으로 추측되어 이렇게 많은 저술을 토대로 그에 대한 탐구가 보다 본격화되어야 할 것으로 생각된다.[3]

3 권극중의 전기 구성을 위하여 김낙필, 「권극중의 내단사상」(서울대 철학과 박사학위 논문, 1990)이 주로 참고되었음을 밝혀 둔다.

맺는 말

지금까지 이 책에서는 한국 도교의 기원과 역사적 사안들에 대하여 중국 도교와의 대비적 관점을 유지하면서 그 고유성 및 변별적 자질을 탐구해 왔다. 이러한 탐구의 이면에는 고대 중국 문화를 단일한 총체로서 보지 않고 주변 문화와의 경합적, 다원적 관계 속에서 파악해야 한다는 문화론적 전제가 있었다. 이제 논구의 결과를 귀납하면 다음과 같다.

첫째, 해방 이후의 한국 도교 연구를 연구전사(1945년 이전), 태동기(1945-1969), 출발기(1970-1979), 전개기(1980년 이후)로 시기 구분하여 살펴보았을 때 짧은 역사 속에서도 뚜렷한 발전을 거듭하여 국학의 한 분과로 자리매김되었으나 아직은 중국 · 일본 · 구미의 도교학에 비해 나름의 특성을 구현하지 못한 미정형의 상태에 있는 것으로 판단된다. 따라서 앞으로 원전 탐구를 위주로 한 기초적 도교 연구 역량의 함양, 자료 발굴과 고증 작업, 한국 도교의 기본 개념 · 용어 등의 확정이 시급한 과제로 인식된다.

둘째, 한국 도교의 기원과 관련하여 자생설과 전래설의 입장에서 각종 자료와 가설들을 검토해 보았을 때 자생설의 경우 실증성이 떨어지고 과잉된 민족 의식의 혐의로부터 자유롭지 못하며, 전래설의 경우 고대 한국 문화에 대한 개별적 이해의 부족으로 일방적 영향론에 그치고 있음을 알 수 있었다. 결국 고대 중국 문화에 대한 단원론적, 중심주의적인 문화사관을 지양하고 주변 문화와의 관계성 속에서 살펴본다면 도교의 발생 지역은 발해만(渤海灣) 일대의 동이계(東夷系) 신화 구역으로 추정되며 이러한 의미에서 한 · 중 양국은 그 기원을 공유하고 있다 하겠다. 왜냐하면 발해만 일대는 고대의 한국과 중국이 영토적, 문화적으로 경합했던 지역이기 때문이다.

셋째, 한국 도교의 역사적 전개를 관방 도교와 민간 도교의 차원에서 살피면서 중국 도교의 경우와 비교해 보았을 때 다음과 같은 고유성이 인지되었다. 우선 한국의 관방 도교는 한시적으로 왕권 및 대외적 자주성의 확보를 위해 존재하였으며 국수 사상(國粹思想)의 제도적 화신 혹은 대체 제도로서의 역할을 담당하였다. 다음으로 한국의 민간 도교는 동방 이족신계(異族神系)를 선호하는 경향이 있으며 조선 말기에 동학(東學) · 증산교(甑山教) 등의 신종교로 변천하였는데 이들은 이념 및 교법에서 중국의 원시 민간 도교와 많은 점을 공유하고 있었다. 특히 『태평경(太平經)』과의 관련성이 주목된다.

넷째, 한국의 도교 문학을 시가와 소설 · 설화 방면으로 나누어 각 방면에서의 신화 전유(專有) 양상을 살펴본 결과 도교계 시가의 경우 중국 신화의 전유가 지배적으로 이루어지고 있는 반면 도교계 소설 · 설화에서는 한국 신화의 전유가 압도적인 것으로 나타났다. 이것은 정통 장르인 시가에서는 문학적 관습의 제약을 벗어나기 힘들지만 보편 이념과의 괴리에서 발생한 소설 · 설화에서는 주자학(朱子學)적, 화이론(華夷論)적 세계관으로부터의 일탈을 한국 신화의 수용을 통해 표현하고 있기 때문이다.

다섯째, 고구려 고분벽화의 도교 도상(圖像)을 분석해 본 결과 우선 고구려 고분은 구조에 있어서 동경(銅鏡)과 흡사한 도교적 지향을 표현하고 있으며 남두육성과 북두칠성의 예에서 보듯이 고구려 도교는 후대의 한국 도교에 대해 연원성 및 연속성을 지니고 있음이 확인되었다.

여섯째, 온양(溫陽) 정씨(鄭氏) 문집인 『온성세고(溫城世稿)』에 대한 검토를 통하여 조선 단학파(丹學派)의 이념적 성격을 구명해 보았을 때 그것은 다름 아닌 민족 의식 및 자주적 역사 의식으로 파악되었고 이러한 의식의 근저에는 민족 고유의 신앙 혹은 정신 체계가 유존(猶存)하고 있음을 알 수 있었다. 이에 근거할 때 '불우', '굴절'과 같은 단학파에 대한 종래의 도식적 규정은 재고되어야 할 것으로 보인다.

일곱째, 전북 진안 소재 총계당(叢桂堂) 정지승(鄭之升)의 도교 유적에 대한 탐사는 한국 도교 연구상 조선 시대 수련적 삶의 터전에 대한 초유(初有)의 현지 조사였다. 특히 제천 의식(祭天儀式)을 거행했던 장소를 확인함으로써 한국 도교의 실체 접근에 큰 의의가 있었다.

여덟째, 한국 도교와 신종교와의 관계를 원불교 종사(宗師) 송규(宋奎)의 삼동윤리(三同倫理) 사상에 대한 분석을 통하여 살펴본 결과 「난랑비서(鸞朗碑序)」의 '포함삼교(包含三敎)' 사상, 원시 도교의 '중화지기(中和之氣)' 등의 개념과의 교섭을 발견할 수 있었으며 이러한 취지는 금세기의 다원주의적 종교관, 생태주의 등에 대해 선구적 의미를 지니는 것으로 평가되었다.

바야흐로 한국의 도교학은 전개, 분화의 단계로 나아가고 있다. 이 시점에서 한국의 도교학은 국제 도교학의 선행 입장에 대해 정체성을 확보하면서도 객관적으로는 논의의 깊이와 넓이를 추구하지 않으면 안 될 것이다. 이를 위해 한국 도교를 기존의 단순 전파론적 입장에서 벗어나 변별적으로 바라보는 안목이 필요함과 동시에 문화 민족주의에 근거해 자족적으로 인식해온 구습(舊習)을 탈피하는 용기도 요구된다 할 것이다. 이 책에서의 한국 도교의 기원과 역사에 관한 다양한 논의들은 바로 이와 같은 입장에서 한국 도교를 새롭게 인식하고자 하는 일련의 시도로 보아도 좋을 것이다.

참고문헌

I. **원전**

金富軾.『三國史記』

金時習.『金鰲新話』

______.『梅月堂集』

北崖子.『揆園史話』

徐居正.『東文選』.

圓佛教教政院.『圓佛教全書』. 裡里: 圓佛教正化社. 1992.

李圭景.『五洲衍文長箋散稿』

李祥昊.『大巡典經』. 裡里: 圓光社.

李睟光.『芝峯集』.

李宜白.『梧溪日誌集』.

一然.『三國遺事』

林椿.『西河集』.

鄭樂勳 編.『溫城世稿』.

鄭麟趾.『高麗史』

鄭希良.『虛庵遺稿』.

『朝鮮王朝實錄』. 국사편찬위원회.

趙汝籍.『青鶴集』

『韓國文集叢刊』. 民族文化推進會.

『韓國民族文化大百科事典』. 한국정신문화연구원. 1991.

許楚姬. 『蘭雪軒詩集』.

洪萬宗. 『海東異蹟』.

洪裕孫. 『篠叢遺稿』.

蕭天石. 『歷代眞仙史傳』. 臺北: 自由出版社. 1980.

楊明照. 『抱朴子外篇校箋(上 · 下)』. 北京: 中華書局. 1991.

余培林. 『新譯老子讀本』. 臺北: 三民書局. 1978.

王明. 『太平經合校』. 上海: 中華書局. 1960.

———. 『抱朴子內篇校釋』. 臺灣: 中華書局. 1985.

劉向. 『列仙傳』. 金長煥 譯. 예문출판사. 1996.

鄭在書 譯. 『山海經』. 민음사, 1985.

『正統道藏 · 洞玄部』. 惟字號. 『仙苑編珠』.

『正統道藏 · 太平部』. 外-入字號. 『太平經』.

『正統道藏 · 太玄部』.美字號. 『道樞』.

II. 연구서

公州大 百濟文化研究所. 『百濟武寧王陵』. 1991.

金洛必. 『조선 시대의 內丹思想』. 한길사. 2000.

金鐸. 『甑山教學』. 미래향문화. 1992.

金台俊. 『朝鮮古代小說史』. 정음사. 1950.

라이샤워 · 페어뱅크. 『東洋文化史』. 金翰奎 等 譯. 을유문화사. 1991.

柳炳德. 『韓國民衆宗教思想論』. 시인사. 1985.

미이시 젠키치. 『중국의 천년왕국』. 최진규 옮김. 고려원. 1993.

裵宗鎬 等. 『韓國의 民俗 · 宗教思想(東經大典 · 龍潭遺詞 · 鄭鑑錄)』. 삼성출

판사. 1971.
朴三緖. 『한국의 도교사상과 문학교육 연구』. 국학자료원. 1996.
———. 『한국문학과 도교사상』. 태학사. 1999.
박영호. 『許筠 문학과 도교사상』. 태학사. 1999.
北崖老人 · 趙汝籍. 『揆園史話 · 靑鶴集』. 아세아문화사. 1976.
北崖子. 『揆園史話』. 申學均 譯, 명지대학교출판부. 1986.
北韓 社會科學院 考古學研究所. 『古朝鮮問題 研究論文集』. 논장. 1989.
孫燦植. 『조선조 道家의 시문학 연구』. 국학자료원. 1995.
尹柱弼. 『한국의 方外人 문학』. 집문당. 1999.
尹燦遠. 『道敎哲學의 이해: 太平經의 철학체계와 도교적 세계관』. 돌베개. 1998.
李基白. 『民族과 歷史』. 일조각. 1972.
李能和. 『朝鮮道敎史』. 李鍾殷 譯. 보성문화사. 1977.
李相澤. 『韓國古典小說의 探究』. 중앙출판사. 1981.
李鎭洙. 『한국 養生思想 연구』. 한양대출판부. 1999.
李孝鎭. 『玄武經과 呂洞濱仙法』. 선학연구회. 1990.
장프랑수아 리오타르. 『포스트모던적 조건』. 이현복 옮김. 서광사. 1992.
鄭珉. 『초월의 상상』. 휴머니스트. 2002.
鄭在書. 『不死의 신화와 사상』. 민음사. 1994.
———. 『동양적인 것의 슬픔』. 살림. 1996.
———. 『도교와 문학 그리고 상상력』. 푸른숲. 2000.
曺玟煥. 『노장철학으로 동아시아 문화를 읽는다』. 한길사. 2002.
車柱環. 『韓國의 道敎思想』. 동화출판공사. 1986.
崔三龍. 『韓國初期小說의 道仙思想』. 형설출판사. 1987.
———. 『한국문학과 도교사상』. 새문사. 1990.

洪凡草. 『凡甑山敎史』. 범증산교연구원. 1988.

막스 베버. 『儒教와 道教』. 이상률 譯. 문예출판사. 1990.

황선명. 『민중종교운동사』. 종로서적. 1981.

卿希泰. 『中國道教思想史綱(I)(II)』. 成都: 四川人民出版社. 1985.

藍秀隆. 『抱朴子研究』. 永和: 文津出版社. 1980.

魯迅. 『中國小說的歷史的變遷』. 香港: 中流出版社. 1973.

梁榮茂. 『抱朴子研究』. 臺北: 牧童出版社. 1977.

呂錫琛. 『道家方士與王朝政治』. 湖南: 新華書店. 1991.

劉大杰. 『魏晋思想論』. 臺北: 中華書局. 1977.

林麗雪. 『抱朴子內外篇思想析論』. 臺北: 學生書局. 1980.

傅勤家. 『中國道教史』. 臺北: 商務印書館. 1978.

周紹賢. 『道家與神仙』. 臺北: 中華書局. 1974.

袁珂. 『中國古代神話』. 北京: 中華書局. 1981.

李養正. 『道教概說』. 臺北: 中華書局. 1989.

李豊楙. 『六朝隋唐仙道類小說研究』. 臺北: 學生書局, 1986.

張光直. 「濮陽三蹻與中國古代美術上的人獸母題」『中國青銅時代(II)』. 臺北: 聯經出版公社. 1990.

陳飛龍. 『葛洪之文論及其生平』. 臺北: 文史哲出版社. 1980.

陳正焱 · 林其錟. 『中國古代大同思想研究』. 香港: 中華書局. 1988.

湯一介. 『魏晋南北朝時期的道教』. 臺北: 東大出版社. 1988.

馮友蘭. 『中國哲學史(下 · 補册)』. 臺北: 商務印書館 1935.

橘樸. 『道教と佛教(3)』. 東京: 國書刊行會. 1976.

福井康順 等. 『道教(II)』. 東京: 平河出版社. 1983.

本田 濟 譯. 『抱朴子』. 東京: 平凡社. 1979.

小南一郎. 『中國の神話と物語り』. 東京: 岩波書店. 1984.

御手洗勝.『古代中國の神タ』. 東京: 創文社. 1984.

窪 德忠.『道教史』. 東京: 山川出版社. 1977.

Bakhtin, Mikhail M., *The Dialogic Imagination*. Austin: University of Texas Press. 1981. Trans. by Emerson & Michael Holquist.

Cahill, Suzanne E., *Transcendence & Divine Passion: The Queen Mother of the West in Medieval China*. Stanford: Stanford University Press. 1993.

Chang, K. C., *Art, Myth, and Ritual: The Path to Political Authority in Ancient China*. Cambridge: Harvard University Press. 1983.

Geertz, Clifford., *The Interpretation of Cultures*. New York: Basic Books Inc. 1973.

Ho, Ping-ti., *An Inquiry into the Indigenous Origins of Techniques and Ideas of Neolithic and Early Historic China, 5000-1000 B.C.* Chicago: The University of Chicago Press. 1975.

Jay, Saily., *The Master Who Embraces Simplicity*. San Francisco: Chinese Materials Center, Inc.. 1978.

Kaltenmark, Maxime., *Le Lie-Sien Tchouan*. Universite de Paris Centre detudes Sinologique de Pekin. 1953.

Kirkland, Russel · Barrett, T. H. · Kohn, Livia., *Daoism Handbook*. Leiden: E. J. Brill. 2000.

Kohn, Livia., Taoist Mediation and Longevity Techniques. edited by Livia Lohn. Ann Arbor: The University of Michigan Press, 1989.

Qian, Zhaoming., *Orientalism and Modernism*. Durham and London: Duke University Press. 1995.

Schipper, Kristofer., *L'emperur Wou des Han dans la L'egende Taoiste*. Paris

: Ecole Francaise Dextreme-Orient. 1965.

Toshihiko, Izutsu., *Sufism and Taoism*. Tokyo: Iwanami Publishers. 1983.

Zürcher, Eric., *The Buddhist Conquest of China*. Leiden: E.J. Brill. 1972.

III. **연구 논문**

강동우.「한국 현대시에 나타난 노장사상적 특징」『도교문화연구』. 第18輯. 2003.

강민경.「조선 중기 遊仙文學 연구」. 한양대학교 국문과 박사학위 논문. 2004.

고시용.「圓佛敎 교리형성과 도교사상」『도교문화연구』. 第24輯. 2006.

權五雄.「東溟 詩의 意識과 風格」. 성균관대학교 박사학위 논문. 1997.

金洛必.「『海東傳道錄』에 나타난 道教思想」『道教와 韓國思想』. 범양사. 1987.

——.「權克中의 內丹思想」. 서울대학교 철학과 박사학위논문. 1990.

——.「朝鮮後期 民間道教의 倫理思想」『韓國道教의 現代的 照明』. 아세아문화사. 1992.

——.「北窓 鄭𥖝의 內丹思想」『도교문화연구』. 第19輯. 2003.

김성환.「한국 道觀의 철학사상사적 연구(2)」『도교문화연구』. 第19輯. 2003.

金勝惠.「民間信仰과 道敎와의 關係」『韓國道敎思想의 理解』. 아세아문화사. 1990.

김탁.「한국종교의 關帝信仰」『도교문화연구』. 第19輯. 2003.

金泰坤.「韓國民俗과 道敎」『道敎와 韓國文化』. 한국정신문화연구원 발표논문초고집. 1988.

金洪喆.「韓國 新宗教에 나타난 道教思想」『道教思想의 韓國的 展開』. 아세아문화사. 1989.

南恩璟. 「東溟 鄭斗卿 문학의 연구」. 이화여자대학교 국문과 박사학위 논문. 1997.

柳炳德. 「韓國 精神史에 있어서 道敎의 特徵」『道敎와 韓國思想』. 범양사. 1987.

朴基龍. 「韓國仙道說話硏究」『國文學과 道敎』. 태학사. 1998. 韓國古典文學會編.

박영호. 「현대시에 투영된 도가사상」『도교문화연구』. 第16輯. 2002.

徐新惠. 「晩河夢游錄을 통해 본 애국 계몽기 仙界 서사의 양상」『도교문화연구』. 第20輯. 2004.

宋恒龍. 「韓國 古代의 道敎思想」『道敎와 韓國思想』. 범양사. 1987.

안동준. 「고구려계 신화와 도교」『白山學報』. 제54호. 2000.

———. 「북방계 신화의 神格由來와 도교신앙」『도교문화연구』. 第21輯. 2004.

野崎充彦. 「海東異蹟攷」『韓國道敎의 現代的 照明』. 아세아문화사. 1992.

梁銀容. 「高麗時代의 道敎와 佛敎」『道敎와 韓國思想』. 범양사. 1987.

尹錫山. 「東學에 나타난 道敎的 要素」『道敎思想의 韓國的 展開』. 아세아문화사. 1989.

李康五. 「韓國 新興宗敎에서 보는 道敎와 不老長生」『道敎와 韓國思想』. 범양사. 1987.

李在軒. 「韓國新宗敎의 三敎合一類型에 관한 硏究」. 한국정신문화연구원 석사논문. 1990.

李鍾殷 · 梁銀容 · 金洛必. 「高麗中期 道敎의 綜合的 硏究」『道敎思想의 韓國的 展開』. 아세아문화사. 1989.

이종은 · 정재서 · 정민. 「한국문학에 나타난 유토피아 의식 연구」『道敎의 韓國的 變容』. 아세아 문화사. 1996.

전호태. 「고분벽화로 본 고구려인의 신선신앙」『신라문화』. 第17 · 18 合輯. 2000.
鄭珉. 「16 · 7세기 遊仙詩의 資料槪觀과 出現動因」『韓國 道敎思想의 理解』. 아세아문화사. 1990.
鄭在書. 「列仙傳의 成立 및 抱朴子와의 內容 比較」. 『中國學報』. 제22집. 韓國中國學會. 1981.
———. 「神仙說話硏究」. 서울대학교 중문과 박사학위논문. 1988.
———. 「太平經의 成立 및 思想에 관한 試論」『論叢』. No.59. 이화여자대학교. 1991.
———. 「太平經과 文學」『韓國道敎의 現代的 照明』. 아세아문화사. 1992.
———. 「韓國道敎의 固有性」『韓國 傳統思想의 特性硏究』. 한국정신문화연구원. 1995.
———. 「高句麗 古墳壁畵의 神話 · 道敎的 題材에 대한 새로운 인식」『동양적인 것의 슬픔』. 살림출판사. 1996.
———. 「광복 50년 한국 도교 연구의 성과와 전망」『광복 50주년 국학의 성과』. 한국정신문화연구원. 1996.
———. 「한국 도교문학에서의 신화의 전유」『도교문화연구』. 第14輯. 2000.
———. 「고구려 고분벽화에 표현된 도교 圖像의 의미」『도교문화연구』. 第19輯. 2003.
조용헌. 「開雲祖師의 道 · 佛 융합사상」『도교문화연구』. 第17輯. 2002.
崔三龍. 「仙人說話로 본 韓國 固有의 仙家에 대한 硏究」『道敎와 韓國思想』. 범양사. 1987
崔惠英. 「道敎와 民衆倫理思想의 硏究」. 한국정신문화연구원 석사논문. 1990.
韓永愚. 「17세기 反尊華的 道家史學의 성장」『韓國의 歷史認識(上)』. 창작과

비평사. 1984.
卿希泰.「試論太上洞淵神咒經的烏托邦思想及其年代問題」『宗教學研究論集』. 第25期.四川大學. 1984.
郭武.「再論道教成仙信仰的形成」『宗教學研究』. 第35期. 四川大學. 1997.
金棵.「東漢道教的救世學說與醫學」『世界宗教硏究』. 第1期. 社會科學院.1989.
楊寬.「論太平經」『學術月刊』.第9期. 1959.
楊曾文.「道教的創立和太平經」『世界宗教硏究』. 第2期. 社會科學院. 1980.
楊向奎.「論葛洪」『文史哲』. 第77期. 山東大學. 1961.
余英時.「中國古代死後世界觀的演變」『中國哲學史研究』.第3期. 1985.
王明.「論太平經的成書時代和作者」『世界宗教硏究』. 第1期. 社會科學院. 1982.
容肇祖.「讀抱朴子(上・下)」『北大國學週刊』. 第 22-23期. 1926.
熊德基.「太平經的作者和思想及其與黃巾和天師道的關係」『歷史研究』. 第4期.1962.
袁珂.「仙話: 中國神話的一個分枝」『民間文藝季刊』. 第3期. 1988.
李養正.「論太平經的人民性」『中國哲學史研究』. 第2期. 北京: 1985.
鄭在書.「試論中國小說的文化定位」『文化與文本』. 葉舒憲 主編. 北京: 中央編譯出版社. 1998.
大淵忍爾.「抱朴子における統一性の問題」『東方宗教』. 第3號. 1953.
都珖淳.「韓國の道教」『道教(3): 道教の傳播』. 東京: 平河出版社. 1983.
福井康順.「天師道と佛教の交涉のついて」『山崎先生退官紀念東洋史學論集』. 東京: 1967.
野崎充彦.「道教の朝鮮化につこて」『アジア遊學』. 第16號. 2000. 5.
熊谷 治.「三國遺事にみえる神仙思想」『朝鮮學報』. 第125號. 天理大學.

1987.

Levy, Howard S., “Yellow Turban Religion and Rebellion at the End of Han”. *Journal of the American Oriental Society*. Vol. 76. No. 5. 1956.

Mair, Victor H.,「Southern Bottle-Gourd(hu-lu 葫蘆) Myths in China and Their Appropriation by Taoism」『中國神話與傳說學術研討會論文集(上)』. 臺北: 漢學研究中心. 1996.

Seidel, Anna., “Taoist Messianism”. *Numen*. Vol. ⅩⅩⅩⅠ. Fasc. 2. 1984.

Smith, Thomas E., Ritual and Shaping of Narrative: The Legend of the Han Emperor Wu. The University of Michigan Ph. D. dissertation. 1992.

찾아보기

[ㄷ]

[ㅅ]

[ㅇ]

[ㅍ]

[ㅎ]

한국 도교의 기원과 역사

펴낸날 | 1판 1쇄 2006년 10월 15일
4쇄 2019년 8월 30일
지은이 | 정재서
펴낸이 | 김헌민
펴낸곳 | 이화여자대학교출판문화원
주소 | 서울특별시 서대문구 이화여대길 52(우03760)
출판 등록 | 1954년 7월 6일 제9-61호
전화 | 편집 02-3277-2965
마케팅 02-362-6076
팩스 | 02-312-4312
전자우편 | press@ewha.ac.kr
홈페이지 | www.ewhapress.com
책임편집 | 정경임
디자인 | 정혜진
찍은곳 | (주)현문자현

ISBN 978-89-7300-712-7 93240
값 13,000원